충전 중인 대한민국 전기차

박태준 지음

Electric Vehicles in Korea
Still Charging?

* 이 책은 방일영문화재단의 지원을 받아 저술·출판되었습니다.

차례

/

머리말

/

　나는 우리나라가 전기차 분야에서 그 어떤 국가보다 많은 강점과 잠
재력이 있다고 확신해 왔다. 전기차와 자율주행차를 포함한 앞으로의
미래 차 시대에 대한 대응은 단순하게 자동차 산업을 넘어 국가 산업
전반의 성패에 큰 영향을 미칠 것이다. 그럼에도 불구하고 우리 정부나
산업계가 이런 중요성을 잘 이해하지 못하는 부분이 적지 않아 보였다.

　개선할 것은 고치고, 잘된 것은 더 발전시키면 좋겠다는 취지에서 이
책을 쓰게 되었다. 필자는 세계에 전기차가 등장하기 시작한 시장 초기
부터 정부와 산업(완성차·배터리·충전·서비스·후방 산업) 현장을 발로 뛰
며 취재해 왔다. 미흡하나마 그동안 현장에서 쌓은 경험을 일반 독자는
물론이고 산업계, 정책 결정권자들과 함께 공유하기 위한 접근에서 책
을 썼다.

　매년 수조 원이 들어가는 정부 예산은 전기차 미래 시장 선점이나 제
대로 된 산업화를 지향하는 것이 바람직하다. 하지만 우리의 실상은 전
기차 보급 목표치 달성에만 급급한 면이 있다. 관련 산업계는 모두가

함께 미래 산업을 잘 키워보겠다는 의지보다는 보조금이나 예산이 주어지는 곳에만 집착하곤 했다. 산업 발전보다는 이른바 '우리 회사 혼자 잘 먹고 잘살자'는 데만 관심이 있었다.

자동차의 패러다임이 내연기관 엔진 시대를 넘어 전동화(전동모터)와 배터리를 기반으로 한 전기차로 빠르게 바뀌고 있다. 이 부분에선 대부분의 사람들이 이견이 없을 것이다. 이는 우리나라만이 처한 변화의 문제가 아니라 전 세계적으로도 당연한 흐름이 되고 있다.

2020년 올해로 우리나라는 전기차를 보급한 지 8년째를 맞고 있다. 하지만 여전히 국내에는 아직까지 제대로 된 전기차 전문 기업 하나 없다. 테슬라 같은 스타 기업이 나타날 기미조차 보이지 않는다.

전기차 충전 시장도 생긴 지 8년이나 되었지만, 정부가 민간 기업을 세워만 놓았을 뿐, 정부가 시장 정책을 주도하고 있다. 초기부터 보급에만 집착하다 보니 민간 주도의 공정한 시장이 형성되지 못했다. 그렇다고 정부가 추진해 온 보급사업이 성공적인 결과를 낸 것도 아니다. 매년 수조 원의 돈을 쏟아붓고 있지만, 2018년 단 한 번을 제외하고 전기차 보급 목표를 달성한 적도 없다. 우리나라는 전기차 후방 산업이나 연관 서비스 경쟁력도 내세울 것이 별로 없다.

정부 정책이 물질적 혜택에만 집중되다 보니 대중의 전기차에 대한 인식은 경제적 이득에만 쏠려 있다. 전기차를 타는 목적이 다음 세대를 위한 친환경 개선이라는 공동체 의식도 필요한데 말이다.

우리나라는 8년째 전 세계에서 가장 많은 보조금을 지원하고 있다. 보조금 지원이 전부인 정부의 전기차 보급사업은 최근 들어 더 이상 시장을 키우지 못하는 한계점까지 드러내기 시작했다.

필자는 감사하게도 우리나라 전기차 민간 보급 초창기인 2011년부터 현재까지 《전자신문》에서 전기차 전문기자로 근무하며 전기차와 배터리 등 부품 산업과 충전 분야를 두루 취재해 왔다. 전기차가 생겨나기 시작한 좋은 시기에, 좋은 자리에서, 전기차 초기 도입과 변화의 과정을 목도할 수 있었다.

필자는 단순 취재와 기사 작성만 한 것이 아니다. 우리나라 전기차 산업에 대한 오랜 애착을 가지고 있다. 정부와 산업 현장을 발로 뛰어다녔을 뿐 아니라 4년차 전기차 오너로서 비슷한 관심사를 가진 전기차 이용자들과 활발하게 교류하며 국내 유일의 전기차 사용자 단체인 한국전기차사용자협회(환경부 산하)를 함께 만들어 소비자 시각에서 시장과 정부 정책을 경험했다.

정부 산하단체인 '한국전기차협회'(환경부)와 '한국전기차산업협회'(산업부)를 발족하는 데 주도적인 역할도 했다. 업계의 고충을 알리고 정부 정책의 현실적인 개선을 위해 기사화뿐 아니라, 산업계와 정부 간 긴밀한 교류와 소통에도 힘써왔다.

필자는 또 세계 여러 국가에서 열리는 모터쇼뿐만 아니라, 취재기자로는 운이 좋게도 BMW·벤츠·폭스바겐·포르쉐·닛산 등 전기차 글로벌 현장도 경험했다. 다른 나라 정부의 초청으로 그 나라의 정책 현장이나 전기차 후방 산업 현장도 두루 다녔다. 이런 이야기 또한 독자들과 나누고자 한다.

이 책은 지금까지 전기차 보급에만 초점을 맞춘 정부 정책을 이제는 산업화로 전환해야 한다는 주장을 핵심으로 담았다. 산업화 전환을 위해 지금의 정책을 개선하고 산업계 역시 변화에 부응해야 한다는 이유를 해외 시장 사례와 지금까지 우리가 경험했던 사례를 통해 제대로 설명하려고 노력했다. 지금의 우리 산업과 시장이 처한 문제점을 지적했고, 그에 따른 대안을 나름의 전문가 시각에서, 또는 산업인 혹은 소비자 입장에서 정리해 국내 처음으로 엮었다.

먼저 한국 전기차 역사에서 가장 중요했던 다섯 가지 사건을 정리하며 지금까지 산업계 행보와 정부의 정책을 되짚었다. 또 정부가 한번 정한 정책이 지금의 우리 산업계와 시장에 어떤 영향을 주는지, 대표적으로 잘못된 정책 다섯 가지를 분석해 시장에 미치는 영향과 그 의미를 정리했다.

여기에 현대차뿐 아니라 국내 산업·시장 환경에 따른 한국 전기차 산업의 가능성을 제시했고, 그동안의 취재 현장 경험을 바탕으로 우선 급하게 수정해 보완할 수 있는 열 가지 정책 제안까지 담았다.

지금 우리의 전기차 산업이 창창한 시장 기회와 무한한 가능성을 지녔음에도 미래를 보지 못하고 당장 주어진 목표에만 급급해 눈앞의 것만 바라볼 뿐 제대로 된 미래 목표나 목적 없이 시간과 비용(예산)을 허튼 곳에 쓰고 있지는 않은지, 이 책은 현장이 놓치고 있는 여러 점검 사항을 자세히 보여줄 것이다.

전기차 관련 저서들은 많다. 하지만 우리나라 전기차 정책과 그에 따른 업계의 현황을 밀도 있게 조망한 책은 쉽게 찾아볼 수 없다. 이 책은 단순하게 '전기차'라는 새로운 산업의 흥미를 유발하기 위한 것이 아니다. 다소 딱딱할 수 있지만 정책이나 산업 분야 전문가 그룹에 도움이 되기를 희망하며 이 책을 썼다는 점을 강조하고 싶다.

지난겨울부터 책을 쓰기 위해 준비했던 시간이 새삼 떠오른다. 책장에 처박아 놓은 취재 수첩과 오래된 파일을 다시 꺼내 지난 과거의 사건과 이슈를 찾아 정리하기 시작했고, 현직을 떠난 과거 취재원을 오랜만에 만나 의견을 구하기도 했다.

드디어 나름의 고생 끝에 출판을 위한 교정을 끝냈다. 독자의 반응도 궁금하지만, 지금 기분은 무척이나 홀가분하다.

2020년 연말
서울 상암동 모 스터디카페에서   박 태 준

01

⏦

에디슨이 생각한 전기차

책을 쓰기로 마음을 먹고 가장 먼저 달려간 곳은 강원도 강릉에 위치한 '에디슨 박물관'이다. 인류 최초로 전기(직류)를 만들고, 전구 등 각종 전기제품을 발명했던 그가 왜 전기차를 만들었는지 그 배경이 너무도 궁금했기 때문이다.

토요일 이른 아침, 친한 지인과 함께 GM 전기차 '볼트Bolt'를 타고 에디슨 박물관으로 향했다. 3시간여를 달려 3층짜리 건물 2개 동을 쓰는 박물관에 도착하자마자, 입장권을 구매한 후 가장 먼저 전기차가 전시된 지하 1층으로 향했다.

박물관 안에서 전기차를 찾아가는 길은 무척이나 설레었다. 각기 다른 모양과 크기의 수많은 전구와 축음기들이 다닥다닥 붙어 있는 모습은 마치 골동품 판매장 같았다. 에디슨이 만든 전구 중에는 전선이 허락하는 범위 내에서 이동이 가능한 제품도 눈에 들어왔다.

에디슨 박물관은 1982년 손성목 관장이 20여 년간 모은 토머스 에디슨의 3대 발명품인 전구, 축음기, 영사기 등을 비롯해 그의 유품 등 2500여 점을 일반에 공개하면서 '참소리축음기 에디슨 박물관'으로 문을 열었다. 그리고 전시품 중에는 에디슨이 시제품으로 만든 전기차 3대 중 1대도 있었다.

드디어 전기차가 위치한 전시 공간에 도착했다. 때마침 박물관 가이드가 10명 안팎의 어린이를 포함한 20여 명의 방문객을 대상으로 설명을 하고 있었다.

가이드는 전기차 앞에 가자, 이렇게 이야기했다. "여러분 에디슨은 전기차도 만들었어요. 그가 만든 전기차는 '배터리 카Battery Car'라고 불렀답니다."

나는 바로 웃음이 나왔다. 내가 원하는 답을 찾을 수 있다는 확신이 들었기 때문이다. 가이드 설명에 따르면, 에디슨은 자신이 끝까지 고집했던 직류 전기의 단점을 극복하기 위해 전기차 개발보다 배터리를 먼저 연구했다. 배터리로 직류 전기의 송전 문제를 어느 정도 해결하기 위한 목적에서 배터리에 전기에너지를 저장해 이 배터리를 이동시키는 것을 생각한 것이다.

당시 에디슨이 개발한 직류DC: Direct Current 전기의 송전은 발전소에서 사용자에게 전기를 직접 전달하는 방식으로, 송전 거리가 멀면 멀수록 전압이 약해져 효율이 떨어지는 문제가 있었다. 이를 해결할 방법은 발전소와 사용자의 거리를 좁히는 것 말고는 없었다. 동네마다 발전소를 지어야만 직류의 전기를 쓸 수 있는 구조였다. 하지만 발전소 건설이나 전선 등 비용을 생각하면 배보다 배꼽이 더 큰 일이었다.

이런 상황에서, 직류 전기를 대신할 대항마가 등장했다. 당시 에디슨

에디슨이 전기차에 탑재할 목적으로 직접 만든 배터리인 '알카라인 축전지'. 에디슨은 직류 전기의 송전 단점을 극복하기 위해 전기차보다 배터리를 먼저 연구했다.

의 직원이었던 니콜라 테슬라가 발명한 교류AC: Alternating Current 전기는 높은 전압의 전기를 송전해 필요한 곳에서 변압기로 전압을 낮추면 되는 방식이었다. 결국 테슬라의 교류 전기는 비용 측면에서 에디슨의 직류보다 현실성이 높았다.

한때 직원이었던 테슬라의 교류 전기와 경쟁하기 위해 에디슨이 고심한 대책 중 하나가 배터리였다는 설명을 이날 가이드를 통해 처음 들었다.

에디슨은 직류 전기의 단점을 극복하기 위해 배터리를 연구했다. 물론 에디슨이 세계 최초로 배터리를 발명한 건 아니다. 하지만 에디슨은 전기에너지의 이동성을 배터리를 통해 실현하고자 했다.

에디슨의 전기차는 결국 배터리 때문에 개발되었다고 볼 수 있다. 1901년에 개발된 알카라인 축전지인 '에디슨전지Edison's Storage'를 완성시키기 위해 1890년 초반부터 10년간 5만 번의 실험을 거듭했다는 일화는 유명하다.

당시 에디슨은 12살 어린 헨리 포드와 친구 사이였다. 포드는 에디슨과 발명품에 대한 이야기를 많이 나눴다. 포드는 배터리를 개발 중인 에디슨에게 전기차 개발을 제안했고, 에디슨은 당시 전기차의 단점인 무겁고 오래가지 못하는 납산전지를 바꾸는 데 집중했다.

에디슨은 모든 종류의 금속과 각종 소재 등에 대한 테스트를 수없이 반복하며 배터리에 가장 적합한 재료를 찾아냈다. 그는 배터리에 수산화칼륨을 사용했으며, 자신이 만든 배터리가 철·니켈 전극과 반응해 신뢰할 수 있고 충전 가능한 강력한 출력의 배터리라고 주장했다. 그는 드디어 1913년에 시제품 전기차를 완성했다.

그의 전기차는 차량 앞뒤로 400~500kg에 이르는 배터리를 탑재했고, 최대 시속은 35km밖에 되지 않았다. 주행거리는 100km 수준이었고, 배터리 완충까지 7시간이 걸렸다고 한다.

에디슨의 알카라인 축전지는 납산전지에 비해 에너지밀도는 높았지만, 저온에서의 주행 성능이 약했고, 가격 역시 비싼 단점이 있었다. 그럼에도 불구하고 에디슨은 전기차를 '배터리 카'라고 이름 지었다.

당시 미국의 전기차는 1900년대 초까지 호황을 누렸고, 1900년대 미국 내 전체 차량의 3분의 1이 전기차였다고 한다. 내연기관차에 비해 소음과 냄새가 적었고, 특히 여성에게 인기가 많았는데 그 이유는 경운기처럼 손으로 엔진의 시동을 거는 것이 아니라 버튼만 누르면 시동이 걸리는 편리함 때문이었다.

그러나 전기차는 충전의 번거로움과 무거운 배터리의 무게 등 단점으로 오래가지 못했다. 1920년대 텍사스 원유 발견과 함께 휘발유 가격

강원도 강릉에 위치한 참소리축음기 에디슨 박물관에 전시 중인 에
디슨이 만든 전기차. 차량 보닛에 배터리를 내장한 이 차를 에디슨
은 '배터리 카(Battery Car)'라고 불렀다. 오늘날 전기차의 정확한 명
칭은 배터리 전기차(BEV)다.

이 크게 하락했고, 1913년 자동차왕 포드가 내연기관차를 대량생산하
면서 내연기관 자동차의 경쟁력이 당시 전기차를 압도했다. 에디슨의
절친한 친구였던 포드는 전기차 '모델T'에 에디슨의 배터리를 달기도

했지만, 내연기관 대중화 바람을 막아내진 못했다. 이후 1920년대부터 전기차는 점차 사라졌다.

만약 미국 전기차의 운명이 곧바로 사양길로 접어들지 않았다면 우리는 에디슨의 최고 발명품을 전기나 축음기가 아닌 전기차로 여기고 있을지도 모른다.

결국 에디슨의 전기차는 전기에너지의 이동성이라는 생각에서 개발이 시작되었고, 헨리 포드의 조언으로 제품화된 것이다. 에디슨은 전기차가 지금의 내연기관차량처럼 단품의 산업이 아니라 에너지의 이동성과 연결성이 결합되는 분야임을 어느 정도는 알고 있었을지 모른다는 생각이 강하게 들었다.

이런저런 생각이 드는 관람을 마치고 서울로 돌아오는 길은 차량들의 정체로 꽉 막혀 있었다. 고속도로 원주 구간을 지날 때쯤 '가다 서다'를 반복하는데 우리 차 앞으로 차량 한 대가 불쑥 들어왔다. 잠시 후 운전석의 지인은 차량 간격을 평소보다 더 크게 벌렸다. 넓게 벌어진 간격 때문에 다른 차가 또 끼어들까 싶어 지인에게 물었다. '또 다른 차가 끼어들면 어떻게 하려고 바짝 붙지 않냐'고 했다. 그는 곧바로 '앞차 매연 냄새가 지독해 차량 간 거리를 더 둘 수밖에 없다'고 답했다.

앞 차량은 독일 회사의 고급 브랜드 디젤 모델이었다. 그의 말대로 바람 방향에 따라 불어오는 앞차 매연이 눈에 들어왔고 기분이 꽤나 불쾌했다. 오래된 디젤 차량이 내뿜는 검은색의 매연은 아니었지만, 단번에 디젤차라는 것을 알아차릴 만큼 냄새가 강했다.

좁은 도로였기에 우리는 할 수 없이 매연을 내뿜는 고급 디젤차를 뒤따르며 이런 대화를 나눴다.

'에디슨의 전기차가 성공했다면 어떻게 되었을까?' 그리고 우리는 전기차와 비교해 상당히 복잡한 구조의 내연기관차 이야기를 했다. 내연기관차는 화석연료를 태워 엔진을 통해 동력원을 만든다. 특히 동력기관은 차량의 저속부터 고속, 급가속, 급감속까지 다양한 범위를 주행할 수 있도록 설계되어 있다.

내연기관은 흡입·압축·폭발·배기 과정을 통해 동력원을 생성하고, 감속과 가속 등을 위해 몇 번의 변환 과정을 거치는 복잡한 구조다. 다시 말해 성능이 어느 정도 일정한 엔진을 상대로 다양한 출력의 성능을 요구하다 보니 불완전연소의 배출 가스를 뿜어내는 것이다. 국내뿐 아니라 디젤차의 연비 조작 문제는 전 세계에서 지금도 계속되고 있다. 지인은 또 이런 말도 꺼냈다. 자동차 강국 일본이 세계적인 클린디젤 열풍 당시 승용 디젤차를 만들려고 검토했지만, 디젤 연료는 아무리 첨단 기술을 접목해도 배출 가스 규제를 지킬 수 없다는 결론이 나왔다는 어느 조사기관의 보고서에 관한 이야기였다. 그래서 일본 자동차 업계는 지금까지도 디젤 승용차를 만들지 않는 것이다.

반면에 전기차는 액셀을 밟으면 즉각 반응하는 매우 간단한 동력 구조를 지녔다. 그래서 내연기관처럼 차량의 출력 토크에 맞게 변속·감속 과정에서 발생하는 '불완전연소' 배출이라는 상황 자체가 발생하지 않는다.

왜 인류는 지난 100년 동안 내연기관에만 집중했을까? 우린 이런 사실이 아쉽다는 대화를 나눴다.

만일 오염원이 한곳에 위치한 석탄·화력 발전소라면 배출 가스 규제 등 관리가 가능하다. 하지만 전 세계 수억 대의 내연기관차 모두를 일일이 관리한다는 건 불가능한 일이다. 지금 이 시간에도 내연기관차는 당초 환경 인증을 받을 때와 다른 모습을 한 채로 수없이 돌아다니고 있다. 우리는 내연기관차가 인류에 어떤 피해를 주는지 아무것도 모른 채 그것들과 지금도 공존하며 함께 살고 있다.

전기차 Q & A 전기차 배터리의 수명은 얼마나 갈까요?

전기차 배터리의 수명이 얼마나 가는지에 대한 질문의 정답은 '아직 모른다'이다. 왜냐하면 아직까지 수명을 다할 때까지 전기차를 운행한 사례가 거의 없기 때문인데, 국내외 통틀어 전기차가 제대로 보급된 지 10년이 채 안 돼서다.

몇 년 전 테슬라 '모델S'가 50만 km를 주행했다는 사례가 나왔지만, 흔히 전기차에 쓰는 범용적인 배터리가 아니고 일반 전기차보다 대용량의 배터리를 장착해 장수명에 크게 유리했기 때문에 아직 일반화하긴 어렵다. 그러나 최소 30만 km 주행 수명은 가능할 것으로 보인다.

국내에서 이미 30만 km를 달린 승용 전기차가 나왔고, 30만 km 이상을 달린 전기버스도 수십 대가 나왔다. 물론 전기버스는 승용 전기차와 비교해 2~3배 많은 배터리를 싣고 있기 때문에 장수명에 무조건 유리하다. 쉽게 설명하면, 승용 전기차는 말 10마리로 30만 km를 달린 마차이고, 전기버스는 말 20~30마리로 30만 km를 달린 마차로 볼 수 있다. 일하는 말의 숫자가 많으면 많을수록 장수명에 유리하다.

나는 전기차 배터리 수명에 대해 누구보다 관심이 많다. 이미 몇 년 전부터 장거리를 달린 전기차나 전기버스를 수시로 체크해 왔다. 그리고 차량이나 배터리를 어떻게 관리하는지도 포함해 주의 깊게 관찰해 왔다.

이런 가운데 2020년 6월, 우리나라 처음으로 누적 주행거리 30만 km를 넘긴 전기차가 나왔다. 이 차량은 GM 쉐보레 볼트로, 판매사인 한국지엠이 보증하는 배터리 수명이 3년에 6만 km, 8년에 16만 km인데 이보다 3~4배 더 나온 것이다. 2013년 국내 전기차 판매가 시작된 이후 지금까지 주행거리 한계치를 경험한 사례가 없던 터라 의미가 매우 남달랐다.

이 사례를 통해 '전기차 배터리는 수명이 오래가지 못한다'라는 인식 개선과 함께 전기차에 대한 잔존 가치가 지금보다 높아지는 충분한 계기가 되었다고 생각한다.

이 차량의 차주는 창원에 사는 송 모 씨로, 2017년 5월에 볼트를 구매한 지 3년 만에

2020년 6월, 경남 창원에 사는 송 모 씨가 자신의 전기차 GM 볼트 차량 앞에서 포즈를 취하고 있다.

약 32만 km를 주행했다. 나는 송 씨와 전기차 동호회에서 만나 이미 오랜 시간 잘 알고 지낸 사이다. 송 씨의 직업은 창원 집에서 서울과 경기권까지 오가는 영업직이라 거의 매일 수백 킬로미터를 주행하고, 완속(7kw) 충전보다 배터리에 스트레스가 더한 급속(50kw) 충전을 더 많이 이용하는데도 이 같은 주행거리를 기록했다.

송 씨에 따르면 지난 3년 동안 배터리는 물론 브레이크 패드조차 교환한 적이 없다. 송 씨가 부품 교체를 위해 수리를 맡긴 건 타이어 교체 세 차례가 전부였다. 이 차량은 LG화학의 리튬이온 중대형 파우치셀(용량 60.9kWh)을 장착했는데 환경부가 인증한 한 번 주행에 따른 주행거리는 383km다.

그러나 송 씨의 경우, 실제 완전 충전 시 계기판에 표시된 주행 가능 거리는 '480~490km'로 나왔고, 누적 거리 30만 km를 달린 현재는 '460~470km'가 나온다고 했다. 송 씨의 말을 근거로 하면 30만 km를 달린 시점에서 송 씨의 전기차 배터리 건강 상태(SOH)는 2~3% 줄어든 데 불과하다고 추정할 수 있다.

송 씨의 사례가 기사로 보도된 이후 한국지엠과 LG화학에서 각각 송 씨를 만나보고 싶다고 해서 연결도 해주었다. 자동차 회사뿐 아니라 배터리 회사에서도 이 같은 사례를 처음 경험한 것이다. 이 사례는 전기차 주행 성능이 일반 내연기관차와 비슷한 수준에 도달했다는 것을 입증하는 것과 같았다.

또 비슷한 시기에 승용 전기차뿐 아니라 전기버스도 30만 km를 달린 사례가 나왔다. 국산 배터리를 달고 최대 5년째 노선버스로 운행 중인 제주도 서귀포 지역 운수업체인 동서교통 사례다. 이 회사 전기버스 역시 지금까지 알려진 배터리 수명보다 1.5배 더 달리고도 성능은 양호했다.

이 회사 차량 중 30만 km를 돌파한 전기버스는 무려 30대나 되었다. 2016년 5월과 2018년 8월부터 도입해 운행 중인 전기버스 59대 가운데 30대의 주행거리가 30만 km를 돌파했다. 나머지 차량 대부분도 29만 km 안팎이어서 이도 곧 30만 km 돌파가 유력하다. 이 회사가 보유한 59대 전기버스 가운데 36대는 2018년에 도입한 배터리(용량 163kWh) 탑재형 일반 전기차, 나머지 23대는 차량당 1.2배의 배터리(102kWh)를 별도로 운영하는 배터리 자동 교환형 차량이다.

이들 차량에 장착된 배터리 용량은 102kWh·163kWh로 요즘 나온 전기버스(200kWh급)와 비교하면 크게 작다. 이 때문에 주로 서귀포시 중문동과 남원읍을 왕복하며 하루 평균 320km를 주행한다. 약 70~80km 주행에 한 번 충전한다. 이들 차량은 현재까지 4500~5000번의 충·방전을 반복한 셈이다. 이는 업계가 보증하는 3000번보다 1.5배 많은 충·방전 횟수다.

특히 회사 측은 차량 운행에 따른 뛰어난 경제성에 만족해 했다. 기존 내연기관 버스는 매월 300km 운행 시 연간 4018만 원(경유 1L당 1042원 기준)이 들지만 전기버스는 2800만 원(1kWh당 235원 적용)으로 내연기관 버스의 60% 수준이기 때문이다.

두 사례 모두, 지금의 차량 대부분의 배터리 성능이 크게 변함이 없어 40만 km 주행까지 가능할 것으로 본다고 했다. 결국 일반인뿐 아니라 배터리 및 완성차 업체가 생각하는 것보다 배터리 수명이 길다는 것은 분명한 사실이다.

02

한국 전기차 역사의 5대 사건

1. 최단 시간에 사라진 국산 첫 전기차

우리나라의 전기차 역사는 지난 2010년 9월 현대차가 선보인 '블루온'의 등장으로 시작되었다. 당시 이명박 대통령은 블루온의 공개 행사를 청와대에서 열고 직접 시승까지 했고, 정부는 일본 미쓰비시 아이-미브i-MiEV에 이어 세계 두 번째 양산형 고속전기차라고 치켜세웠다. 지식경제부도 이날 청와대 행사에 맞춰 2020년까지 전기차 100만 대를 보급하겠다고 발표했다. 또 목표 달성을 위해 공공시설·대형마트·공용주차장 등에 충전기 총 220만 기를 설치하겠다는 계획까지 내놓았다.

이처럼 우리나라 전기차 역사는 무지함과 무책임함으로 시작되었다. 2020년 8월 현재 국내 전기차 보급 수는 11만 대 수준이고, 전국에 깔린 완·급속 충전기는 6만~7만 기에 불과하다. 그리고 블루온은 2011년 주

2010년 공개된 국산 첫 양산형 전기차, 현대차 '블루온'. (자료: 현대차 제공)

로 공공기관을 대상으로 판매된 이후 바로 단종되었다. 블루온이 실제 판매를 시작할 당시만 해도 아이-미브뿐 아니라, 블루온보다 성능이 훨씬 뛰어난 테슬라의 첫 전기차 '로드스터', 닛산 '리프Leaf', 중국 비야디 BYD 등 이미 전기차 다수가 등장한 때였다. 결국 현대차 블루온은 세계 두 번째 양산형 전기차가 아니라, 글로벌 완성차 브랜드 중 가장 짧은 시간에 단종된 불명예 전기차로 기록되었다.

현대차가 만든 블루온은 2010년 11월 개최된 'G20 정상회의' 행사 차량에 투입될 목적으로 개발되었다. 이에 앞서 청와대가 2010년 9월 미리 공개한 것이다. 블루온은 판매를 시작한 2011년 210여 대가 팔렸지만, 비싼 가격에다 짧은 주행거리 등 시장성이 떨어진다는 이유로 대량 양산으로 이어지지 못하고 사라졌다.

당시 블루온 공개 후 열흘 만에 한국지엠도 '라세티 프리미어' 전기차를 선보였다. 이때만 해도 국내 전기차 시장 분위기는 가속화될 것이라는 기대감을 주었다. 국내 전기차 시장이 중소업체인 CT&T와 AD모터스 등이 개발한 저속전기차에서 고속전기차 위주로 재편될 것으로 예상되었다.

하지만 블루온과 라세티 프리미어는 공식 시판에 들어가지 못하고 사라졌다. 당초 2012년까지 블루온 2500대를 양산·보급할 계획이었지만, 일부 공공기관에 210여 대 판매하는 데 그쳤다.

지난 9년 동안 전국의 취재 현장을 다녔지만, 블루온을 실제로 본 적은 단 한 번도 없다. 현대차는 2011년 3월 연구소 조직 내 전기차와 하이브리드차HEV 개발실을 통합했다. 블루온 개발을 총괄했던 현대차 그룹 홍 모 실장은 다른 부서로 자리를 옮겼다.

나는 당시 현대차그룹의 전기차와 하이브리드차 개발조직 통합이 전기차보다 하이브리드에 무게를 두는 움직임이라고 판단하고, 분석성 기사를 보도한 적이 있다.

그때만 해도 현대차 신차 전략은 일본 토요타를 대상으로 한 '패스트 팔로어fast follower'였기 때문이다. 토요타는 현재까지도 하이브리드HEV: Hybrid Electric Vehicle와 플러그인하이브리드PHEV: Plugin Hybrid Electric Vehicle 차량에 집중하며 중국 시장 이외 순수 배터리 전기차BEV: Battery Electric Vehicle를 내놓지 않고 있다.

예상한 대로 현대차는 무려 6년 동안 전기차를 내놓지 않았다. '아이오닉 일렉트릭'이 출시된 건 2017년이다. CT&T와 AD모터스 등도 시속 80km/h 미만의 저속전기차를 내놓았지만, 주행 성능 대비 고가의 가격 탓에 시장에서 외면받고 사라졌다. 당시 두 회사 차량을 시승했을 때가 떠오른다. 전기차만이 제공하는 급가속은 느낄 수 없었다. 작은 골프카트 크기였지만, 그나마 골프카트보다는 빨랐다. 지금 기억하는 건 이게 전부다.

2013년 제주에서 처음 시작된 전기차 민간 보급

정부는 전기차 민간 보급에 앞서 2011년 4월 서울과 영광·광주를 전기차 선도 도시로 선정하고, 이들 지역 관할 지자체나 공공기관·공기업을 대상으로 전기차를 보급했다.

당시 서울시 오세훈 시장도 정부 정책에 발맞춰 '서울시 전기차 마스터플랜 2014'를 발표하고 2014년까지 전기차 3만 대를 보급한다고 밝히기도 했다. 하지만 실제 서울시가 2014년까지 보급한 전기차는 2000대에도 미치지 못했다. 이후 서울시는 2015년 박원순 시장 때 또다시 2018년까지 5만 대 전기차를 보급한다고 목표를 제시했으나 2020년까지도 이 목표를 달성하지 못했다. 정책 발표는 지자체장 정책 홍보로만 활용되었을 뿐 약속 이행을 위한 현실적인 노력은 동반되지 않았다. 비단 서울뿐 아니라 제주·대구·광주 등 대부분의 지자체장들도 크게 다르지 않았다. '일단 던져보고 아니면 말고 식'의 홍보성 목표 제시는 이후에도 끊이질 않고 계속되고 있다.

정부는 2013년까지 선도 도시를 두 차례에 걸쳐 종전 3개 지역을 포함해 제주·대전·창원·당진·포항·안산·춘천 등 10곳으로 확대했다. 2013년까지 2500대를 보급한다는 목표였지만, 실제 보급 수는 1000대 수준에 불과했다. 당시 최고 속도를 80km/h로 제한한 저속전기차는 1대당 570만 원, 고속 경차로 분류된 블루온은 1720만 원, 준중형 전기차인 르노삼성 SM3 Z.E.는 1940만 원을 지원했고 전기버스는 1억 545만 원의 보조금 지원 혜택을 주었다.

이때 국내 처음으로 서울과 대전·제주 등에는 전기차를 이용한 택시가 나왔고, 국내 최초의 카셰어링 서비스 '나눔카'가 서울에 등장했고, 전기차만을 대여하는 렌터카 업체가 제주 지역에 등장하기도 했다. 하지만 불과 2년도 안 돼 택시 서비스는 전부 중단되었다. 짧은 주행거리와 좁은 실내 공간 탓이다. 나눔카는 현재 명맥만 유지하고 있고 전기차 렌터카 시장은 카셰어링 등으로 조금씩 확대되고 있지만 아직 초기 시장에 불과하다.

일반인을 대상으로 한 전기차 민간 보급은 2013년 하반기 제주 지역을 대상으로 처음 시작되었다. 당시 제주도는 '탄소 없는 섬Carbon Free Island' 비전을 선포하며 '스마트그리드Smart Grid' 실증사업 등 에너지 관련 각종 국가사업을 주도하던 때였다.

160명에게 전기차 보조금을 지원하는 민간 보급 공모에 제주도민 487명이 신청했고, 공개 추첨을 통해 160명이 최종 선정되었다. 보급 물량은 적었지만, 우리나라의 전기차 보급이 시작되었다는 것을 실감할 수 있었다.

결국 2011년부터 2013년까지 3년 동안 보급된 전기차는 저속전기차를 포함해 모두 약 2300대다. 이 중에 90% 이상이 정부와 공공기관에서 구매했다.

2013년 제주도 160대 보급에 이어 민간 보급이 전국으로 확대된 건 2014년이다. 이전보다 전기차 차종이 늘면서 소비자 선택지가 커졌다. 기존 기아차 레이EV, 한국지엠 스파크EV, 르노삼성 SM3 Z.E.에, BMW i3와 기아차 쏘울EV, 닛산 리프가 추가되었다.

정부가 지원하는 차량당 구매 보조금 등 혜택이 3000만 원 수준을 넘었지만, 당시 수입 전기차에 대한 보조금 지원에 대해 이의를 제기하는 사람은 거의 없었다. 시장 활성화를 위해 보다 넓은 소비자의 선택지가 더 중요했기 때문이다.

당시 차량은 전부 1회 충전에 따른 주행거리가 100km 초중반에 불

2012년 스마트그리드 국책사업 일환으로 제주 가파노에 보급된 전기차 레이EV.

과했고, 경차 내지 소형차에 불구했음에도 차량 가격이 대부분 4000만 원을 크게 넘었다.

환경부와 각각의 지방자치단체에서 지원하는 전기차당 구매 보조금은 상상을 초월할 정도로 큰돈이었다. 환경부가 1500만 원을 지원하고, 지자체에 따라 최소 400만 원에서 최대 900만 원의 추가 보조금을 주었다. 4500만 원 안팎이던 기아차 전기차를 2000만 원 초반에 구매할 수 있었다. 세계 어느 나라와 비교하더라도 우리나라의 전기차 1대당 보조금은 압도적으로 높은 지원 혜택이었다.

여기에다 우리나라는 전 세계에서 유일하게 전기차 구매 개인에게 700만 원 상당의 충전기와 설치 비용까지 정부가 지원했다. 개별소비세 50% 감면과 취득세 면제 등 600만 원 상당의 각종 세제 혜택까지 포함하면 국가가 전기차 구매자에게 지원한 혜택은 3300만~3600만 원

선이다. 웬만한 중형급 국산차 가격과 맞먹는 액수였다. 당시 노르웨이를 제외하고 유럽과 미국, 일본의 전기차 구매 보조금은 500만 원 수준에서 많아야 1000만 원 안팎이었고, 보조금을 지원하지 않는 선진국도 많았다.

그럼에도 불구하고 민간 보급 첫해인 2014년은 800대 보급에 그쳤다. 정부 계획대로 전기차 보급이 빠르게 진행된 건 아니지만, 전기차에 대한 긍정적인 인식이 조금씩 생겨나기 시작한 건 사실이다.

세계 최초 팔 3개 충전기

우리나라 전기차 역사는 충전 인프라와 함께 시작했다. 국내 전기차 충전 인프라가 본격적으로 깔리기 시작한 건 지난 2011년부터다. 2010년 정부가 제주도 구좌읍을 스마트그리드 실증 단지로 지정하면서 이 지역에 일부 충전기가 설치되긴 했지만, 정부의 장단기 계획에 따른 보급은 2011년 환경부가 정부 예산 66억 원을 투입하면서다.

당시 공공기관 등 전기차 구매자 위주로 7kW급의 완속충전기와 일부 급속충전기(50kW급) 등 모두 400여 기가 설치되었다. 정부가 완속충전기당 지원한 보조금은 무려 800만 원 수준이었다. 예산은 제품 구매비와 설치·공사, 한전불입금 등 충전기 설치 운영에 필요한 모든 재원을 충당하기 위한 목적으로 집행되었다. 결국 '보조금'이 아니라, '100% 지원금'인 셈이다.

이는 2020년 현재의 전기차 충전기 보조금(320만 원)보다 2.5배나 많은 액수다. '현재의 충전기 보조금으로도 1기당 50만 원 이상의 이윤이 발생하는데, 당시 800만 원이면 얼마나 많은 이윤을 남겼을까'라는 의문을 가질 수 있다. 하지만 당시만 해도 충전기 물량이 지금처럼 수천,

수만 기씩 되질 않았고, 디스플레이 장치 등 불필요한 기능도 의무 장착해야 해 생산원가가 높았다. 충전 설비에 대한 공사·설치 기준도 지금보다 더 까다로웠다.

이때 우리나라 전기차 충전기 보급을 위해 일방적인 물질적 지원이 아닌 다른 방법을 생각했더라면 지금의 우리나라 충전 환경은 훨씬 나아졌을 수 있다. 돈만 지급하는 게 전부였던 충전기 보급사업은 훗날 우리 충전 산업계를 보조금 노예로 만드는 단초가 되었다.

나는 지금도 꾸준히 해외 사례를 조사하고 있다. 정부가 특정 지역이나 공간에 충전 인프라 구축을 위해 민간 기업을 대상으로 한 입찰 사례는 많았지만, 불특정 지역을 대상으로 충전기당 제품 비용, 공사비 일체의 비용을 전부 지급하는 사례는 전 세계에서 우리나라가 유일했다. 충전기 설치 위치를 민간 기업이 스스로 정한 다음 엄격한 검증 없이 쉽게 보조금을 받다 보니 현재까지도 국내 충전 인프라 중에 절반가량은 사용하지 않은 채 방치되고 있다.

우리 정부는 전기차 보급사업을 놓고 '닭(전기차)이 먼저냐, 달걀(충전)이 먼저냐' 하는 고민에서 충전 인프라에 무게중심을 더 두었다. 국가 전역에 충전 인프라가 충분히 설치되어야 소비자들이 전기차를 구매한다는 생각에서다. 이런 이유에서 우리나라는 전 세계 유일하게 충전기 보조금을 10년째 주고 있다.

또한 당시 정부와 유력 지자체장들은 앞다퉈 전기차와 충전 인프라에 대한 강력한 보급 의지를 담은 예산 계획과 비전을 내놓았다.

그리고 국내 충전기 시장은 대기업과 중소기업 간 경쟁이 심화되는 양상을 보였다. 전기차라는 말하기 좋은 새로운 사업이다, 다년간의 중앙정부 예산 계획까지 밝혀진 상황이라 이들 사업자에게 이보다 좋은 먹거리 시장은 없었다. 대기업 중에는 효성중공업과 LS산전이 초기 시장을 선점하는 분위기 속에 한화테크엠까지 뛰어들었다. 이때만 해도 중소기업 충전기 제조사는 시그넷이브이, 중앙제어, 피앤이시스템에 불과했다. 하지만 2014년 전후부터 정부의 보조금 시장을 노린 수많은 신규 업체들이 시장에 진입하기 시작했다.

당시 이명박 정부가 노무현 정권 때 폐지했던 '중소기업 적합업종제도'를 다시 도입했다. 대·중·소기업 동반성장위원회를 통해 충전기 제조업을 중소기업 적합업종으로 분류시킨다는 이야기가 나돌았다. 동네 빵집·슈퍼마켓 등 골목상권 보호가 이슈화되면서 정부가 이 정책을 강하게 밀어붙일 때였다.

결국 효성중공업·LS산전·한화테크엠 등은 충전기가 중소기업 적합업종으로 분류되기도 전에 충전기 사업을 중간에 포기했다. 흥미로운 사실은 지금까지도 전기차 충전기 제조업은 중소기업 적합업종으로 분류되지 않았다는 것이다. 그러나 현재까지도 충전기 제조업이 중소기업 적합업종이라고 알고 있는 기업들이 여전히 많다.

전기차 충전기 민간 보급이 본격화된 시기는 전기차 보급이 전국으로 확대되기 시작한 2014년이다. 4~5개 신규 차종이 시장에 출시되면서 전기차 보급 예산도 늘었고, 보급 지역도 서울과 제주 등 일부 지역에서 전국으로 확대되기 시작했다.

세계 최초이자 세계 유일하게 '팔 3개 달린 충전기' 도입을 결정한 시기도 바로 이때쯤이다. 충전기는 충전 규격별로 그에 맞는 충전케이블을 쓴다. 그래서 정부가 어떤 규격을 정하냐에 따라 국내 출시 차종이 달라질 수 있는 중요한 결정이었다.

당시 전국에 깔린 대부분의 공용시설 급속충전기(50kW급)는 환경부

우리나라에는 전 세계 유일하게 충전케이블이 3개 달린 급속충전기가 전국에 설치되어 있다. 글로벌 충전 규격인 '콤보1(TYPE1)', 일본 '차데모(CHAdeMO)', '교류(AC) 3상'을 모두 수용하기 위해서다.

예산으로 구축되었다. 물론 현재까지도 국내에 설치된 급속충전기 대부분은 환경부와 공기업인 한국전력 소유의 설비다.

결국 정부가 정한 규격이 시장 기준이 되는 구조인 셈이다. 정부는 전 세계적으로 통용되는 세 가지 충전 규격을 놓고 어떤 규격을 택할지를 고민한 끝에 3개의 충전 규격을 모두 수용하는 초강수를 선택했다.

그래서 우리나라는 세계 최초로 팔(충전케이블) 3개 달린 충전기를 국가 전역에 구축하는 유일한 국가가 되었다. 이 세 가지 규격은 일본식 충전 규격인 '차데모CHAdeMO', 프랑스 르노자동차만 쓰는 '교류AC 3상', 미국과 유럽에서 많이 사용했던 콤보1Type1이다.

차데모는 현대·기아차와 닛산차의 시제품 전기차 충전 규격이었고, 교류 3상은 르노 전기차, 콤보1은 한국지엠, BMW 전기차 등을 충전할 수 있었다.

일본 요코하마 지역 대형 쇼핑몰에 설치된 급속충전기. 일본의 충전 규격인
차데모 하나만 수용해 충전케이블이 1개다.

전기차 보급을 확대해야 하는 정부 입장에선 충전기 규격과 맞지 않
아 한국 시장 진출을 망설이던 해외 완성차 업체를 끌어들이기 위한 최
상의 조치였다. 소비자가 선택할 수 있는 차종을 최대한 많이 확보할
수 있는 환경을 조성할 수 있어서다.

하지만 이 결정으로 훗날 다양한 후폭풍이 발생한다는 것을 정부와
산업계는 예상하지 못했다. 경험을 해보지도, 국내외 사례도 없다 보니
미래를 예측하는 건 불가능했다. 팔 3개 달린 충전기는 일반 급속충전
기(약 2000만 원)보다 가격이 최소 700만 원 이상 비쌌고, 무엇보다 충전
이용 중에 고장률이 높았다. 규격별로 각기 다른 방식의 전압을 사용하
다 보니 정상적인 설비 운영이 어려웠다. 결국 일부 시설 충전기는 수
백만 원 하는 별도의 변압기를 두는 일까지 생겼고, 일일이 나열하기
어려울 만큼 크고 작은 문제들이 발생했다.

이후 우리나라 충전 규격을 '콤보1' 하나로 통일하는 데 4년이나 걸

렸다. 2017년 당시 현대·기아차가 글로벌 시장 흐름에 맞게 급속충전기 규격을 차데모에서 콤보1으로 바꾸면서 우리나라 충전 규격 단일화에 큰 힘이 실렸다. 이후 르노도 교류 3상을 포기하고, 2020년 국내 판매 모델부터 콤보1으로 충전 규격을 바꾸었다.

나는 가끔 이때를 생각한다. 우리가 처음부터 충전 표준을 단일화했다면 어땠을까? 소비자가 선택할 수 있는 차량 선택지는 많이 줄었겠지만, 충전기 보급에 따른 고장률 감소와 유지보수·제품 단가 등의 비용을 크게 줄일 수 있고, 지금보다 전기차 시장에 대한 좋은 이미지를 심어줄 수 있었을 것이다. 유럽, 미국뿐 아니라 중국과 일본이 자체 충전 규격을 쓰는 것과 달리, 우리 정부는 전 세계에서 전기차 보급에 가장 많은 돈을 쓰고도 국내 독자적인 기준을 세우기보다는 모든 기준을 수용하는 정책을 펼친 것이다.

정부형 충전 서비스 사업자 탄생

정부가 정한 전기차 민간 보급 사업자가 나온 건 2017년 3월이다. 그 동안은 정부가 일방적으로 보급했다. 하지만 전기차 수요가 늘면서, 이때부터 누구나 쓸 수 있는 '공용 충전기'와 전기차 구매자에게만 지원하는 '비공용 충전기'를 보급·구축 그리고 운영하는 일까지 민간사업자에게 맡긴다.

정부 사업 첫해인 2017년, 충전기 정부 보급 물량은 9700기로 사업자 공모를 통해 에버온, 지엔텔, 포스코ICT, 한국전기차충전서비스, KT 등 5곳이 최종 선정되었다. 이들 사업자는 당시 정부 예산 300억 원이 배정된 9700기의 완속충전기를 구축해 불특정 다수로부터 요금을 받고 이들 회원을 관리하는 충전 서비스 사업을 수행했다. 충전시설은 국가

서울의 한 쇼핑몰에 운영 중인 테슬라 급속충전시설 '슈퍼차저'. 테슬라는 고유의 충전 규격을 사용한다.

예산으로 충당했지만, 고객을 상대하는 나름의 민간사업자였다.

정부는 이들에게 불특정 다수가 사용하는 공용 충전기는 공사비용까지 포함해 1기당 500만 원, 전기차 이용자 개인만 사용하는 비공용 충전기는 1기당 300만 원의 돈을 지원했다.

이후 전기차 수요가 더 늘면서 2018년에는 기존의 5개 사업자를 포함해 대영채비와 파워큐브, 에스트래픽-제주전기차서비스 등 3개 업체를 추가로 선정했다. 당시 1만 2000기를 보급하는 사업에 공용 충전기 1기당 정부 지원금은 400만 원 수준으로 전년 대비 100만 원이 줄었다.

이때 사업자별로 충전 서비스 평균 요금은 전기 1kWh낭 지엔텔은 63.45원, 파워큐브는 71.5원, KT는 190원, 포스코ICT는 179원 정도였다. 전기차는 1kWh의 전기로 보통 6km를 주행하기 때문에 일반 내연기관 승용차와 비교하면 연료비(전기료)가 10~20% 수준에 불과했다.

8개 사업자별로 각각 구축한 충전기를 사용하기 위해서는 충전카드가 필요했는데 이 충전카드 발급 수가 무려 9만 471장(2018년 9월 기준)이나 되었다. 당시 전기차 보급량 4만 대보다 두 배 이상 많은 수치다. 충전카드가 전기차 수보다 훨씬 많은 이유는 이들 사업자별로 로밍(사용자 인증·과금 호환)이 안 되었기 때문이다. 당시 전기차 이용자들은 지갑에 너무나 많은 충전카드를 넣고 다닌다는 불만을 토로하기도 했다. 이후 충전 서비스 사업자 간 로밍은 일부 해결되었지만, 전기차 이용자들은 지금도 2~4개의 충전카드를 가지고 다닌다. 서비스 사업자별로 요금도 다르고, 로밍이 안 되는 경우도 더러 있어서다. 정부가 사업자들에게 나랏돈을 쓰고도 완벽하게 로밍이 되지 않는 건 소비자 입장에서 크게 아쉬운 일이다.

2019년은 정부의 충전기 보급사업이 절정에 달했던 때다. 보급 물량이 전년보다 두 배 늘었고 비공용 충전기는 개인만 쓰기 때문에 예산 대비 효율성이 떨어진다는 이유로 보급 대상에서 제외되었다. 결국 보조금 단가가 낮은 비공용 충전기는 없어지고, 보조금 단가가 높은 공용 충전기로 일괄 조정되었다. 공용 충전기 보조금은 2018년 400만 원에서 50만 원이 줄어든 350만 원으로 조정되었다. 이들 업체들이 충전기 당 남긴 이윤은 대략 50만~80만 원이나 되었다. 당시 설치 물량이 많았던 충전사업자들의 충전기 설치 물량은 7000~8000개로 결국에 40억~50억 원의 이윤을 챙긴 것이다.

정부는 전국을 대상으로 충전기를 보다 빨리 보급하기 위해 2018년 하반기에 충전사업자를 기존 8개에서 13개로 더 늘렸다. 하지만 이미 정부 충전기 보급 예산이 대부분 소진된 상황이어서 뒤늦게 들어온 5개

신규 사업자들은 큰 재미를 보지 못했다.

2020년은 2019년과 달리 충전사업자들에게 최악의 해였다. 지금까지 정부가 지정하던 충전 서비스 사업자를 일정 자격만 갖추면 누구나 할 수 있도록 지침을 바꾸면서 2020년 7월 기준으로 23개 사업자로 늘어났다. 반면에 2020년 정부 충전기 보급 물량은 2019년 2만 4000기에서 3분의 1이 줄어든 8000기에 불과했다. 13개 업체가 2만 4000기로 경쟁하던 것에서 2020년은 23개 업체가 8000기로 경쟁을 벌인 것이다. 이 결과, 2020년 8000기 물량은 불과 2주 만에 마감되었다. 정부 물량이 2주 만에 마감된 건 역대 최고 기록이다.

2. 오락가락 정부의 요금 정책이 부른 재앙

우리나라 전기차 보급사업은 매번 바뀌는 충전요금 때문에 전기차 이용자뿐 아니라 민간 충전 서비스 사업자, 전기차 잠재고객까지 혼란에 자주 빠뜨렸다.

전기차 보급이 시작된 2011년, 공공시설 대부분의 전기차 충전기 충전요금은 100% 무료였다. 정부는 국내 판매된 전기차가 9000대에 달했던 2016년 4월부터 1kWh당 313.1원(계절·시간대별 변동 요금 반영) 등 충전요금을 유료로 전환했다. 하지만 7개월 후인 2016년 12월, 충전용 전기요금(사용량 기준) 50% 감면, 기본료(설비 용량 기준) 100% 면제 등을 포함한 새 요금제를 산업통상자원부가 내놓았다. 새로운 요금 정책은 1개월 후인 2017년 1월부터 바로 적용되었다. 충전요금 무료를 선언했던 것이 환경부이고, 유료로 전환한 것도 환경부지만, 이번엔 산업부가 다시 할인카드를 꺼낸 것이다.

이 요금제는 2017년 1월부터 2020년 6월까지 시행되었다. 이후 두 차례에 걸쳐 2021년까지 할인율을 단계적으로 축소해 2022년 한전의 가격 정책에 따른 요금 정상화를 실현한다는 계획이다.

소비자를 대상으로 한 보통의 요금은 시설물의 설치·운영 주체가 정하지만, 환경부와 한전이 전국의 공용 충전기 전체 물량의 90% 이상을 보유하고 있어 이들이 정한 가격이 곧 시장가격이다. 결국 우리나라 전기차 충전요금은 2011년부터 현재까지 계획적인 장기 로드맵 없이 세 차례 바뀌었고, 앞으로도 전기차용 전기요금 정상화까지 두 차례 더 인상될 일만 남았다.

충전요금 무료 시행 5년 만에 유료 전환

2016년 4월 11일, 우리나라 전역에 깔린 전기차 급속충전기 이용이 유료로 전환되었다. 당시 약 9000대의 전기차가 국내 보급된 상황이었다. 이때 전기차 이용자들은 유료화에 따른 복잡한 결제나 불편을 호소했지만, 어쩔 수 없이 유료화를 받아들이는 분위기였다. 시장 충격이 아예 없었던 건 아니지만, 지난 4년에 가까운 시간 동안 공짜 혜택을 받았기에 파장이 크진 않았다.

환경부는 당시 전국에 구축한 약 400개의 급속충전기의 충전요금을 1kWh당 313.1원을 부과하기로 결정했다. 일반 완속충전기(7kW급)보다 충전 속도가 7~8배 빠른 국가 전역의 급속충전기(50kW급) 대부분의 시설을 환경부가 환경공단 등을 통해 운영했고, 공용시설의 완속충전기는 정부로부터 100% 자금 지원을 받는 민간 충전사업자나 한국전력이 운영했던 시절이다.

충전요금은 평균 전기요금(134.6원), 인건비 등 충전기 유지관리비 (87.7원), 향후 새 기기 교체비용(90.8원), 충전기당 한국전력에 매달 납부하는 기본료(14만~15만 원) 등을 고려해 책정되었다. 정부가 책정한 요금이다 보니 운영 마진 없이 최소한의 고정비만 요금에 반영된 것이다.

이런 정부 주도의 요금 정책이 불러온 단점은 명확했다. 이때만 해도 시장 초기라 충전기 제품들의 고장이 적지 않게 발생한 데다, 무엇보다 전국에 흩어진 충전기의 고장 상태조차도 신속하게 파악하기 어려웠다. 특히 정부가 정한 요금 정책에는 충분한 유지보수 비용이 반영되지 않아 충전기가 고장 나더라도 신속한 대응이 이뤄지지 않은 것이 사실이다.

당시 나는 전기차 이용자들이 자신의 집 부근의 충전기를 하나씩 맡아서 관리하는 '충전 지킴이' 사업을 환경부 과장에게 제안했고, 환경부가 이를 받아들여 장관상을 받기도 했다.

그만큼 당시 전국의 충전시설 관리 체계는 매우 열악했다. 충전요금 현실화가 서비스 질을 높일 수 있는 방법인데 당시 정부 정책은 거기까지 내다보지 못했다.

환경부 요금 발표 직후 그동안 정부 지원으로 최소한의 충전시설 유지비를 충당했던 민간사업자들도 유료 서비스를 준비하기 시작했다. 하지만 이들의 불만은 적지 않았다. 마진이 필요 없는 정부와 달리 단 얼마라도 수익을 내야 하는 기업 입장에선 정부와 가격 경쟁을 해야 하는 자체가 어려웠기 때문이다. 정부가 최저 요금 정책(313.1원)을 내놓으면서 정부 요금 수준에 맞추자니 남는 게 없고, 수익성 있는 요금을 받기에는 소비자 반감이 클 것이라는 고민에서다.

더욱이 당시만 해도 전국에 운영 중인 급속충전기 일평균 사용량이 제주는 5.3회, 서울·수도권은 1.5회에 불과했다. 회전율이 적어 수익을 낼 수 없는 구조였다.

민간 충전사업자인 포스코ICT와 한국전기차충전서비스는 환경부 요금 발표 직후부터 최소 마진을 적용한 유료 충전 서비스 상품을 내놓기로 결정했다.

이들은 환경부가 제시한 1kWh당 313.1원보다 다소 비싸지만 접근성과 질 높은 서비스를 차별화로 내세웠다. 전기차 충전을 핑계로 주차 공간을 점유하는 얌체 고객을 방지하면서 충전과 주차를 결합한 상품이었다. 별도 충전소를 세우지 않고도 대형 할인점, 쇼핑센터 등 생활시설을 활용해 위험부담을 최소화하겠다는 생각이었다. 한국전기차충전서비스 역시 가정용 충전기를 보유한 운전자를 고려해 매달 100kWh 전기를 충전할 수 있는 '라이트 상품'과 '무제한 상품' 등 맞춤형 서비스 상품을 내놓았다. 이전까지 고객의 이용 패턴이나 장소, 시간과 관계없이 무조건 충전량에 따른 요금만 과금했지만, 충전 이용 유료화로 시장 서비스 개념을 접목시킨 요금제의 등장이었다. 우여곡절 끝에 우리나라 첫 전기차 충전요금 유료 전환 이슈는 마무리되는 듯했다.

나는 이때 우리가 흔히 이용하는 스마트폰 요금제처럼, 고객이 자신의 이용 패턴에 따라 선택할 수 있는 다양한 요금제가 서서히 나올 미래를 기대했다. 통신이나 유통 할인점, 신용카드 등 다른 산업군과의 서비스 연계도 내심 바랐다. 하지만 기대한 대로 되지 않았다. 지금까지도 전기차 이용자들은 충전 사용량에 따른 획일적인 요금제를 쓰고 있다. 미국이나 유럽, 일본만 해도 민간이 충전 시장을 주도하다 보니 시내 번화가나 고속도로 휴게소 등 충전소 위치나 머무는 시간에 따라 요금제가 천차만별이다. 우리와 달리 소비자 접근성을 고려한 서비스 개념이 도입된 것이다.

유료 전환 8개월 만에 다시 반값 할인

6년 만에 등장한 충전요금 유료화로 충전 서비스의 질이 높아지는 계기가 마련되나 싶었다. 충전시설 유지보수 관리도 신속하게 잘되고, 뛰어난 접근성과 다양한 고객 맞춤형 요금 체계까지 기대했다. 하지만 정부는 이런 상황을 다시 또 엎었다. 충전요금 유료화로 인한 시장 거부감이 해소될 때쯤 또다시 불이 지펴졌다.

2016년 12월 산업부가 전기차 충전요금을 또 내리는 '충전요금 할인 등 특례요금제' 도입을 검토하겠다고 발표했다. 우리나라 전력판매 독점사업자인 한국전력의 이사회를 거쳐야 했기에 '검토'라는 표현을 썼지만, 이미 산업부가 확정하고 이를 한전에 지시를 한 셈이다. 이 결정은 환경부가 1kWh당 313.1원 유료화를 실시한 지 불과 8개월 만에 나왔고, 이후 정부의 계획대로 2017년 1월부터 특례요금제가 도입되었다.

2017년 1월부터 3년간 충전기에 적용되는 전기요금 기본료(1kWh당 저압 2390원, 고압 2580원)를 면제하고, 충전 사용량에 따라 부과되는 사용 요금도 계절과 시간에 따라 1kWh당 52.5~244.1원을 지불했던 것을 50% 할인했다.

시장을 고려하지 않고 당장 앞만 보고 결정한 최악의 정책이었다. 산업부가 이 정책을 발표하자, 대부분의 언론은 전기차 '충전요금 반값 시대'라고 보도했다. 겉만 보고 정부가 대단한 선물을 국민에게 준 것으로 포장한 것이다.

나를 포함한 대다수 전기차 동호회 회원들 생각은 달랐다. 수개월 만에 바뀐 정부 정책을 보면서 "우리가 거지도 아닌데 정부 정책은 시종

일관 돈만 준다"라고 했던 말이 지금도 기억난다.

충전요금은 313.1원에서 2019년 말까지 173.7원으로 깎였다. 정부와 한국전력이 설치해 운영 중인 공용시설의 급속충전기는 173.7원을 받았고, 민간 기업이 정부에서 돈을 받아 전국에 설치한 공용 완속충전기 충전요금은 이보다 저렴한 100원 안팎으로 조정되었다.

이후 2017년부터 2019년 말까지 충전요금에 대한 이슈는 크게 없었다. 그러나 2019년 말부터 충전요금 이슈가 다시 불거지기 시작했다. 특례요금제 종료를 앞두고 2019년 10월 나는 "내년 전기차 충전요금 최소 2배 오른다"라는 기사를 보도했다. 2017년 당시 특례요금제 적용 기간 3년을 앞둔 시점에서 정부 계획대로 요금이 정상화되는지 궁금했기 때문이다. 이 기사가 나가자 다른 주요 언론에서도 이 내용을 깊이 있게 다루면서, 관련 산업계뿐 아니라 정치·사회적으로도 큰 이슈가 되었다. 정부가 약속한 계획에 따라 충전용 전기요금이 정상화되는 건 당연한 일이지만, 언론들은 현 정권의 탈원전 정책과 전기차 보급률 저조에 따른 소비자 부담이 크게 가중될 수 있다고 부각시켰다.

시장에 미치는 파장은 2016년 충전요금 유료화 전환 때와 비슷했지만 유력 보수 언론까지 이슈에 가세하며 소비 시장은 또 한번 큰 혼돈에 빠졌다. 이때 정권의 눈치를 보는 산업부와 전기요금 적자 구조에서 탈피하려는 한국전력 간 갈등이 벌어지기도 했다.

결국 산업부 입김이 작용하면서 특례요금제 폐지 시점은 2020년 6월로 반년 더 연장되었고, 단번에 폐지하기로 한 당초 계획과 달리 2년에 걸쳐 점진적으로 할인 폭을 줄여가기로 최종 결론이 났다.

3년 전에 우려했던 문제가 터진 셈이다. 이 소식에 소비자들은 크게 반발했고, 고정비가 늘어난 충전사업자들도 불만을 토로했다. 관련 업

표 1 | 한국전력 전기차 충전용 전기요금 정상화 계획 및 업계 요금

적용 일자		2017.1.1.~ 2020.6.30.	2020.7.1.~ 2021.6.30.	2021.7.1.~ 2022.6.30.	2022.7.1.~
할인율	기본료	100%	50%	25%	0%
	사용료	50%	30%	10%	0%
1kWh당 충전요금	급속 충전	173.8원	255.7원	312.8원 (예상)	347.6원 (예상)
	완속 충전	80~100원	220~255.7원	250~300원 (예상)	250~300원 (예상)

* 기본료는 충전기당 매월 한국전력에 지불하는 고정비로, 저압(완속)은 1kWh당 2390원, 고압(급속)은 1kWh당 2580원임.
* 사용료는 1kWh당 한국전력의 전기차용 게시별 요금제 적용.
자료: 한국전력, 저공해차 통합누리집.

계는 환경부와 산업부를 잇따라 찾아 매달 고정으로 한전에 지불하는 기본요금만이라도 정부에서 일부 지원해 달라며 호소했다.

소비자와 산업계 반발은 2016년 충전요금 유료화 전환 때보다 더 거셌다. 일부 업계에서는 정부의 오락가락한 정책 때문에 한 번만 겪어야 할 일을 굳이 두 번이나 겪었다며 한탄했다. 한국전력은 2020년 7월 예정대로 그동안 100% 면제해 온 전기차 충전기당 기본요금 50%를 부과하기로 했다. 충전량에 따른 전기요금도 50% 할인에서 30%로 축소했다.

이 결과 공용시설 급속 충전요금은 기존보다 약 1.5배, 완속 충전요금은 2배가량 각각 올랐다. 정부와 한전의 충전요금 할인 혜택 축소는 제도를 도입한 2017년부터 이미 예고된 일로, 충전요금 인상 조정으로 소비자 부담이 늘어난 것보다 정부가 소비자에게 전기차 시장에 대한 잘못된 인식을 두 번이나 각인시켰다는 점이 크게 아쉬웠다.

그동안 전력 생산원가 이하로 할인했던 요금의 정상화는 언젠가 반

드시 실현해야 하는 일이다. 이 요금을 정상화하더라도 우리나라 전기 요금은 미국·유럽·일본보다 저렴하다. 또 전기차를 타는 이유가 경제성 때문만이 아닌, 친환경 조성에 기여하는 일이라는 정책 홍보도 부족했다. 요금이 정상화되어야 수익을 낼 수 있는 민간사업자가 나올 수 있는 점도 전혀 고려하지 않은 정책이었다.

전기차 시장 확대를 위해서는 산업화가 함께 되어야 하는데, 정부의 두 차례 시장요금 관여로 우리나라에는 현재까지도 경쟁력 있는 충전 업체가 없다. 이런 이유에서 2020년 초 KT와 에스원 등 대기업이 충전 사업을 포기하는 사태까지 벌어졌다. 현재 국내 충전 시장은 정부 보조금 의존도가 절대적으로 큰 중소기업들만이 사업을 영위하고 있다.

전기차Q&A 전기차가 비싼 건 배터리 때문인가요?

정답부터 말하면, 과거에는 그랬지만 지금은 아니다. 전기차 배터리는 배터리셀과 모듈·배터리팩 그리고 이 배터리 시스템을 제어하는 배터리관리시스템(BMS: Battery Management System) 등으로 구성된다. 배터리셀을 포함한 배터리팩 가격은 시장 초기 1kWh당 200달러 초중반에서, 최근에 나오는 신차 전기차는 100달러 초중반까지 떨어졌다.

2015년 미국 GM의 한 관계자가 실수로 언론에 LG화학의 배터리를 1kWh당 140달러에 받는다고 해서 당시 엄청난 화제가 된 적이 있다. 실제 GM이 언급한 가격의 배터리는 그 후로부터 2~3년 뒤에 나온 전기차에 적용된 제품이었다. 5년 후인 2020년, 현대차가 배터리업체들과 계약하는 공급가격이 1kWh당 100달러 전후까지 떨어진 것으로 알려졌다. 이 차량 역시 2~3년 후에 나온다.

이 같은 추이에서 현재 배터리셀 가격은 100달러 전후가 유력하다. 여기에 모듈과 배터리팩, BMS는 보통 배터리셀 가격과 비슷했는데 최근 대량생산화로 배터리셀의 50~70%까지 내려갔다. 결국에 1kWh당 배터리 시스템(셀·모듈·팩·BMS) 가격은 현재 100달러 후반대다. 배터리 가격이 떨어지는 건 배터리셀 제조업체가 늘어났고, 이들의 생산 물량까지 계속 증가하면서다.

국내에서 가장 많이 팔린 현대차 '코나 일렉트릭'(배터리 용량 64kWh)의 경우, 차량은 2017년에 국내 출시되었다. 코나 전기차의 배터리 공급계약은 차량 출시 2~3년 전에 이루어졌고, 당시 계약가격은 1000만 원 후반이 유력하다. 그렇다면 1000만 원 후반의 배터리가 차량 전체 가격(한국 판매가 4500만 원)에 절대적인 영향을 줄 수 있을까? 그렇지 않다. 1000만 원 수준이면 자동차 엔진과 관련 각종 내연기관 장치 가격과 비슷하거나 오히려 저렴하다. 물론 이 같은 가격은 글로벌 완성차 기업만 해당된다. 국내 전기버스나 초소형 전기차 등 중소·중견 업체가 배터리 업체로부터 받는 가격은 두 배 가까이 비싸다.

더욱이 전기차가 내연기관차량에 비해 부품 수가 3분의 1인 점을 감안하면 배터리 등 부품 가격은 차량 가격에 큰 영향을 주지 않는다. 그렇다면 전기차 가격이 왜 비쌀까? 바로 차량 생산량 때문이다. 보통 글로벌 자동차업체들의 차량 모델별 생산에 따른 손익분기점은 연간 30만~40만 대다. 신차일수록 개발·생산투자비가 많이 들어간다. 결국 1년에 대략 40만 대를 생산해야 이후부터 이익을 낼 수 있는 구조다. 그래서 차량 가격이 비싼 것이다.

현재 우리나라뿐 아니라 세계적으로 연간 40만 대 팔리는 전기차는 테슬라 '모델3' 하나에 불과하다. 전기차 가격이 동급 내연기관차량보다 아직 높은 이유다. 결국 전기차가 비싼 건 배터리 가격 때문이 아니다.

3. 3년치 잠재고객 앗아간 테슬라의 폭격

테슬라는 한국 진출 초기 때부터 현재까지 한국 소비자들에게 항상 주목받는 대상이었다. 우리 정부에게는 미국 정부를 등에 업은 힘 있는 존재였고, 관련 산업계에서는 '갑 중의 갑'이었다. 또 정치인들에겐 최고의 홍보 채널 그리고 대중에게는 어떤 실수를 해도 용서되고 이해가 되는 맹목적 존재였다. 테슬라는 지금의 한·미 무역 갈등 속에서 한국의 대미 흑자 시대를 잘 타고난 글로벌 기업이면서, 굳이 시장 공략을 위해 크게 노력하지 않아도 될 만큼 자신에게 열광하는 수많은 한국 대중까지 거느린 운 좋은 기업이었다.

테슬라의 내부 이야기를 처음 접한 건 2015년 말이었다. 일론 머스크Elon Musk 테슬라 CEO가 온라인 결제회사인 '페이팔'을 이끌던 시절부터 그와 친구 관계였던 어느 지인을 만나면서다. 그는 테슬라의 한국 진출을 위한 다양한 시장 정보와 필요한 도움을 주었다. 당시 미디어에서나 접할 수 있던 테슬라의 고위층 사람들도 잘 알고 있었다.

2015년에 테슬라는 제주도와 한국 진출을 놓고 긴밀한 협의 중이었다. 테슬라가 제주로부터 러브콜을 받고, 한국 진출에 앞서서 제주를 첫 공략지로 유력하게 검토했던 것이다.

제주 진출은 테슬라에 새로운 기회였다. 당시 테슬라는 다임러와 GE를 비롯해 미국 정부 등으로부터 지분 투자를 받은 상황으로 경영난에 처해 있었다. 당시만 해도 테슬라는 주주 지분까지 담보로 캐피탈 자금까지 끌어 썼을 때였다. 그런 머스크 CEO의 최대 관심사는 어떻게든 수익을 내는 일이었다.

이런 상황에, 제주도가 파격 조건을 제시하자 머스크 CEO도 제주도가 홍콩, 마카오처럼 부자들이 많이 찾는 곳이기에 사업성이 있을 것이라고 판단했다. 마침 제주도가 추진하는 풍력·태양광 발전 등 에너지 자립성 정책이 테슬라의 친환경 이미지와 부합한다고 믿었다.

정확한 이유는 알려지지 않았지만, 양측의 이야기가 오고 간 지 얼마 되지 않아 테슬라의 제주 진출 시도는 실패로 돌아갔다. 테슬라는 2016년에 홍콩 시장에 진출한 반면, 본격적인 한국 진출은 이보다 1년 늦은

2017년에 이루어졌다. 그렇지만 테슬라가 한국에서 먼저 러브콜을 받은 건 분명한 사실이었다. 이때부터 머스크 CEO에게 '한국은 테슬라를 강하게 원한다'는 강렬한 인식이 생겼을 것으로 추측해 본다.

테슬라 진출 3년 전부터 열광하는 한국

테슬라의 한국 진출 정황이 처음 포착된 건 한국 법인을 세우기 4년 전인 2013년 11월이다. 당시 테슬라는 전기차 보급 주무부처인 환경부와 산업부 등을 방문해 국내시장 전반에 대해 이야기를 나누었다. 훗날 접한 이야기지만, 이때 테슬라는 한국 정부의 전기차 구매 보조금 지원 정책이 최소 2020년까지 계속되는지와 충전 인프라 구축 등 한국 정부의 보급 계획 및 의지를 주로 확인했다고 한다.

이어 2013년 말 테슬라의 IR 책임자가 직접 나서, 서울 여의도에서 금융 분야 투자 담당자를 대상으로 한 기업설명회IR를 열기도 했다. 당시만 해도 테슬라는 국내 코스닥 상장사 몇몇으로부터 수십억 원의 투자를 받은 상태였다. 이때 테슬라가 한국으로부터 투자 유치를 하려 할 뿐 아니라 한국 투자자를 대상으로 판매권을 협의한다는 정확하지 않은 소문이 돌면서 국내 언론의 많은 관심을 받았다. 물론 판권 협의는 사실이 아니었고, 현재까지도 테슬라는 다른 기업에 판권을 주지 않는다. 2013년에 벌어진 두 사건으로도 테슬라는 일반 대중으로부터 뜨거운 관심을 받았다.

국내 테슬라 열풍에 불을 지핀 건 정용진 신세계그룹 부회장이다. 2013년 12월 충전기업체 대표로부터 전화를 받았다. 정용진 부회장이 미국에서 테슬라 모델S를 들여왔는데 집에서 충전할 수 있는 방법을 사방팔방으로 알아보고 있다는 것이다. 이 같은 연락을 받은 후 신세계

그룹 측과 개별 수입차 전문업체 등을 수소문했다. 정 부회장 측이 평소에 거래하던 서울 모처의 중고 수입차 딜러를 통해, 테슬라 모델S를 미국에서 들여왔고 당시 국내에 들어온 테슬라 모델S 차량은 총 3대였다는 것도 확인할 수 있었다. 이 중 2대는 현대차 연구소에, 1대는 정 부회장 차량이었다. 결국 정 부회장은 우리나라 최초의 테슬라 고객이 되었다. 하지만 불과 2~3개월도 되지 않아 모델S를 처분했다. 정 부회장이 모델S를 처분한 이유는 확인되지 않았지만, 남들의 따가운 시선과 충전시설 이용의 불편 때문이라는 이야기가 업계에서 나왔다.

특히 정 부회장은 한국의 테슬라 1호 고객이기도 하지만, 테슬라의 한국 진출에 큰 영향을 미친 인물이기도 하다. 정 부회장이 모델S를 미국에서 들여왔다는 기사부터 중고로 내놓았다는 기사까지 수많은 언론의 주목을 받았다. 테슬라는 정 부회장 덕에 엄청난 홍보 효과를 거두었다.

2017년 니콜라 빌레제Nicolas Villeger 전 테슬라코리아 대표와 만났을 때 그는 정 부회장 덕분에 자신이 몸담고 있는 '코치Coach'의 한국 법인을 세울 수 있었고, 그 인연으로 테슬라가 스타필드 하남 등 좋은 판매 거점과 충전 인프라 거점을 확보했다고 했다.

이렇게 유명세를 탄 테슬라는 한국 진출을 위한 시장 정보를 얻는 일도 무척이나 쉬웠다. 테슬라는 관리자급 채용 인터뷰와 사업 미팅을 통해 정보를 수집했다. 무려 다섯 번이나 테슬라와 인터뷰를 진행한 사람도 있고, 사업을 위해 비밀유지계약NDA을 맺고 테슬라에 다양한 정보와 아이디어를 제시하고도 아무런 소득 없이 힘만 뺀 기업도 여럿이다.

당시 이들이 공통적으로 한 말이 있었다. 처음에는 고용이나 사업을 목적으로 만남을 가졌지만, 어느 순간부터 시장 정보 등에 관심이 더

2017년 3월, 테슬라코리아가 대형 쇼핑몰 스타필드 하남에 테슬라 전용 매장 국내 1호점을 개장했다. 이날 정용진 신세계그룹 부회장을 비롯해 수많은 사람들이 이곳을 찾았다.

많다는 느낌을 받았다는 이야기다.

일반적인 사업 미팅에서 흔히 볼 수 있는 일이지만, 당시 업계로부터 접한 테슬라에 대한 이미지는 이러했다.

3년치 잠재고객 잃은 테슬라

일론 머스크 테슬라 CEO의 사업 수완은 '봉이 김선달' 못지않았다. 테슬라는 자신에게 열광하는 대중을 상대로 자동차의 전동화 혁신과 자율주행 가능성을 연이어 보여주었다. 자동차를 좋아하는 사람이라면 누구나 관심을 갖게 하는 묘한 매력이 있었다. 그러나 테슬라는 국내에서 차량 출시 약속을 지킨 일이 없었다. 차량 출시가 수년 동안 지연되는 동안 고객들은 테슬라가 가끔씩 미디어를 통해 던져주는 차량 성능이나 기능 업데이트, 차기 출시 모델 등의 화려한 소식만을 받아보며 그 긴 시간을 견뎌냈다.

테슬라의 과도한 사전 홍보에 가장 큰 피해를 본 건 우리나라 전기차 민간 보급사업이다. 2016년 3월 일론 머스크 CEO가 대중적인 전기차를 내놓겠다며 보급형 '모델3'를 공개했다. 모델3에 대한 반응은 세계적으로 엄청났다. 테슬라의 이전 차량인 모델S에 비해 디자인이나 첨단 기능 등 혁신적인 것은 없었지만, 기존에 1억 원이 넘는 모델S와 비교해 가격이 절반 수준이라는 점이 가장 큰 매력으로 꼽혔다. 테슬라가 고급 전기차 시장에 먼저 진출해 인지도를 쌓은 다음 대중 시장까지 공략하겠다는 전략은 자동차 업계 입장에서도 무척 파격적인, 동시에 위협적인 일이었다.

모델3 발표 이후 3일 만인 4월 3일, 전 세계 25만 명의 사전예약자가 몰리며, 테슬라는 자동차 업계가 전 세계를 상대로 한 사전예약 중 최단·최고의 신기록을 세웠다. 이 결과 테슬라는 불과 3일 만에 약 3000억 원의 돈을 챙겼다. 사전예약금으로 1인당 1000달러를 받았기 때문이다. 일주일 후 테슬라가 발표한 최종 계약자는 32만 명을 넘어섰다.

많은 사람이 예상했던 대로 한국에서도 수만 명의 예약자가 몰렸다. 2016년 9월 대한상공회의소 행사장에서 만난 당시 테슬라코리아의 니콜라 빌레제 대표에게 모델3 한국 예약자가 몇 명이냐고 물으니 그는 다섯 손가락을 펴 보이며 미소를 지었다. 세계 다섯 번째 안에 든다는 의미였다.

나는 테슬라의 파급력이 참 대단하다는 생각도 했지만 한편으로 불안한 예감이 더 크게 들었다. 2016년 우리 정부가 보급 목표로 한 전기차 물량은 고작 8000대인데, 모델3 사전예약자는 수만 명에 달했기 때문이다. 주위에서도 모델3를 예약한 사람을 쉽게 볼 수 있을 정도였다. 이들은 테슬라가 밝힌 대로 모델3 스탠더드ST 트림은 3만 5000달러(약 4000만 원), 롱레인지LR 트림은 4만 5000달러(약 5000만 원)의 가격으로 2017년 말 한국에 출시될 것을 철석같이 믿고 있었다.

하지만 약속은 지켜지지 않았다. 실제 모델3가 한국에 들어온 건 2019년 11월이다. 한국 배정 물량도 1000여 대에 불과했다. 가격 역시 최하 트림이 5000만 원 초반 수준이고, 롱레인지 트림에 옵션을 더하면 7000만 원이 훨씬 넘었다.

완전 자동화 공장을 통해 대량생산을 하겠다던 머스크 CEO의 계획은 생산 로봇의 잦은 고장으로 대량생산이 3년 이상 늦어지면서 차량 출시가 지연되었다. 여기에 한국은 사전예약자가 다섯 번째로 많은 국가임에도 불구하고, 출시 우선 국가에서 배제되면서 미국뿐 아니라 유럽에 비해 1년가량 늦게 출시되었다.

결국 테슬라는 2016년 4월 모델3를 공개한 이후 한국 고객 수만 명으로부터 각각 100만 원이 넘는 예약금까지 받았지만, 본격적인 차량 인도는 3년이 지나서야 시작했다. 이 때문에 전기차 구입을 마음먹었던 국내 잠재고객은 3년 동안 무작정 모델3를 기다렸고, 이 여파로 국내 전기차 보급 목표 달성은 거의 매년 실패로 돌아갔다.

실제 2016년 정부 보급 목표량은 8000대였으나 실제 보급은 5177대에 그쳤다. 2017년(목표량 1만 5000대)엔 1만 4337대, 2018년(2만 8000대)엔 3만 1154대, 2019년(4만 3795대)엔 3만 4969대가 보급되었다. 테슬라가 본격적으로 모델3 판매를 시작한 것은 2020년 상반기(1~6월)다. 코로나19 사태에도 불구하고 6839대가 팔리며 시장점유율 40.8%로 압도적인 1위를 차지했다. 2020년 테슬라의 전기차 물량 선적은 약 3000대씩 세 차례 이루어졌는데 모두 완판되었다.

테슬라에 맹목적인 대한민국

우리나라 자동차 시장의 테슬라에 대한 과도한 기대감은 거의 병적인 수준이었다. 화려했던 명성에 비해 한국 진출 당시 테슬라의 행보는 시장이나 정부 정책에 대해 잘 모르고 있었고, 차를 판매할 준비도 크게 미흡했다.

테슬라는 모델S의 국내 출시를 3~4개월가량 앞둔 2016년 말만 해도 국내 충전 인프라는 물론 서비스센터나 완·급속 충전기 규격과 심지어 차량 텔레매틱스(차량 내 무선 인터넷)를 위한 통신도 준비 안 된 상태였다. 여기에 국내 소비자들이 가장 궁금해했던 국가보조금을 받는지 여부도 차량 판매 직전까지 불투명했다.

당시 정부는 국산차나 수입차 관계없이 모든 전기차에 대해 2000만 원 수준의 보조금을 지원했기 때문에 테슬라 전기차의 보조금 지급 여부는 소비자 입장에서는 꽤 중요한 관심 사항이었다.

모델S 국내 출시는 2017년 3월 신세계 스타필드 하남에 판매점 오픈과 함께 이루어졌지만, 보조금 지원 여부가 확정된 건 그해 7월이다. 보조금 결정이 늦어지면서 차량 인도도 당초 계획보다 2~3개월 지나 이루어졌다. 한국에서 사용할 충전 규격이 정해진 것도 같은 해 2월, 국내 첫 충전소(슈퍼차저)가 세워진 건 5월이었다. 보통의 수입차 업계가 1~2년 전부터 충전 규격이나 충전 인프라 등 시장 전략을 준비하는 모습과는 크게 달랐다. 이런 테슬라의 고객 대응 체계를 불안하게 바라보는 업계 사람도 많았다.

이렇듯 테슬라의 시장 행보는 조금 어설퍼 보였다. 그럼에도 테슬라 충전소를 빌딩이나 건물에 유치하기 위해 거의 공짜 수준의 파격적인 조건을 제시하는 국내 업체도 꽤 있었다. 국내 모 이동통신사와의 텔레매틱스 계약 건은 거의 공짜 수준으로 진행되었다는 이야기도 들을 수 있었다. 당시 테슬라는 A이동통신사와 협의 중이었는데 갑자기 B이동통신사가 파격적인 조건을 제시해, 돌연 B이동통신사로 확정했다는 이야기다.

정부 부처나 지자체장들이 서로 머스크 CEO를 만나겠다고 온갖 인맥을 총동원하는 일도 적지 않았다. 기억하는 것만 서울과 제주, 대구, 산업부 등이다. 실제 만남이 성사된 건 미국까지 찾아간 당시 산업부 장관에 불과했다. 테슬라가 구미를 당길 만큼 만나야 할 대단한 명분이 있었다면 좋았겠지만, 실제는 한국 전기차 산업의 위상이나 이미지에는 별 도움이 되지 않았다.

이때 몇몇 지자체 관계자들이 자신의 단체장과 머스크 CEO의 만남을 성사시키기 위해 연락처나 방법을 묻는 연락을 해왔다. 그들에게 만남의 명분을 물었지만, 그냥 막연한 협력이라는 말뿐이었다.

아무튼 테슬라가 국내에서 충전 방식을 최종 결정한 건 모델S의 예정된 3월 출시를 1~2개월 앞두고다. 테슬라는 본래 자체 충전 방식을 쓰는데 국내 단체 표준 규격으로는 이 충전기를 쓸 수 없는 구조였다. 테슬라가 유럽형 방식이면서 국내 표준에도 속한 '타입2 Type2' 탑재를 결정한 이유다. 그러나 테슬라 고유의 방식이 아니다 보니 충전 속도가 느려 불편함이 꾸준하게 제기되었다. 이후 테슬라가 주한 미국상공회의소를 앞세워 산업부(국가기술표준원)에 국내 충전 규격에 연결해서 쓸 수 있는 테슬라 전용 젠더(어댑터) 사용 허가를 요구했다. 이후 모델S 출시 10개월 만인 2018년 4월 국표원이 전기차 충전기 어댑터에 대한 국가안전기준KC 제정 작업에 착수, 특정 충전 규격과 상관없이 모든 전기차 충전이 가능한 어댑터 사용을 전면 허용했다. 이 사건이 테슬라의 영향력을 실감할 수 있는 대목이다.

테슬라가 보조금을 받게 된 사연도 정말 절묘했다. 테슬라 모델S의 실제 출시 시기가 당초 2017년 3월에서 그해 6월로 연기된 건 이 차량에 대한 국가보조금 자격 건과 관련이 있다. 당시 환경부 고시인 '전기차 보조금 대상 평가'에 관한 규정에는 7kWh급 완속충전기를 이용하는 것을 기준으로 10시간 이내 완전 충전이 가능한 차량에 대해서 보조금을 지급했다. 테슬라 모델S는 배터리 용량이 최소 90kWh라 1시간당 7kW의 전기로 충전하면 최소 13시간이 걸렸다. 그래서 테슬라는 우리나라 보조금 평가에서 탈락했고, 보조금을 받지 못하는 상황에 처했다.

하지만 이 같은 상황은 오래가지 않고 전면 조정되었다. 보조금 평가에서 떨어진 이후 니콜라 빌레제 당시 테슬라코리아 대표는 대한상공회의소가 주최한 한 강연회에서 "완속 충전으로 완전 충전 10시간 이내 차량에 대해서만 보조금을 주는 한국의 규정은 현실성이 없다"라며 강한 불만을 토해냈다. 이후 테슬라는 주한 미국상공회의소를 통해 우리 정부에 공문을 보냈고, 2~3개월 후에 이 같은 규정은 단번에 폐지되었다. 완속충전기 기준 10시간 내 충전 규정은 테슬라 측 주장대로 현실성 없는 규정이다. 하지만 당시는 중국 시장 이외 시장 검증이 안 된 일부 중국산 전기차가 한국 시장 진출을 준비했을 때라 정부는 이 규정을 충전이나 배터리 성능이 일정 수준 이하인 차량을 걸러내기 위해 만들었다. 나름의 시장 보호를 위해 만든 이 규정을 없애기까지 특정 회사를 위해 너무 빠르게 진행한 게 아니냐는 업계의 볼멘소리가 나오기도 했다.

테슬라는 대부분의 민원을 주한 미국상공회의소를 통해 부처 최고 위직에 연락을 취하기 때문에 평소보다 일처리가 빠를 수밖에 없었다는 이야기를 몇 차례 듣곤 했다. 이 때문에 담당 공무원들이 테슬라 민원에 적지 않은 불만을 가지고 있었던 것도 사실이다.

또 한번은 테슬라가 인기 여세를 몰아 국내 한 광역지자체에 전용 충전소인 슈퍼차저를 구축할 부지의 무상 제공을 요구했다는 논란도 있었다. 해당 지자체는 테슬라와 전기차 보급 확대를 위해 논의를 하는 과정에서 테슬라 측으로부터 충전소 부지 무상 제공을 요청받았다고 주장했다. 테슬라 측에서 이 내용에 대해 사실 확인을 해주지 않아 일방적인 한쪽의 주장에 불과했지만, 이 같은 일이 사실이라면 테슬라에 대한 지나친 관심과 기대치가 만들어낸 우리의 잘못이 아닐지 생각한다.

이뿐만이 아니다. 국내 테슬라 열풍에도 불구하고 테슬라의 서비스 논란은 2020년에도 계속되었다. 특히 2020년 모델3의 판매량 급증으로 단차(부품과 부품 사이에 간격이 크게 벌어지는 현상) 등 품질 문제뿐 아니라 서비스 대응이 도마 위에 올랐다. 판매량에 비해 사후 서비스 체계가 크게 빈약하다는 논란이다.

2020년 초부터 국내 테슬라 전기차 고객들이 차량 사고 시 수리 완료까지 최소 2~3개월의 시간이 소요된다며 불만을 호소하는 사례가 계속되고 있다. 테슬라는 2018년 국내 차량 판매를 시작해 현재 1만 대 가까이 판매했지만 2020년 현재까지 차량 정비·수리가 가능한 서비스센터는 서울 강서와 경기도 성남(분당) 두 곳뿐이다. 여기에 다량의 부품을 재고로 보유하지 않고, 필요에 따라 미국과 중국 등에서 들여오는 구조여서 소비자 불만이 더욱 높다.

길어야 3주 걸리는 다른 완성차 브랜드와 달리 테슬라는 차량 수리까지 최소 2~3개월이 소요된다. 또 국내 보험 업계의 통상 차량 사고 시 대차 서비스 기간이 2~3주인 점을 감안하면 테슬라 고객은 차량 수리 지연과 함께 자비로 대차 서비스를 받는 금전 부담까지 떠안는 셈이다. 이에 소비자단체는 정부 차원에서 판매량에 따른 정비 인프라 규정을 마련해야 한다는 목소리를 내기도 했다.

여기에다 최근에 테슬라 차량 판매가 급증하면서 충전 인프라 부족을 호소하는 고객도 늘었다. 2020년 1분기에만 차량은 4000대 이상이 판매된 데 비해 테슬라 전용 충전 인프라는 2019년과 비교해 거의 늘지 않았다.

테슬라코리아 대표 3년 새 세 번 교체, 왜?

2017년 5월, 초대 테슬라코리아 대표인 니콜라 빌레제가 돌연 사임한 일이 발생했다. 테슬라코리아 설립 1년 만의 일이다. 그를 만난 적이 몇 번 있는데, 자동차 분야 출신은 아니지만 패션 유통 분야 전문가답게 대중적 시장 이해도도 높았고, 무엇보다 한국에 대해서도 잘 알고 있었다. 또 한국에 오기 전 일본에서 전기차를 탈 만큼 전기차에 대한 관심도 많았다. 특히 그는 테슬라의 한국 시장 정착에 큰 도움을 주었던 신세계그룹과의 깊은 인연으로 정용진 신세계그룹 부회장을 국내 첫 매장 오픈 때 참석하게 할 만큼 영향력도 있었다.

그런 그가 불과 1년여 만에 테슬라코리아 대표직에서 물러난 건 의외였다. 이후 두 번째 테슬라코리아 대표에 오른 인물은 스타벅스코리아 초창기 멤버인 김진정 씨였다. 이전 대표와 마찬가지로 자동차 업계 출신은 아니었지만, 스타벅스에서 바리스타로 시작해 전국 영업망 총괄직을 맡을 만큼 세일즈 마케팅에 탁월하다고 평가받은 인물이었다.

하지만 놀랍게도 김 대표 역시 1년 5개월 만에 사임했다. 마침 주위에 김 대표를 아는 지인이 있어 어렵게 사임 배경을 들을 수 있었다. 이유는 판매 실적에 대한 압박과 테슬라 본사와의 소통 중간 조직인 중국 테슬라 법인과의 불협화음이 상당한 영향을 미쳤다고 한다.

당시 한국과 중국 모두 테슬라 판매 차종은 고가 차량인 모델S와 모델X로, 테슬라의 세계적인 명성에도 불구하고 두 나라 모두 판매가 저조했을 때였다. 결국 테슬라코리아는 본사와 소통하지 못하고, 중국을 거쳐 운영되다 보니 국내시장 영업 활동에 제약을 받았다고 알려졌다. 이후 테슬라코리아는 약 1년 반 동안 한국 전담 대표가 공석인 채로 한국과 대만이 동시 관리되는 체제로 운영되었다. 그리고 2020년 5월 테슬라는 글로벌 자산운용사인 스테이트스트리트 한국지점 부문장 출신의 김경호 씨를 테슬라코리아 대표로 선임했다.

전기차 Q & A 국내 테슬라 열풍에 전용 서비스 모델까지 등장했다는데?

우리나라에 테슬라 열풍이 불면서 테슬라 전기차 모델S·X·3 전용 차량 공유 서비스가 등장했다. 마치 앱등이(속칭 '애플빠')처럼 테슬라를 선호하는 국내 사람이 많아지면서 생겨난 독특한 사업 모델이다. 이 회사 대표 역시 소위 말하는 '테슬라빠'에다 전기차 추종자면서, 늘상 전기차 기반의 독특한 서비스를 고민하는 특이한 인물이다. 정확하진 않지만, 유럽 독일과 네덜란드 등에 테슬라 전용 택시 서비스는 있었지만 테슬라 전용 카셰어링 서비스는 아마 이 회사가 세계 최초일 것이다. 이 회사는 최근 코로나19 사태로 해외여행이 줄어든 대신 '차박'(차량에서 숙박하는 캠핑)족이 늘면서 이 서비스에 차박 콘텐츠를 접목시켰다. '이카모빌리티'라는 렌터카·카셰어링을 하는 이 업체는 테슬라 전용 카셰어링 서비스 'T카'를 2020년 8월 15일에 오픈했다. 테슬라 전기차 50대를 보유한 이 회사는 2020년까지는 서울·수도권 중심으로 카셰어링 서비스를 운영하고, 2020년 말까지 차량을 100대까지 더 늘려 강원·경기권 등 서비스 영역을 점차 확대한다는 계획이다.

재미있는 건 테슬라의 첫 자를 딴 'T카'라는 서비스 이름과 더불어, 테슬라 차량에 최적화한 '차박 전용 키트'를 제공한다는 것이다. 차량에 펼치기만 하면 침대 못지않은 침구로 바뀌는 전용 매트리스 등을 비롯해 야외의자까지 비치했고, 전국에 있는 최적의 차박 위치와 화장실·샤워실·충전기 위치 정보까지 제공한다. 또 테슬라의 반자율주행 서비스인 '오토파일럿'과 슈퍼차저 사용법까지 제공해 테슬라 전기차의 진가를 경험할 수 있는 많은 것을 담았다. 실제 T카는 서비스를 론칭한 지 얼마 되지 않았지만, 휴가철에다 코로나19 사태로 50대 모든 예약이 한 달이나 꽉 찼다고 한다.

이 회사 대표는 T카 서비스에 이어 조만간 테슬라 전용 택시 브랜드도 론칭한다는 계획이다. 조만간 테슬라 전용 보험 서비스나 전용 충전 서비스도 국내에 나오지 않을까 생각한다.

4. 중국 전기차의 뻔뻔한 한국 진출

중국 전기차의 한국 진출 이슈는 2014년 시장 초반에는 객관적 검증이 안 된 저급 제품 이미지로 시작되었다. 그렇지만 2016년 이후부터는 중국 정부가 한국 배터리(NCM 양극재)를 자국 내 전기차 보조금 대상에서 제외하는 시장규제를 내놓으면서 이와 맞물려 반중 감정까지 더해지는 상황이다.

국내시장 초반에는 비야디BYD 등 그래도 좀 알 만한 중국 회사가 언급되면서 우리나라 시장이 국산차와 미국·유럽산에 이어 중국산까지 모이는 세계 유일의 다국적 차량의 각축장이 되겠다는 기대의 목소리도 나왔다. 하지만 중국산 차량은 완성도가 예상보다 크게 떨어졌다.

현재 국내시장에서 주로 개인이 소유하는 중국산 승용 전기차는 찾아볼 수 없는 반면, 영업용인 전기버스는 한국에서 크게 선전하고 있다. 개인 차로 소유할 만큼은 아니지만, 저렴한 가격 덕에 영업용 차량으로 활용 가치가 나쁘지 않다는 반응에서다.

2020년 7월 현재 전기차 국가보조금 지원 자격을 획득한 16개 전기버스 제작사 중 중국 업체는 12개로, 4개뿐인 국산차 업체보다 3배나 많다. 우리나라의 차량당 국가보조금이 세계 최고 수준인 데다, 중국과 가까운 지리적 위치 때문에 중국산 전기버스의 한국 진출은 지금 이 시간에도 계속되고 있다.

중국 전기버스는 국산차보다 30% 이상 저렴한 가격경쟁력이 가장 큰 강점이고, 자국에 국한되긴 했지만, 중국 정부가 2010년 전후부터 전기버스 보급사업을 추진한 덕에 우리보다 시장 경험이 훨씬 많다. 그래서 국내 업계에서는 중국산 전기버스에 대해 차량 성능이나 완성도 측면에서 국산보다 낫다고 보는 사람도 일부 있고, 여전히 부족하다고 여기는 사람도 있다.

판매까지 2년 걸린 중국 전기차

중국 전기차의 한국 시장 진출 신호탄은 2015년 당시 중국 전기차 판매량 1위이면서 자국 내 거대 배터리셀 제작사인 비야디가 쏘아 올렸다. 이 회사는 2008년 미국 월가의 투자자 워런 버핏이 2억 3000만 달러(한화 약 2800억 원)를 투자해 지분 10%를 보유하면서 세계적인 주목을 받았고, 중국 내에서도 다른 완성차 업체와 달리 전기차가 주력이던 기업으로 유명했다. 일부는 비야디를 전기차만 판매하는 회사로 알고 있지만, 내연기관차량 모델도 적지 않게 판매를 하고 있다.

비야디는 2015년 제주에서 열린 '전기차 엑스포'를 통해 당시 중국

전기차(승용) 판매량 1위인 'e6'와 전기버스 'K9' 등을 선보이며 한국 진출을 선언했다. e6를 활용해 서울과 제주·대전 등을 대상으로 전기택시 시장에 진출하고, K9은 노선용 버스 시장을 공략한다는 계획이었다. 그렇지만 e6는 한국에서 판매조차 하지 못했다. 완속충전기를 사용해 완전 충전까지 10시간을 넘어서는 안 되는 환경부의 '전기차 보조금 자격 기준'에 부합하지 못했기 때문이다.

e6의 경우, 세계에서 가장 많이 쓰는 리튬이온 배터리가 아닌 리튬인산철LFP 배터리를 장착해 제품 중량이 10~20% 더 무거웠다. 게다가 대용량의 배터리(용량 80kWh)를 장착해 완전 충전까지 12시간이 걸리는 약점도 있었다. 당시만 해도 국내 판매 중인 전기차의 배터리 용량이 20~30kWh에 불과했던 것과 비교하면 충전 시간이 오래 걸릴 수밖에 없는 구조였다.

결국 비야디는 e6의 한국 판매를 포기했고, 이후 승용 전기차 사업 부문을 철수하고 전기버스 사업부만 한국에 남겼다.

또 당시 비야디와 함께 중국 안후이성에 본사를 둔 국영기업 JAC(장화이자동차)도 스포츠유틸리티차SUV형 전기차 'iEV6s'를 국내시장에 선보이려 했다. 하지만 JAC도 1년 만에 한국 시장을 포기했다.

당시 JAC의 전기차는 삼성SDI 배터리를 쓰고 있었는데, 중국 정부가 삼원계NCM(니켈·코발트·망간) 배터리를 장착한 전기차에 대해 국가보조금을 주지 않겠다고 선언하자, JAC가 배터리 공급선을 삼성SDI에서 중국 내 다른 배터리업체로 바꾸면서 한국 사업도 덩달아 중단되었다. 이후 베이징모터스그룹 등이 국내 승용 전기차 시장 진출을 추진했지만, 한국에서 투자 파트너를 찾지 못해 현재까지도 답보 상태다.

반면 비야디 전기버스 K9은 2017년 초 또 다른 중국 브랜드인 포톤

FOTON과 에빅AVIC 등과 함께 한국의 국가보조금 자격 기준을 통과했다. 한국 진출을 선언한 지 거의 2년여 만에 정부 시장 자격을 얻었다. 포톤과 에빅이 한국 시장에서 통용되는 NCM(니켈·코발트·망간), LTO(리튬·티타늄화합물)계 배터리를 채용한 데 반해, 중국에서만 주로 사용하는 리튬인산철 배터리 전기차가 국내에 들어온 건 K9이 처음이었다.

나는 2011년 비야디의 본사가 있는 중국 선전을 방문한 적이 있다. 선전은 이미 2011년에 비야디 e6 전기택시 약 600대와 K9 전기버스 20여 대가 시범 운행되고 있었다. 우리나라와 비교하면 전기차가 3~4년 앞서 시장에 나온 것이다. 이때 '포테비어'라는 국영기업이 운영하는 운수회사에 갔는데 차량 운전자가 바퀴 달린 수동식 지게차를 이용해 전기버스의 배터리를 빼낸 후 충전이 다 된 배터리로 교환하는 작업을 하고 있었다. 스마트폰으로 치면 배터리 탈부착 방식인 셈이다. 이 방식은 이때 처음 보았다. 이런 방법을 쓰는 이유는 간단했다. 대용량 배터리를 장착하다 보니 충전 시간이 길기 때문에 차량의 운행 회전율을 고려한 것이다. 비야디의 이런 충전 방식은 현재 거의 사용되지 않는다. 배터리 단위당 에너지밀도가 높아졌고, 급속 충전 기술도 발전했기 때문이다.

투자 유치에 더 관심 많은 중국차

중국 비야디 등이 2015년 한국 시장에 진출할 때쯤 다수의 중국 전기버스 업체가 국내 전기차·전기버스 합작공장 설립을 추진한 일도 많았다.

중국 전기차 업계가 우리 자동차 업계보다 먼저 전기차 산업화를 추진한 만큼 세계적인 친환경차 도입 흐름에 맞게 한국에도 진출하고, 한국을 발판으로 해외시장까지 진출하려는 의도였다.

한국을 발판으로 삼는다는 건 단순히 판매 실적을 쌓는 목적뿐 아니라, 당시만 해도 객관적 성능이 우수한 한국산 배터리를 비롯해 한국의 자동차 디자인 경쟁력과 안전기준 등의 세계시장 대응력을 배우겠다는 전략까지 포함되었다.

중국 업체 중 한국에 합작공장 설립을 가장 먼저 시도한 업체는 조이룽자동차다. 조이룽자동차는 2016년 3월 광주광역시와 연간 10만 대 규모의 전기차 생산공장을 광주에 설립하겠다는 내용의 투자양해각서 MOU를 교환했다. 조이룽자동차는 2020년까지 총 2500억 원을 투자해 완성차와 관련 부품 공장을 건설하고, 광주시는 완성차 인증, 공장 설립 절차, 생산 차량 판매·홍보, 공동연구소 개설 등에 행정 지원을 하기로 한 내용이 MOU에 포함되었다.

하지만 조이룽자동차 측의 투자 건은 2년 9개월 만인 2018년 말에 최종 무산되었다. 조이룽자동차는 2016년 광주시와 협약을 맺은 이후 한국 법인 조이룽코리아를 설립하고, 국토교통부 교통안전공단 자동차 안전연구원의 인증까지 완료했다. 또 이 회사의 전기승합차인 E6 차량 은 친환경 중형 버스로 분류되며 6000만 원의 국비 보조금 지원까지 확정되었다. 이후 광주시 관계자까지 조이룽자동차 중국 공장을 방문하며 기술력도 점검했다.

하지만 2018년 말 조이룽자동차는 시장 논리를 언급하며 차량부터 우선 판매한 후 시장성에 따라 공장 설립을 추진하겠다고 입장을 번복했고 결국 이들 간의 협력은 없던 일이 되었다. 중국 상용차(버스·트럭) 시장점유율 1위이면서 베이징모터스그룹 계열사인 포톤도 경남 지역 모 지자체와 국내 합작공장 설립을 추진했다가 흐지부지되었고, 중국내 버스 판매량 2위인 중통객차는 국내 기업 우진산전과 한국형 전기버스 공동 개발 사업을 추진했지만 이마저도 무산되었다.

베이징모터스그룹도 국내 기업 디피코와 2017년 전기버스 개발·판매 사업을 위한 MOU를 교환하고 국내 전기차 전용 부분조립생산SKD: Semi Knock Down 공장을 설립한다고 했지만, 현재까지 공장 설립은 진행되지 않고 있다.

이뿐만이 아니다. 중국 업체가 한국에 합작공장을 설립하거나 국내 업체와 협력사업을 추진한 건 수없이 많다. 하지만 현재까지 계획대로 사업이 진행된 경우는 거의 없는 상황이다.

우려스러운 건 최근에도 이 같은 일이 반복되고 있다는 사실이다. 2019년 3월 경북도와 경주시가 국내 전기버스 제작사인 에디슨모터스, 중국 장쑤젠캉자동차유한공사와 전기차 제조공장 설립을 위한 투자양해각서를 교환했다. 2019년부터 향후 5년간 600억 원을 투자해 경주 검단일반산단 내 전기트럭 공장을 건립한다는 계획이다. 앞으로 3년의 시간이 남아 있긴 하지만 현재까지 아무런 진척이 없다. 국내 업계에서 이 중국 회사에 대해 아는 사람도 못 봤다.

이렇게 많은 중국 업체가 지금까지 한국에서 다양한 일들을 벌이며 자금이나 현물 등의 투자를 통한 한국 진출을 시도했지만 현재까지 한·중 협력 성과는 보이지 않는다. 이 과정에서 국내 지자체나 관련 기업들의 노력은 결국 시간과 자금 낭비가 되었다.

지금까지 여러 사례를 취재해 보니 몇 가지 공통점이 있었다. 이들 중국 업체의 한국 사업 추진 유형은 크게 두 가지다. 중국 본사가 의지를 가지고 한국 진출에 나서는 유형과 한국인 브로커가 중국 본사를 설득해 국내 판권을 확보한 후 한국 내 투자 유치가 주된 목적인 유형이다. 브로커가 사업 주체인 유형은 사업이 투자금을 확보하지 못해 당초 계획한 사업이 중도에 무산되는 경우가 많다. 또는 중국 업체의 기술이 생각보다 떨어져 협력 후 시너지 효과가 없다는 판단에서 국내 기업이 협약을 틀어버리는 일도 있다. 또 일부 지자체에서는 해당 기업의 경쟁력이나 시장성 등 실상은 제대로 파악하지 않고, 무조건 언론에 발표부터 하다 보니 이 같은 피해 사례가 지금까지도 반복되는 것이다. 지금도 국내 합작사를 언급하며 국내 투자사를 찾는 중국 전기차 및 브로커들이 적지 않다.

중국산의 한국산화 전략

2017년 중국 정부가 국내 업체의 배터리를 탑재한 자국산 전기차를 보조금 지원 대상에서 제외한 사건이 국내 산업계와 정치권에까지 이슈로 확대될 때쯤 일이다. 김포에 있는 선진운수가 처음으로 중국산 전기버스에 중국 배터리가 아닌 국산 배터리를 장착했다. 선진운수는 중국 에빅의 전기버스에 버스 차체와 구동장치 등은 중국산을 그대로 하면서 대용량 배터리는 중국 리튬인산철 대신 삼성SDI 리튬이온 배터리를 사용했다. 이 업체는 중국 에빅 측에 국산 배터리를 보낸 다음, 차량을 다시 제작해 한국으로 들여오는 복잡한 절차까지 감수했다. 이렇게 별도 제작한 전기버스는 모두 40대로 김포-일산 간 33번 버스 노선에 투입되었다.

신재호 선진운수 회장은 국내에서 가장 많이 전기버스를 도입한 운수업체 대표로 꼽힌다. 이때만 해도 국내 1호 전기버스 업체인 한국화이바가 중국 티지엠에 인수되었고 현대차도 전기버스 사업을 하지 않을 때라 국산 전기버스 회사가 거의 없었다.

신 회장은 약 1년여 시간 동안 중국의 다수 유력 전기버스 회사를 방문해 본인이 직접 차량의 품질을 확인한 끝에 에빅 버스를 최종 선택했다. 신 회장은 당시 배터리 시스템 업체인 피엠그로우에 지분까지 투자하며 배터리 시스템만큼은 국산품, 국산 기술을 고집했다.

이후 피엠그로우는 삼성SDI 배터리셀을 기반으로 배터리팩 등 시스템을 선진운수 에빅 차량에 적용했고, 업계 최초로 배터리 시스템 실시간 상태 체크 등 원격 관리가 가능한 통합관리시스템까지 구축하기도 했다.

중국산 전기버스에 국산 배터리가 들어간 사례는 이후에도 한 차례 더 나왔다. 2018년 중국 중통버스도 한국 시장 공략용 전기버스에 국산 배터리를 탑재했다. 당시 중국 전기차에 국산 배터리가 적용되는 건 반가운 일이지만, 한국 시장에만 국한된 보여주기식 시장 전략에 불과하다는 이야기도 적지 않게 들렸다.

당시 한국에 진출한 4개 중국 업체 가운데 중통버스·에빅뿐만 아니라, 포톤과 하이거도 국산 배터리 적용을 검토한 적이 있다. 결과적으로 국산품 채택은 이루어지지 않았다. 하지만 이들은 중국 배터리에 비해 한국 배터리가 가격은 비싸지만 애프터서비스AS 면에서 혜택이 있고 또 고객사(운수업체)들이 국산 배터리를 크게 선호한다는 이야기를 자주 하곤 했다. 이후 중국 업체들의 배터리 국산화는 지금도 진행 중이다. 반면에, 안타깝게도 중국 전기버스와 시장가격경쟁에서 살아남기 위해 중국산 배터리를 수입해 국산 전기버스에 적용하는 업체도 생겨나기 시작했다.

가격경쟁력이 핵심 무기인 중국 전기버스

정부가 차량당 최대 3억 원의 예산을 지원하는 전기버스 연간 보급 물량이 100대를 넘어선 건 2017년부터다. 2017년부터 2019년까지 국내 보급된 826대 전기버스 중 28.3%인 234대가 중국산 전기버스다. 중국 정부가 벌써 5년째 한국산 배터리를 장착한 전기차·전기버스를 자국의 보조금 지원 대상에서 제외시킨 역차별 상황에서 생각하면 답답한 일이 아닐 수 없다.

우리나라 전기버스 보조금은 2년에 한 번씩 소폭 줄어드는 승용 전기차 보조금과 달리 보급 초기부터 차량당 보조금이 같은 가격으로 계속 유지되어 왔다. 환경부 전기버스 보조금(1억 원)과 국토부 저상버스 보조금(1억 원)을 합쳐 최소 2억 원에 일부 지방자치단체에서 차량당 추가로 지급한 보조금(5000만~1억 원)과 전기버스용 급속충전기 지원(약 2000만 원)까지 합치면 전체 보조금은 최대 3억 원이 훌쩍 넘는다. 전 세계 그 어떤 나라와 비교할 수도 없을 만큼 우리나라 전기버스 1대당 보조금은 압도적으로 많다.

중건·중소 기업이 주류였던 시장 초기, 국산 전기버스 가격은 5억 원대 전후반으로 중국산 전기버스와 비교해 1억 원가량 비쌌다. 이후 2018년 현대차가 처음으로 전기버스를 시장에 내놓았고, 이어 자일대우도 전기버스 시장에 진출했다. 현재 국산 버스와 중국산 버스의 가격차는 3000만~5000만 원 수준으로 좁혀졌다. 중국산과의 경쟁에서 살아남기 위해 현대차 등 국내 업체들이 가격을 점점 인하했기 때문이다.

2018년 정부가 보급한 138대 전기버스 중에 중국차는 시장점유율 44.3%(61대)까지 치고 올라갔다. 하지만 2019년에는 시장점유율이 25%(146대)로 떨어졌다. 시장 물량 확대로 현대차 등이 국산 전기버스의 가

2017년 7월, 중국 상용차 1위 기업 포톤을 방문할 당시 모습. 포톤은 2017년에 이미 전기버스 1만 대 이상을 판매했고, 수소전기버스도 양산하기 시작했다.

격경쟁력을 높이면서 중국산 차량의 저가 공세에 대응한 결과다. 여기에 실제 구매층인 운수업계에서 중국산 전기버스에 대한 시장 거부감이 생겨난 것도 하나의 이유로 꼽힌다.

여전히 업계는 정부 보조금에 의해 전기버스가 판매·보급되는 만큼 국가 산업 보호를 위해 중국산 차량에 대해 시장규제를 적용해야 한다는 주장을 계속 내놓고 있다.

현대차, 기아차, 쌍용차, 한국지엠, 르노삼성 5곳이 회원사로 있는 한국자동차산업협회는 '중국은 중국 내에서 생산된 차량에 한해 중국산 배터리를 쓰는 경우에만 전기차 보조금을 주는 것과 달리 우리는 아무런 제약 없이 중국 전기차를 사주고 있다'며 몇 차례 입장문을 내기도 했다.

이 같은 상황에도 중국산 전기버스의 한국 진출이 빠르게 늘고 있는 것이다. 2020년 7월 기준 환경부 환경 인증에 통과한 전기버스가 43종으로 나타났다. 이 중에서 28종이 중국산 차량이고 국산은 15종으로, 중국 차종이 두 배가량 많다. 흥미로운 사실은 2020년 6만 5000대를 보급하는 승용 전기차 판매 차종은 28종인 반면에, 650대를 보급하는 전기버스 시장에서 경쟁하는 차종은 43개나 된다. 우리나라 전기버스 시장은 진입 장벽이 크게 낮은 데다, 정부가 막대한 보조금을 지원해 온탓에 저가의 가격경쟁력을 앞세운 중국산 차량이 쏟아지는 상황이다.

전기차 Q & A　투자사나 협력사를 고를 때 주의할 점은 무엇인가요?

지금까지 투자사나 완성차 업체에서 전기차 관련 충전 분야 등 특정 업체에 관해 문의하는 일이 참 많았다. 대부분 미래 발전 가능성을 보고 투자나 기술·사업을 협력하기 위한 것들이다. 전기차나 충전 업계 회사들이 다른 업종에 비해 업력이 짧은 까닭에 투자나 협력을 결정하기까지 많은 검증 과정이 반드시 필요하다.

그동안 완성 전기차를 개발해 출시한다고 했던 업체도 여럿 있었고, 배터리 소재를 개발해 중국에 판로까지 개척했다는 업체도 있었다. 또 우리가 알 만한 중국 자동차 회사와 독점 판권 계약을 맺었다는 업체도 많았다. 심지어 모터쇼 행사장이나 유명

호텔에서 기자단까지 초청해 차량 공개 행사까지 진행하며 국내 출시를 자신했지만, 단지 일회성 쇼로 끝난 회사도 여럿 있다.

충전 분야도 마찬가지다. 중국이나 유럽의 제품을 가지고 온 업체도 있었고, 검증되지 않은 이상한 결제 방식으로 몇 년째 투자 유치에 열을 올리는 업체도 있었으며, 시장 판매를 위해 거쳐야 할 인증 등 여러 절차 중에 하나의 자격만 갖춰놓고 마치 시장 준비가 다 된 것처럼 투자자를 모집하는 업체도 있었다. 또 중국 제품을 한국 제품으로 위장시키는 업체도 간혹 있다.

이들 대부분은 사업보다는 투자금을 확보하기 위한 목적이 더 컸고, 투자를 받아놓고도 사업화를 시키지 못한 기업도 있었다.

나는 다수의 성공 혹은 실패 사례를 지켜보면서 몇 가지 공통점을 찾았다. 명함을 두 종류 이상 들고 다니거나 사업 규모에 비해 사업장 주소가 여러 곳에 있는 업체는 조심할 필요가 있다. 또 전기차 등 산업을 잘 다루지 않는 매체의 기사를 유독 많이 이용하거나, 과거 전혀 다른 업력을 보유한 회사도 신중하게 접근할 필요가 있다. 제품에 대한 정상적인 시장 자격도 제대로 갖추지 않고 기업인·학자·전문가 등 필요에 따라 행세를 달리하는 사람도 있으니 말이다.

특히 중국 전기차 분야는 실제 중국 완성차 업체가 직접 한국에 진출하려는 것보다는 국내 브로커가 판매권을 받아오는 사례가 더 많다. 중국 본사가 직접 뛰어들지 않으면 부품 수급 등 정상적인 유지보수 대응이 어려운 경우가 있으니 사업 협력이나 투자에 신중해야 한다. 그리고 제품이나 기술을 개발한 것과 상용화를 시킨 것은 엄연히 큰 차이가 있다는 걸 알아야 한다. 제품 개발 이후 상용화까지 인증이나 시장 검증 등 거쳐야 할 단계가 많기 때문에 이런 유형도 신중하게 살펴야 할 것이다.

5. 8년 만에 전기차 보급 10만 대 돌파

2020년 4월 우리나라에 등록된 배터리 전기차 수가 10만 대를 돌파했다. 정부가 2013년 제주를 시작으로 국가 전기차 민간 보급사업을 시작한 지 8년 만의 성과다.

국토교통부와 환경부 통계를 조사해 보니 초소형 전기차를 제외하고, 국내 전기차 누적 등록 대수가 2020년 3월 말 기준 10만 456대로 집계되었다. 환경부의 보조금 예산 연간 계획대로라면 2018년 말에 이미 10만 대가 넘었어야 했지만, 1년 이상 늦어졌다.

또 10만 대는 국내 자동차 등록 대수 2368만 대(2020년 2월 기준)와 비교하면 그 비중이 0.44%에 불과한 수치다. 이미 2016년 전후 전기차 10만 대 판매를 돌파한 일본과 노르웨이, 미국, 중국 등의 다른 국가와 비교하면 크게 늦었다고 볼 수 있다.

하지만 전기차 10만 대 돌파는 의미가 컸다. 최근 들어 길거리에서 전기차가 눈에 많이 띄기 시작했다. 보급 확산에 탄력이 붙을 시장 분위기나 기반이 마련되었다고 볼 수 있다. 실제 업계에서는 국내 전체 등록 차량의 1%가 넘는 25만~30만 대가 되는 시점부터 민간 투자 등 기업 활동이 활발해질 것으로 전망하고 관련 사업을 준비하는 기업도 여럿 있는 상황이다.

10만 대 돌파 소식에 가장 먼저 든 생각은 국내 전기차 시장은 가솔린 차량 등 내연기관차량에 비해 매년 100% 이상 성장하고 있지만, 여전히 정부 전기차·충전기 보조금에 의존하는 정부 주도형 시장에 머물고 있다는 것이었다. 세계 최고 수준의 보조금을 지원하고 있지만, 이같은 후한 보조금 지원이 앞으로 계속될 수는 없기 때문이다. 그래서 전기차 10만 대 돌파를 시작으로 정부 정책이 물질적 지원 중심에서 우리의 관련 산업경쟁력을 먼저 고려한 시장 동기부여형 정책으로 바뀌어야 한다는 얘기를 강조하고 싶다.

참고로 2020년 들어 코로나19 사태에도 불구하고 유럽 전기차 시장이 성장하는 이유는 유럽연합EU이 대대적인 충전 인프라 구축사업과 국가별 차량 구매 보조금 지원을 장려하는 동시에 세계 최고 수준의 배출 가스 규제로 '당근과 채찍' 투 트랙 전략을 쓰고 있다는 점이다. 게다가 유럽연합은 전기차 시장 확대로 유럽의 산업경쟁력 강화를 위해 대규모 자금을 투입하는 배터리 연구개발R&D 지원사업도 매년 강화하고 있다.

우리나라 최대 전기차 보급 도시는?

2020년 4월 국내 전기차 수가 10만 대를 돌파한 상황에서 서울과 제주의 보급 경쟁도 하나의 관심사다. 현재는 제주가 조금 더 많다. 하지만 2021년 전후면 서울이 최대 보급 도시가 될 가능성이 매우 크다. 서울과 제주의 경쟁은 한마디로 '정책 vs 시장 규모'로 해석할 수 있다. 제주는 전기차 민간 보급 1호 지역이기도 하면서 이명박 정권 때부터 '스마트그리드(지능형 전력망)' 국책사업을 기반으로 한 우리나라 전기차 보급 특화 지역이다. 박근혜 전 대통령이 2015년 12월 프랑스 파리에서 열린 '기후변화협약 당사국총회'에서 제주를 '카본 프리 아일랜드(탄소 배출 없는 섬)'로 만들겠다고 선언할 만큼, 제주는 국내 그 어떤 지역보다 전기차 보급을 집중하는 데 좋은 조건을 지녔다.

제주는 2030년까지 사용되는 전력의 100%를 신재생에너지로 대체하기로 하는 '카본 프리 아일랜드 제주' 비전을 2012년 발표했다. 에너지 자립을 위해 지역 내 신재생에너지 비율을 2020년까지 50%로 늘리고, 2030년까지 100% 대체하겠다는 목표를 세웠다. 이후 2016년 신재생에너지·스마트그리드 정책에 전기차 보급 활성화 목표까지 포함한 '카본 프리 아일랜드' 실행 본부를 만들고 2030년까지 도내 37만 대 모든 차량을 전기차로 바꾸겠다는 목표를 추가했다. 이때 원희룡 도지사와 인터뷰를 한 적이 있는데 실행 계획으로 시내 번화가·관광지 내 주차장이 포함된 무인 충전시설, 전기차 전용 도로, 초소형 전기차 전용 구역 운영 등과 내연기관차에 대한 탄소세 같은 명목의 페널티 부과 방안까지 검토한다고 했다.

지금까지 일방적인 보조금 지원에서 탄소세 같은 규제 카드를 꺼낸 건 아마도 원 지사가 처음이었을 것이다. 우리나라 보급 정책은 오로지 물질 지원이 전부였기 때문에 유럽·미국에서 시행하는 탄소세 부과나 전기차 의무판매제 같은 규제가 필요하다는 이야기가 정부 안팎에서 나오기 시작할 때였다. 물론 보급을 위한 규제책은 지금까지도 나오지 않았지만, 제주가 전기차 보급에 가장 많이 고민하고 적극적으로 나선 건 사실이다.

제주는 100대 이상을 보유한 업체에만 허가했던 렌터카 사업권을 전기차에 한해 60대로 낮췄고, 아파트 등 공동주택 입주민회의 동의서 없이 전기차 충전기 설치가 가능하게 조례를 바꾸었다. 또 제주도청을 비롯해 지역 내 급속충전기를 포함한 무료 충전소 운영이나, 공용 주차장 내 전기차 전용 주차면 의무화 등은 제주가 독자적으로 꺼내든 보급 활성화 정책이었다.

이때 나는 제주에 갈 일이 많았다. 많게는 1년에 일곱 번이나 제주를 찾았다. 당시 이찬진 씨(한글과컴퓨터 창업자)와 김재진 씨(직장인), 김성태 씨(사업가) 등 전기차 파워유저들과 '이버프EVuFF'라는 전기차 동호회를 만들기도 했다. 우리는 제주와 서울·대구·세종 등을 돌며 일반 전기차 이용자나 잠재고객을 대상으로 경험이나 이용 가이드를 공유하고, 전기차 민간 보급 관련 문제점과 개선점을 주제로 토론회도 열었다. 이때 원 지사가 우리 운영진을 불러 도청 전 직원이 모인 자리에서 공로패를 주기도 했고, 우리가 주최한 전기차 유저 행사에도 여러 번 참석해 많은 이야기를 나누기도 했다.

제주의 전기차 등록 수가 1만 대를 돌파한 건 2017년 12월이고, 전기차의 신차 등록률이 30%를 넘긴 건 2018년 1분기였다. 국내 가장 앞선 성과였다. 이런 성과 덕에 제주는 2014년부터 2020년까지 7년째 전국 지자체 중 가장 많은 국고보조금 예산을 배정받았다.

하지만 최근 제주의 전기차 보급 분위기는 조금 시들해지는 상황이다. 2019년 7월부터 제주 전체 지역에 '차고지 증명제'가 시행되었는데 이는 전기차를 포함한 중대형 승용차량은 차고지를 갖추어야만 차량을 살 수 있는 제도다. 이 때문에 2019년 제주도 전기차 보급률은 6003대 배정 물량 중 59%(3560대)에 그쳤다.

반면 2019년 서울은 5925대 중 5081대를 보급하여 목표 달성률 85%를 기록했다. 국내 민간 보급사업이 시작된 후 서울이 제주 보급률을 앞지른 건 2019년이 처음으로 기억된다.

2019년까지 6000대 이상 차이가 났던 서울과 제주의 보급 물량은 2020년 2월 기준 2000대 수준까지 좁혀졌다. 조만간 서울이 제주의 보급 수를 추월할 태세다. 지금까지 보급 전략은 제주만큼 현실적인 정책 시도를 한 지자체는 없었다. 서울시 담당과와 다년간 수차례 교류를 했지만, 기억에 남을 만큼 잘했다 하는 정책이나 새로운 시도는 별로 없었던 게 사실이다. 이따금씩 화려한 보급 목표를 제시하며 주목을 끌긴 했고 또 전기택시 등도 하겠다고 했지만, 아직까지 계획대로 된 것은 하나도 없다. 결국, 보급 정책에 관심이 많았지만 시간이 지나면서 다소 주춤해진 제주와 시장 규모가 최대 강점인 서울의 경쟁은 2020년을 끝으로 서울이 주도권을 잡을 것으로 보인다.

전기차 사용자 협회는 어떻게 만들어졌나요?

2016년 7월 이찬진 씨(한글과컴퓨터 창업자)의 제안으로 나는 당시 전기차 이용자였던 김재진 씨(서울·직장인)와 3명이서 전기차 동호회를 만들었다. SNS로 인연을 맺은 전기차 사용자들이 기존 이용자·잠재고객을 대상으로, 전기차 타는 경험담을 공유하고 전기차 민간 보급에 보탬이 되고자 모임을 전기차 사용자 순수 단체로 발전시켜 나갔다.

이후 김성태 씨(서울·사업가)와 홍정표 씨(제주·자영업자) 등이 합류하면서 'EVuff(전기차 사용자 포럼 & 페스티벌. 이버프)'라는 이름을 붙였고, 2016년 9월 EVuff 발족 행사 겸 제주 포럼을 개최했다. 이날 첫 행사는 주로 제주도민을 대상으로 사용자의 현장감 있는 경험담과 전기차를 타고 서울-제주까지 왕복 여행한 후기 등 회원들 발표와 함께, 제주도청과 환경부·한국전력까지 초청해 민간 보급 활성화를 주제로 한 토론회까지 진행했다. 우리는 이날, 400명이 넘는 사람들이 몰려 준비한 행사장에 다 들어오지 못할 정도로, 전기차에 관심 있는 사람들이 많다는 것을 실감했다.

이후 EVuff 모임은 제주 포럼과 비슷한 형식으로 서울과 송도(인천)·대구·세종 등에서도 열렸는데 매번 새로운 사람들이 모였다. 지금 생각해 보면, 전국 각지에서 모여든 나름의 마니아들과 함께 소통하는 자리는 무척이나 흥미로웠다.

그때 이미 전기차로 집단 야영을 즐기는 사람도 있었고, 전기차를 아이들 놀이공간으로 활용하고 또 대부분의 충전기 특성을 잘 아는 비공인 전문가도 알게 되었다.

우리가 개최한 포럼은 방송 뉴스에 나올 정도로 관심을 받은 적도 있었다. 2016년 9월 서울 EVuff 포럼으로, 서울시 협조를 통해 남산 꼭대기까지 회원들의 수십 대 차량으로 전기차 퍼레이드를 진행한 일이다.

이날 한시적으로 서울 국립극장부터 남산서울타워까지 왕복 약 7km 구간을 회원들 전기차 16대가 주행했다. 일반 차량 제한도로에 전기차가 달린 건 이때가 처음이자 이후로도 없었던 일이다. 이날 행사는 서울시가 자랑하는 청정 지역 남산에서 관광객을 태운 디젤버스가 심한 매연을 뿜어내고 있다는 사실과 정작 남산에 전기차 출

2016년 9월 EVuff(이버프) 회원 전기차 16대가 서울 국립극장부터 남산서울타워까지 왕복 약 7km 구간을 주행했다. (자료: 전자신문 DB 제공)

2017년 11월 서울 잠실 롯데월드타워에서 열린 '전기차 최다·동시 충전 월드 챌린지(EVuff@Seoul2017)' 행사에 EVuff 회원 차량 등 전기차 237대, 350여 명이 참여했다. (자료: 전자신문 DB 제공)

입이 제한된다는 실상을 대외에 알리는 의미 있는 행사였다.

그리고 또 2017년 3월 '제주 국제전기차엑스포' 행사에 맞춰 쉐보레 볼트를 타고 서울 양재동에서 출발해 한 번도 충전하지 않은 채로 전남 목포를 거쳐 엑스포 행사장까지 470km 거리를 완주한 이벤트를 열었다. 이 행사 역시 수많은 언론의 주목을 받았고, 종착 지점인 제주 서귀포 여미지식물원에 원희룡 제주지사와 당시 산업통상자원부 장관까지 찾아올 정도로 관심이 뜨거웠다. 이후 2017년 12월 EVuff 포럼은 환경부 산하 한국전기차사용자협회(KEVUA)로 승인 나면서 협회로 활동하고 있다.

이후에도 잠실 롯데월드에서 102대 전기차 동시 충전에 도전하는 세계 신기록 경신이나 제주 전기차 1만 대 돌파 페스티벌 개최 등 의미 있는 행사를 가졌다. 환경부와 산업부 등에 전기차 충전 인프라 개선 등 민간 보급 활성화를 위한 대정부 질의나 건의 등에 더 많은 활동을 했고, 회원들의 자발적인 참여로 전국 공용 충전시설의 청소나 시설 관리 등 일종의 도우미 역할을 하는 '충전기 지킴이' 사업도 벌였다. EVuff 멤버 5명은 전기차 보급 활성화에 기여한 공로로 제주도청으로부터 공로패를 받기도 했고, 나는 '충전 지킴이' 아이디어를 낸 공로로 환경부 장관상을 받기도 했다. 지금은 예전처럼 왕성한 활동은 못 하지만, 그때 초창기 멤버들과 함께 전기차 보급을 위해 토론하고 고민했던 시절이 그립게 느껴진다.

03

정부 정책의 다섯 가지 잘못

1. 정부의 한전이 충전 시장을 왜곡했다

전기차 보급 정책에서 가장 아쉬운 것 중 하나가 우리 정부가 한국전력공사를 지나치게 활용했고, 또 한편으로는 한국전력공사를 방치했다는 것이다. 한국전력은 우리나라에서 유일한 전력판매 독점사업자로, 국내에서는 한전 이외에 다른 어떤 누구도 전기를 판매할 수 없다. 현재 한전은 전기차 충전 시장의 제품 공급자이면서, 유통업과 판매업까지 수행하는 '올 그라운드 플레이어All Ground Player'가 되었다.

한전은 전기차 보급 시장 초기인 2016년 말 정부 요청에 따라 전기요금을 3년 동안 할인했고, 6개월 연장하긴 했지만 당초 계획에 따라 2020년 7월부터 단계적인 요금의 정상화를 실현하고 있다.

한전은 이미 수조 원의 적자가 누적된 상황에서 충전용 전기요금을 할인했고, 다시 요금을 단계적으로 정상화해 가는 과정에서 큰 고충을 겪고 있다. 여기에 한전은 2017년부터 정부 요청에 따라, 자체 투자를 통해 전국에 급속충전기 약 3000기를 포함해 8000기의 공용 충전기를 구축해 운영하고 있다.

여기까지는 한전이 공기업으로서 전기차 시장 확대를 위해 직간접으로 비용을 들인 헌신적인 일이라고 볼 수 있다.

하지만 한전은 이런 업적과는 반대로 전력판매 독점사업자 지위를 활용해 소비자 대상 충전 서비스 사업을 진행하고 있다. 또 국내 충전 사업자를 대상으로 한 전기판매업은 물론, 민간 기업과 경쟁하는 소비 시장까지 진출했고 최근엔 충전사업자를 대상으로 로밍 서비스와 국내 시장에서 가장 저렴한 충전 운영/관리 클라우드 서비스까지 제공하고 있다.

독점 전력판매 사업자가 전기차 충전 시장에서 소매(기업·소비자 간 거래, B2C) 사업과 도매(기업 간 거래, B2B) 사업 모두를 수행하는 기이한 현상이 일어난 것이다. 전 세계 모든 나라를 통틀어 국가 전력회사가 도·소매 사업을 병행하는 사례는 우리나라가 유일하다.

정부 과제로 시작한 한전의 충전사업

한국전력이 전기차 충전 서비스 시장에 첫발을 들여놓은 건 2011년 1월이다. 당시 한전은 서울 삼성동 본사와 대전 전력연구원 등과 전국 고속도로 휴게소 6곳에 완·급속 충전기 각각 1기씩 12기를 구축했는데 이 시설은 불특정 다수를 대상으로 한 국내 최초의 유료 충전시설이었다. 이때까지만 해도 한전이 전기차 충전사업을 한다고 생각하는 사람은 거의 없었다. 단지 국가 과제 수행으로만 생각했다.

한전이 같은 해 AJ렌터카(현 SK렌터카) 등과 지식경제부가 주관하는 '전기차 공동이용 모델 및 시범운영' 사업 시행자로 선정되면서 전기차 카셰어링(차량 공유) 서비스를 할 때도 마찬가지였다. 당시 한전은 차량 30대를 구매하고 서울·수도권 11곳 충전소에는 급속충전기 10기와 완속충전기 42기를 설치했고, 이용 요금은 전기차 카셰어링 이용 고객이 시간당 지불하는 요금(평균 요금 6000~7000원)에 포함되었다.

하지만 한전은 '전기차 카셰어링 사업'이 종료된 2014년 9월부터 이 시설을 일반 전기차 충전소로 전환하면서, 국내 기업 처음으로 전기차 충전사업 진출을 선언했다. 공기업 한전이 국내 최초의 충전사업자가 된 것이다.

나는 당시 한전의 출입 기자였다. 이때 한전이 별도의 입장이나 자료를 낸 건 아니지만, 회사 에너지신사업단 내 관련 전담팀을 조직하면서 충전사업 진출 계획을 밝혔다.

산업부 과제로 시작했던 '전기차 셰어링 사업'이 9월로 종료됨에 따라 해당 충전 인프라를 유료 충전소로 전환해 운영한다는 계획이었다. 이후 2015년부터 향후 3년간 전국에 전기차용 충전기 1000여 기를 추가로 설치하는 방안도 이미 사업 계획에 포함되어 있었다.

당시 한전은 국가 기관과 공기업 최초로 업무용 차량으로 225대의 전기차 도입을 발표함에 따라 한전이 충전 인프라를 구축하는 건 크게 이상해 보이지 않았다. 실제 한전은 2014년부터 2017년까지 한국지엠의 스파크EV를 계획대로 도입했다.

충전사업 진출을 두고 당시 한전의 신성장동력 본부장과 에너지신사업 단장은 신재생에너지와 에너지저장장치ESS: Energy Storage System, 전기차 충전 인프라 등이 통합된 한전식 스마트그리드(지능형 전력망)인

'스마트그리드 스테이션' 모델 상용화를 실현하기 위한 과정이라고 했다. 또 정부의 전기차 보급 정책을 위해 충전 인프라에 대한 민간 투자가 쉽지 않은 만큼, 공기업으로서 국가 충전 인프라 조성에 기여하겠다는 취지에서 충전사업을 시작했다고 설명했다.

당시 두 사람이 설명한 한전의 공익적 역할에는 반론을 제시할 게 없었다. 정부가 전기차뿐 아니라 신재생에너지를 비롯한 에너지 신사업을 국가 중점사업으로 추진할 때라 여기에 박자를 맞추는 건 당연해 보였기 때문이다.

하지만 국가 전력판매 독점사업자인 한전이 일반 소비자를 대상으로 B2C(기업·소비자 간 거래) 사업을 한다는 건 논란의 소지가 있었다. 전력판매 사업자가, 충전 서비스 도매는 물론 소매 사업까지 한다면 가격경쟁력 등 시장 선점에 무조건 유리할 수밖에 없으며 다른 후발 민간업체의 시장 진출이 어렵기 때문이다.

그렇다고 이를 무조건 막기에는 반대 측 논리도 강했다. 당시만 해도 국내 민간 충전사업자가 없었고, 민간사업자가 나온다 해도 충전용 전기요금 체계로는 수익을 낼 수 없는 구조였기 때문에 초기 충전 시장의 한전 역할은 필요했다.

결국 국가 차원에서 지속적인 충전 인프라 구축은 반드시 해야 했고, 민간사업자가 나올 수 있는 시장 환경도 되질 못했다. 한전의 충전사업을 반대하기도, 그렇다고 반기기도 어느 하나 쉽지 않은 건 분명했다.

이 같은 사실이 알려지면서 당시 제주 스마트그리드 실증사업을 통해 작게나마 충전 서비스 사업을 경험하며 충전사업을 타진했던 KT, 포스코ICT, SK네트웍스 등은 한전의 충전 시장 진출을 걱정하는 반응을 보였다.

이러한 업계의 걱정은 전력판매 독점사업자의 가격경쟁력을 따라잡을 수 없다는 이유가 가장 컸다. 실제 민간 충전사업자의 경우, 고객의 충전 사용과는 상관없이 전기차 완속충전기를 보유한 것만으로 연간 100만 원이 넘는 전기요금 기본료를 한전에 내야 한다. 당시 원가 수준의 충전요금으로 민간 기업이 이 같은 비용을 감당하며 운영하기는 힘들었던 것이 사실이다.

급속충전기(50kW급)를 설치하면 사용과 상관없이 매월 12만 9000원의 기본요금이 부과된다. 연간 155만 원의 고정비용이 드는 셈이다. 충전에 따라 전기 사용량을 고객을 대상으로 한 서비스 비용으로 감당하더라도, 이와 별개로 한전에 지불해야 하는 기본요금은 큰 부담인 것이다. 이 같은 이유로 당시 전국의 전기차 보급 수가 매년 수천 대씩 증가하더라도 민간 기업 입장에서 미리 시설을 투자 구축하기란 어려웠다. 결국 한전의 우리나라 첫 충전 서비스 시장 진출은 향후 어떤 결과를 초래할지 따져보기도 전에 당시의 열악한 전기차 환경에 따라 정부나 산업계 이해를 구하는 절차 없이 자연스럽게 흘러갔다.

한전이 최대 주주로 참여한 충전사업 연합체 설립

한국전력의 전기차 충전사업 진출은 한전이 충전소를 운영하기 시작한 지 1년 만인 2015년 3월 다시 업계 이슈로 불거졌다. 한전은 정부 친환경차 보급 정책에 발맞춰 시장 확산에 기여하기 위해 충전사업에 진출했다는 입장이었지만, 충전 시장에 이미 진출했거나 진출 예정인 민간 업체는 한전의 경쟁력을 따라갈 수 없다며 거센 불만을 제기했다.

당시 충전 인프라 확산이 절실했던 완성 전기차 업계 관계자는 이 같은 말을 했다. "충전 시장에 공기업이 나서는 건 보기 드문 일이지만,

소비자 입장에선 누가 나서든 충전 인프라 확충이 더 시급하다"라면서 "반면에 한전의 시장 진출은 초기 시장의 위험 부담을 떠안는 효과도 있지만, 향후 민간 기업의 자생적인 시장 창출에는 영향을 줄 수 있어 한전의 사업 영역 등 기준 마련이 필요하다"라고 말했다. 가장 시장 중립적인 시각에서 했던 말로 기억한다.

결국 논란이 전기차 관련 산업계로 확산되자, 한전은 민간 기업의 부담을 떠안고 시장 확대를 위한 수익 모델을 발굴하기 위해 민간 주도형 특수목적법인SPC: Special Purpose Company 설립 계획을 밝혔다.

이후 2015년 7월 한전은 현대·기아차, KT, KDB자산운용, 비긴스, 제주스마트그리드협동조합 등과 함께 충전사업 전담 기업 한전SPC를 설립했다. 그리고 한전SPC를 통해 당초 계획이던 322억 원보다 사업투자금이 줄어들긴 했지만, 총 200억 원을 투입해 2017년까지 제주를 주축으로 전국에 3660기 완·급속 충전기를 구축한다는 계획을 세웠다. 사업비 중 100억 원은 참여 기업들이 분담하고, 나머지 100억 원은 KDB자산운용을 통한 대출 또는 우선주 투자 방식으로 충당한다는 계획도 내놓았다. 한전은 한전SPC의 지분 28%로 1대 주주가 되었고, 현대·기아차와 KT는 각각 24%의 지분으로 참여했다. 한전은 전력 인프라와 네트워크 등을 지원하고, 충전소 구축과 서비스 운영은 민간 기업에 맡긴다는 방침이었다.

결국 시설 구축에 필요한 자금과 일부 부지는 한전이 제공하지만, 충전 인프라 구축과 운영은 민간에게 내준다는 방침이었다. 이후 한전SPC는 '한국충전서비스'라는 이름으로 공기업과 완성차 업체가 참여하는 첫 충전사업 연합체가 되었다.

한국충전서비스 출범으로 한전의 충전 시장 진출 이슈는 이쯤에서 일단락되는 듯했다. 하지만 이후 바로 사건이 터졌다. 창원시가 일반 시민에게 보급하는 100여 대 전기차 분량의 충전기 설치부터 운영 등 사업 전반을 한전에 맡기기로 하면서다.

당시 창원시는 충전기 확보를 위해 주민동의서 획득 등 복잡한 절차를 해결하는 데 한전이 가장 적임자라는 판단에서 이같이 결정했다. 민간사업자가 수행하는 일을 한전이 수주한 첫 사례였다. 창원시는 원활한 충전기 설치 업무 진행을 위해 한전을 택했다고 했지만, 충전 업계 입장에서는 먹거리를 한전에 뺏긴 것이고, 창원시 사례를 한전이 앞으로도 민간사업 영역을 침범할 수도 있다는 신호로 여길 수밖에 없었다. 더욱이 아파트 내 충전기 설치를 위해 입주민의 동의를 얻는 문제는 창원시뿐 아니라 전국 모든 지자체의 상황이 같았다. 한전이 먼저 원한 사업도 아니었지만, 한전SPC를 설립한 직후라 한전의 충전사업에 대한 정체성을 다시 한번 의심받는 사건이 되었다.

또 이후에 한전의 시장 참여는 우리나라 전기차 보급 주무부처인 환경부 정책과도 맞지 않는다는 것이 정부 안팎에서 나온 얘기다. 환경부는 민간 대상 전기차 보급과 함께 신속한 충전기 보급을 위해 당초 완성차 업체와 충전기 업체가 협력하는 방식의 보급 정책을 규정해 왔다. 그러나 한전이 창원시 정부 보급사업에 충전기 구축 전담을 맡음에 따라 이 같은 규정을 어긴 셈이다. 당시 민간 업계는 한전이 자본만 투자하는 게 아니라 중소기업 영역까지 침범하고 있다며 불만을 쏟아내기도 했다.

이에 한전은 또다시 저자가 몸담은 《전자신문》을 통해 입장을 전달했다. 한전은 공공기관 전기차 의무구매 지침에 따라 한전SPC를 설립했고, 수백억 원 예산을 투입하더라도 전기요금을 포함하는 서비스

요금 등 사업에는 일체 관여하지 않고 민간주도형 시장 모델 발굴에만 협력하겠다는 입장이었다.

또한 창원시 사업 관련해서는, 공동주택이나 단지 내 주민 반대로 충전기 설치 면적을 확보하지 못해 민간 공모에 선정되었지만 중도 포기하는 이용자가 속출하고 있기 때문에 이 또한 공익적 성격의 업무이며, 이런 이유에서 한전이 나서 한전 지점이나 공공주차장을 활용해 전용 주차면 확보 부담을 덜어주고 주민동의서를 얻는 과정에 협력한다는 이야기였다.

이때 한전은 한전SPC를 통해 2017년까지 수명이 다한 업무용 승용차(1800대) 중 25%를 전기차로 교체하는 사업도 진행한다고도 밝혔다.

한전SPC는 한전 내 500대 수준의 전기차 이용 시설 확보에 위탁 설치·운영 사업자가 필요하기 때문에 설립되었으며, 한전SPC는 참여한 민간 기업 수익 모델 발굴 지원이 가장 큰 목적으로 전기요금 추가 마진이나 다른 수익 창출과는 무관하다는 설명도 덧붙였다. 이때 한전은 다시 한번 앞으로 수익 사업에는 참여하지 않고, 민간 기업과 시장 활성화를 위한 시너지 창출에는 적극 협조하겠다는 뜻을 거듭 밝혔던 일이 기억난다.

전국 최대 충전 인프라 사업자로 등극한 한전

이후에도 민간 충전 업계는 가격뿐 아니라 충전 인프라 구축·운영 등 사업 전반에서 '게임이 안 되는 상황'을 계속 우려하고 있다. 사업 초기 구축비를 제외한 운영비OPEX 중 전기요금이 차지하는 원가가 상당히 높아 한전이 충전 시장에 발을 담그고 있는 사실만으로 위협적일 수밖에 없다는 이야기다.

충전기 운영에 따른 단순 전기요금뿐 아니라 충전기당 계약 전력 (50kWh·7kWh)에 따라 매달 한전에 지불하는 전기요금 기본료나 설비 구축에 필요한 한전불입금 등 인가까지 한전 고유 권한이다. 이 때문에 업계는 한전SPC가 동일한 충전요금으로 경쟁한다 해도 충전시설 전기 공사나 설비 유지보수, 계량기 사용 인가까지 따지면 크게 불리하다고 호소하고 있다. 더욱 놀라운 건 한전은 전국 어디든 충전기가 설치되면, 그 충전기의 이용률이 얼마인지 다 알 수 있다는 것이다. 결국 충전 업체 입장에서는 자사의 서비스 정보를 이미 다 알고 있는 경쟁사(한전) 와 경쟁을 하게 되는 말도 안 되는 상황이 벌어지는 셈이다.

이런 가운데 한전은 2016년 8월 전국 아파트 단지 4000곳의 완속충전기 3만 기 설치를 위한 사업을 대외적으로 공표했다. 같은 해 10월부터 한전 홈페이지를 통해 접수하여, 전국 4000개 아파트 단지당 최대 10기의 충전기를 설치하는 대규모 사업이었다. 이뿐만이 아니다. 한전은 또 2000억 원의 예산을 투입해 전국 150곳에 급속충전기 위주의 충전소를 구축하겠다고 발표했다.

이런 대규모 충전 사업을 발표한 주체는 산업통상자원부다. 산업부는 우리나라 전기차 시장 확대와 수출산업화를 위해 전력 공기업(한전)의 역할이 기폭제가 될 것이라며 충전 인프라를 확대·지원하겠다는 의지를 밝혔다. 산업부 장관이 직접 발표했지만, 투자금은 한전이 대는 사업이었다. 이로써 한전SPC를 통해 충전사업을 제한하겠다고 했던 한전은 오히려 정부 요청에 따라 당초 계획에도 없던 충전 인프라 구축·운영 사업을 추가로 더 확대하게 된 셈이다.

특히 이때는 이미 환경부가 전국 대상 완·급속 충전기 보급사업을 진행할 때였다. 우리나라는 산업부(한전)와 환경부가 동시에 충전기 보급·구축 사업을 수행하는 기이한 일이 이때부터 시작되었다. 9년째 이 분야를 담당하고 있지만, 지금까지도 우리나라 전기차 충전 보급 주무 부처가 환경부인지, 산업부인지 헷갈릴 때가 많다.

2016년 10월 한전은 산업부가 밝힌 충전기 보급사업 세부안을 발표하며 전국 아파트 단지를 대상으로 신청자를 모집했다. 한전은 당초 4000곳의 3만 기 충전기 보급 물량보다 20%가량 적은 1만 9000여 단지, 2만 4000기로 목표치를 확정했다.

당시 한전이 투입하겠다고 발표한 예산은 950억 원으로, 급속충전기(50kW급)와 완속충전기(7kW), 이동형 충전기(3kW) 각각 1000기로 총 3000기였다.

이후 한전의 충전기 보급사업은 1년에 한두 번씩 공모를 통해 계속 진행 중이고, 아파트가 아닌 공용시설물에 구축하는 급속충전기 위주의 한전 충전소 구축도 꾸준하게 진행하고 있다. 2020년 4월 기준 한전이 전국에 구축해 운영 중인 급속충전기는 3107기, 완속충전기는 5438기다. 이는 전국 공용시설에 급속충전기만 운영하는 환경부의 충전시설(2888기)보다 많고, 완·급속 충전기 전체 시설(전력용량) 규모나 숫자로 따져 한전이 국내 민관 통틀어 최대 사업자다.

환경부의 보급사업은 환경공단 등을 통해 급속충전기는 직접 설치·운영하지만, 완속충전기는 보조금만을 지원하고, 구축과 운영은 100% 민간사업자에게 맡긴다. 모든 시설을 직접 설치하고 운영하는 한전과는 다른 형태다.

한전은 2019년 5월 환경부와 마찬가지로 한전의 전국 모든 충전시설을 다른 민간사업자도 활용할 수 있도록 개방형으로 전환했다. 개방형 충전소는 한전에 등록된 일반 회원뿐 아니라, 다른 사업자에 등록된 회

한국전력이 2016년 10월 서울 상암동에 구축한 전기차 급속충전소. 이 곳에는 급속충전기 7기와 완속충전기 3기가 운영 중이며 현재까지도 국내에서 가장 큰 충전소 중 하나로 꼽힌다.

원도 별도의 회원 가입 없이 충전시설을 이용할 수 있게 한 조치다. 민간사업자 입장에서는 회원 이탈을 막으면서 한전 시설을 사용하더라도 기존의 요금 체계 등 동일한 서비스를 제공할 수 있다. 이는 이미 환경부가 2018년부터 시행했던 것으로, 일본과 미국 등 다수의 국가에서도 정부 시설과 관계없이 기업 간 시설물을 공유할 목적으로 널리 확대되는 당연한 추세였다.

한전은 현재 국내에서 전기요금과 모든 시설의 인허가 권한을 가지고, 충전 분야에서 가장 낮은 요금으로 소매B2C 사업과 도매B2B 사업 모두를 수행하고 있다.

한전이 불특정 고객을 대상으로 현재 과금하는 충전요금은 국내 충전사업자들의 요금보다 소폭 낮거나 비슷한 수준이다. 2020년 7월 현재 한전의 충전소 브랜드인 '켑코 플러그'와 로밍 계약을 맺은 7개 민간사업자 중에서 1kWh당 요금이 가장 싼 곳(1kWh당 173.8원)은 한전을 포함해 모두 3곳이며 나머지 5곳은 1kWh당 249.9원에서 255.7원 수준이다.

최근에는 한전이 자신이 1대 주주로 있는 한전SPC와 갈등을 빚고 있다. 국내 충전 시장에서 한전과 한전SPC 사이에 경쟁 구도가 형성되면서다. 한전SPC는 자사의 대주주인 한전이 경영 활동 전반에 관여하고 있어 정상적인 기업 활동에 제한받는다는 이유로 한전에게 한전SPC 지분 매각을 요구했지만 한전은 현재까지도 한전SPC의 지분을 뺄 계획이 없는 상황이다. 결국 한전은 한전SPC의 최대 주주이면서 한전SPC와 시장에서 경쟁하는 이상한 관계를 지금도 유지하고 있다.

전기요금 주도권 확보로 더 강해진 한전

2019년 10월쯤의 일이다. 이때쯤이면 한전이 2017년부터 2019년까지 3년 동안 적용했던 충전용 전기요금 할인제도 폐지에 따른 논의가 시작되었겠다 싶어 취재를 시작했다. 한전은 당초 계획대로 전기차 완·급속 충전기 기본요금(1kWh당 완속 2390원, 급속 2580원) 100% 할인과 충전량에 따른 1kWh당 전기요금 50% 할인을 폐지한다는 방침을 세웠다.

이후 이 같은 할인제도 폐지 계획을 보도했다. 기사가 보도되자, 다른 주요 언론에서도 이 내용을 깊이 있게 다루면서 관련 산업계뿐 아니라 정치·사회적 이슈로 크게 번졌다. 정부가 약속한 계획에 따라 할인제도 폐지, 즉 전기요금 정상화는 당연한 일이지만, 언론들은 현 정권의 탈원전 정책과 전기차 보급률 저조에 따른 소비자 부담을 크게 부각시켰다.

이후 정부는 민생 경제가 악화된 상황에 전기요금 정상화는 아직 시기상조라는 입장을 내놓으며 한전과는 대립각을 세웠다. 김종갑 한전 사장은 "콩(원료)보다 두부(전기)가 더 싸다"라며 "전기 소비와 자원 배분 왜곡을 막을 수 있는 방향으로 요금 체계 개편을 해야 한다"라고 언론을 향해 연이어 목소리를 높이기도 했다. 정부와 한전은 당시 전기차 충전요금 이외 몇 가지 더 정상화를 앞둔 요금제가 있었던 상황이라 이슈는 더욱 컸다.

결국 정부와 한전은 합의점을 찾았다. 이들은 사전 공지가 늦어졌다는 이유로 전기차 충전용 전기요금 정상화 시점을 2020년 1월에서 6개월 더 연장하고, 할인제도도 즉각 폐지에서 단계적 폐지로 전환했다.

이에 2020년 7월부터 2021년 6월까지는 기본요금과 사용량 전기요금 할인율이 각각 50%, 30%로 낮아졌다. 2021년 7월부터 2022년 6월까지는 할인율이 각각 25%, 10%가 되고 2022년 7월부터는 할인이 끝난다.

충전용 전기요금은 결국 2년에 걸쳐 단계적으로 인상되기로 했지만, 전국에 가장 많은 급속충전기를 구축한 환경부를 포함해 국내 모든 충전사업자가 이 특례 요금을 적용받고 있는 상황에서 관련 업계는 충전 서비스 요금 원가가 높아지자 사업적 부담감을 호소했다.

이후 전국에서 가장 많은 급속충전기를 운영 중인 환경부가 한전 요금 조치에 따라 충전요금을 기존 1kWh당 173.3원에서 255.7원으로 인상한다고 밝혔다. 그러자 국내 공용시설의 완속충전기 대부분을 운영하는 민간사업자들도 충전 서비스 요금을 일제히 올렸다. 이들 민간 업체의 인상된 충전요금은 1kWh당 기존 60~100원 수준에서 2.5~3배가량 오른 200원 초반부터 270원에 분포되었다.

반면에 한전 충전사업부는 충전요금을 환경부와 같은 1kWh당 255.7원

표 2 | 한국전력의 전기차 충전 분야 사업 현황 (2020년 8월 기준)

- 국가 독점 전력판매업
- 일반 소비자 대상 충전 서비스 사업
- 민간 충전사업자 대상 충전용 전력판매업
- 민간 충전사업자 대상 로밍(사용자 인증·과금)사업
- 민간 충전사업자 대상 운영 서버 위탁 관리업

으로 책정하고, 추가로 아파트용 충전요금(최저 152.1원~최고 232.5원)을 구분해서 공지했다. 한전이 요금을 두 가지로 구분한 건 공익성과 사업성 모두를 챙기기 위한 것으로 풀이된다.

255.7원을 받는 한전의 충전소는 환경부의 충전시설과 비슷한 급속 충전시설로 대형마트 등 불특정 다수가 이용하는 생활시설에 집중되었다. 그래서 한전은 충전요금을 환경부와 맞추면서 소비자 혼란을 최소화했고, 반면에 민간사업자와 경쟁해야 하는 아파트는 일반 가정용 전기요금과 같은 계절별 요금제를 기반으로 계절이나 시간대에 따라 최소 152.1원에서 최고 232.5원 요금을 적용했다.

2020년 7월에 인상된 충전용 전기요금으로 한전은 그동안 원가 이하로 서비스했던 충전요금을 일부 현실화시키며 사업 구조를 개선한 반면, 민간 충전사업자의 경쟁력은 떨어진 것이 분명한 사실이다. 더욱이 한전이 민간사업자들과 주로 경쟁하는 아파트용 충전요금(152.1~232.5원)은 다수의 민간사업자가 제공하는 요금보다 비슷하거나 저렴해 경쟁에 어려움이 있다.

충전용 전기요금 인상과 한전의 시장 참여로 실제 충전사업을 포기하거나 보류한 기업도 나타났다. 실제 한전이 충전용 전기요금의 단계적인 할인 폐지를 발표한 직후 국내 유력 충전사업자인 KT는 충전사업

표 3 | 2020년 7월 1일부터 적용된 한국전력 전기차용 게시별 전기요금

구분	여름철	봄·가을철	겨울철
경부하 (23~09시)	182.27원(198%)	167.31원(181%)	194.15원(185%)
중간 부하 (09~10시, 12~13시, 17~23시)	227.15원(160%)	175.45원(177%)	213.29원(161%)
최대 부하 (10~12시, 13~17시)	255.75원(133%)	178.86원(175%)	255.75원(162%)

* 괄호 안은 이전 대비 인상률.
자료: 한국전력.

을 보류했고, 삼성그룹 에스원도 충전사업 조직을 없앴다. 이들은 한전의 전기요금 정상화 시행으로 시장 환경 악화를 우려해 이 같은 결정을 내렸다.

물론 한전의 전기요금 정상화는 이미 3년 전부터 예정되었던 일이고, 국내 사업자 모두 이런 한전 계획을 알고 충전 시장에 뛰어들었다. 그래서 충전 업계 입장에서는 한전에 대놓고 불만을 토로하지 않는다. 다만 충전 업계가 바라는 건 공정한 시장 경쟁을 위해 한전의 B2C 시장만큼은 정부가 제한해 달라는 것이다.

2. 사라진 전기차 3대 국책사업

지금까지 우리나라 전기차 분야에는 엄청난 규모의 국가 예산으로 지원한 수많은 국책 개발 과제가 있었다. 계획대로라면, 이미 전기버스가 도로 위를 달리는 것만으로 자동으로 충전되고, 대기업이 아닌 우리

중소기업이 개발한 1000만 원대 고속전기차가 나왔어야 했다. 또 값비싼 배터리 없이도 전기차를 탈 수 있는 배터리 자동교환 시스템이 보급되었어야 했다. 하지만 이 모두 수백억 원의 정부 예산만 쓰고 제대로 상용화되지 못한 채 사라지고 있다. 이들 사업은 단순히 시장이 납득할 만큼의 기술력이나 가격경쟁력만 부족했던 게 아니라, 현재 그 어떤 해외 국가에서도 깊게 시도하지 않을 만큼 시장 트렌드와도 맞지 않은 시도였다.

국책 과제는 산업계 전반에 유익이 되는 공익성과 현실성도 따져야겠지만, 향후 기술 발전까지 고려해 미래 시장 가능성도 신중하게 살필 필요가 있다. 당장 필요할 수 있어 보여도 미래에는 필요 없는 게 생각보다 많다.

KAIST 전기차 무선 충전 기술

지난 2009년 KAIST(한국과학기술원)가 무선 충전 전기차OLEV: On-Line Electric Vehicle 기술을 개발했다. 정확하게 KAIST가 개발한 건 완성차가 아니라, 전기차가 주행할 때나 정차 중에 무선으로 필요한 에너지를 충전하는 'SMFIRShaped Magnetic Field in Resonance(자기공진 형상화)' 기술이다. 해외 일부 기업에서도 전기차 무선 충전 기술이 개발되기 시작한 상황으로 국내에서 이 기술을 개발한 건 KAIST가 처음이다.

이 기술은 비접촉식 전자기 유도 원리를 이용해, 도로에 매설된 코일에 전력을 인가했을 때 발생하는 자기장을 차량 하부의 집전 코일을 통해 발전한 다음, 배터리에 충전하거나 발전한 전력을 그대로 모터로 보내 주행을 할 수 있다는 것이다. 많은 양의 전기를 저장하지 않고도 바로 쓸 수 있기 때문에 일반 전기차의 20% 수준인 작은 용량의 배터리로 구동이 가능하다. 이는 도로 밑 10~15cm 지점에 매설한 전선에서 발생하는 자기장을, 차량 하부에 장착한 집전장치를 통해 간격 20cm 이상 비접촉 지점에 전기에너지로 전달하는 형태다. 정차 도중 무선으로 충전이 가능할 뿐 아니라, 주행 중에도 충전할 수 있다는 게 최대 장점이었다.

당시 KAIST가 밝힌 충전 속도는 약 3.2kWh로, 이후 기술 고도화로 최대 6.6kWh까지 지원할 수 있다고 했다. 가장 널리 쓰이는 일반적인 완속충전기(7kWh급)보다 충전 시간이 더 소요되지만, 비접촉 방식이라 사람이 직접 해야 하는 별도의 충전 행위가 생략된다. 이런 장점 때문에 이 기술은 크게 주목을 받았다.

그렇지만 무선 충전의 상용화를 위한 가장 중요한 기술적 이슈는 충전 효율과 충전 속도였다. 이때 KAIST가 밝힌 충전 효율은 도로 환경에 따라 70%에서 80% 수준이었는데, 충전 효율을 높이려면 주차면 바닥 패드와 자동차에 달린 충전용 패드가 서로 마주하게 위치를 정확하게 제어할 수 있어야 했다. 하지만 다양한 도로 환경을 고려하면 충전 효율을 100%까지 올리는 건 쉽지 않았다. 충전 속도 역시 마찬가지다. 당시만 해도 무선 충전을 이용해 1시간 동안 충전할 수 있는 충전량이 6.6kWh 수준이었다. 여기에 충전 효율까지 고려하면 잘해야 1시간에 5kWh 정도 충전할 수 있는 셈이다. 현재 국내 출시된 전기버스의 전기에너지 1kWh당 평균 주행거리는 1.3km 수준으로, 왕복 운행거리가 50km인 노선버스에 이 기술을 적용하면 정지 상태에서 9시간의 충전 시간이 필요한 셈이다. 또한 운행 중에 충전을 하더라도 도로 바닥에 그만큼의 전선을 설치하는 공사를 해야 하는 구조다. 단순하게 생각해도 공사비가 엄청나게 들어가는 일이다.

이 같은 이유에서 KAIST뿐 아니라 해외 기업들도 충전 효율과 속도를 높이는 기술 고도화에 집중했지만, 2020년 현재 1시간에 충전할 수 있는 전력량은 6~8kWh 수준으로 과거와 크게 달라지지 않았다.

KAIST의 '온라인 전기차 원천기술 개발사업'은 2009년 당시 추경에 산이 편성되면서 교육과학기술부로부터 250억 원의 연구비를 받은 것에서 시작되었다. 이후 상용화를 위한 실증사업과 충전 속도 등 기술 고도화를 위한 추가 지원으로 지식경제부, 국토해양부, 미래창조과학부 등으로부터 총 785억 7000만 원의 연구비를 받았다.

그러나 이 과정에서 끊임없는 사업성 논란이 제기되었다. KAIST 온라인 전기차는 기술력과 아이디어 면에서는 인정을 받은 반면, 자동차 도로에 전선을 깔기 위해 땅을 파고 시스템을 설치해야 하는 등의 경제성 문제로 상용화에 어려움이 있다는 지적을 받아왔다.

그럼에도 불구하고 상용화 사업은 진행되었다. 이후 2011년 서울대공원 코끼리 열차 6대(왕복 2.2km 구간)를 시작으로, 2014년 경북 구미에 4대(왕복 24km 구간), 2015년 세종시에 1대의 무선 충전 전기버스를 투입해 운행했다. 이들 3곳에 무선 충전 전기버스는 현재 운영되고 있지 않다. 차량 유지보수를 위한 부품 조달이 원인이지만, 사업성이 없어 부품을 공급하는 업체도 없고, 이후 온라인 전기차를 도입하겠다는 수요층도 나타나지 않아서다.

해외 사업도 마찬가지였다. KAIST는 2011년 미국 텍사스주 매캘런 McAllen시와 온라인 전기차 구축 계약을 체결했다고 밝혔다. 하지만 본격적인 사업 진행을 앞둔 2013년 매캘런시로부터 돌연 계약 해지 통보를 받았다.

당시 매캘런시 측이 밝힌 건 KAIST의 미국 자회사인 올리브테크놀로

지가 사업 이행을 보증하는 예치금(55만 5000달러)을 지불하지 않아 계약을 파기했다는 것이다. 2011년 매캘런시는 미국 연방교통청 예산(190만 달러)을 포함해 총 211만 1000달러(약 24억 4000만 원)를 투입해 KAIST의 온라인 전기버스 3대를 도입, 2013년부터 시내버스 노선(16km)을 운행할 계획이었다.

KAIST 측은 "실제 구축 사례가 없다는 점을 들어 매캘런시가 기술상용화 예치금 납부, 차량 초기 개발 작업에 현지 인력 투입, 토목공사 비용 분담 등을 요구해 불가피하게 해당 사업을 중단했다"라고 설명했다. 국내 서울대공원 등의 구축 사례가 있었지만, 매캘런시 요청 사항은 처음부터 다시 개발해야 하는 방식으로 수백억 원의 비용이 더 들기에 더 이상 계약 유지가 쉽지 않았다는 설명이다.

KAIST의 중단된 해외 사업은 이뿐만이 아니었다. 2010년 미국 유타주립대 에너지 다이내믹스 연구소EDL 및 유타주 파크시티와 온라인 전기차 시범사업을 위한 협력의향서를 체결했지만, 유타주립대 역시 강도 높은 기술 이전 등을 요구해 사업이 중단되었다. 같은 해 말레이시아 토지개발공사와 온라인 전기차 수출을 위한 양해각서를 교환했지만 불확실한 사업성 탓에 이마저도 중단되었다.

당시 나는 KAIST 무선 충전 전기차 연구단 교수에게 직접 전화를 걸어 이 같은 사실을 확인했다. 담당 교수는 "새로운 기술인 만큼 레퍼런스 미확보로 사업에 어려움이 있었지만 구미 사업 실적을 통해 대부분의 걸림돌이 해소될 것"이라며 "사업성은 물론 기술력을 보완 중이며 최근 북미와 유럽 등과 합리적인 조건의 계약이 추진 중"이라고 전했다.

그렇지만 현재까지 충전 효율이나 충전 속도 등의 기술 고도화가 진행되고 있지는 않은 듯하다. 또한 전기차 업계는 현재 무선 충전 기술보다, 가격은 낮추고 안전성과 에너지밀도를 높이는 차세대 배터리 개발에 보다 집중하는 상황이다.

당시만 해도 배터리의 에너지밀도가 지금처럼 좋지 않았고, 배터리 가격도 지금보다 두 배 이상 비쌌다. 하지만 현재 에너지밀도가 높은 배터리가 속속 등장하고 있고, 가격은 당시 1kWh당 250달러(배터리팩 기준) 안팎에서 현재 100달러 후반까지 떨어졌다.

아이티엔지니어링 미니 고속전기차 플랫폼 사업

2012년 당시 지식경제부(현재 산업통상자원부)는 미니 고속전기차 개발사업에 자동차 설계회사인 아이티엔지니어링 컨소시엄을 선정했다. 전기차의 모든 게 새로웠던 나는 현대차 같은 대기업이 아닌 중소·중견 기업이 만드는 전기차가 나올 수 있겠다고 기대했다. 전기차는 내연기관 자동차와 달리 부품 수가 적은 데다 부품·장치 구조 역시 단순하기에 전기차 시대에는 중소기업도 완성차 사업을 할 수 있다는 이야기가 현실이 되는 줄 알았다.

지식경제부 산업기술평가관리원의 사업 공고에 따르면, '최고 시속 120km 이상 보급형 미니 고속전기차용 공용 플랫폼 등 기술 개발'이었다. 선정된 컨소시엄은 2014년까지 고속 주행이 가능하도록 차체 섀시와 골격, 프레임 등의 플랫폼을 만들어 많은 기업들에게 이를 공유하는 게 최종 목표였다. 플랫폼을 공유하면 많은 기업들이 전기차 개발에 시간과 비용을 크게 줄일 수 있는 효과가 있어서다.

지경부 자료에는 소·중견 기업에 전기차용 공용 플랫폼 핵심 기술 개발을 지원하고, 전자장비 등의 일반 부품들은 모듈화해 조립 공정을 단순화하는 등 분업 생산으로 1000만 원대(배터리 포함 1500만~1900만 원)

의 저가 전기차를 내놓겠다는 계획이 담겨 있었다. 비록 소형 차량이긴 하지만 현재까지도 최소 4000만 원이 넘는 전기차 가격과 비교하면 가격경쟁력이 매우 높은 것이다.

사업비는 2년간 총 266억 8000만 원(정부 200억 원, 민간 66억 8000만 원)이 투입되었다. 사업에서 아이티엔지니어링은 사업 총괄과 설계를 맡고, 한국델파이는 차량 구동에 필요한 부품을, 당시 저속전기차 업체였던 AD모터스는 부품 개발과 양산 시스템을 지원하는 것으로 역할 분담이 되어 있었다. 또한 쌍용차는 차량 인증 업무를 맡고 포스코ICT는 전기차 인버터·모터 등을 개발할 계획이었다.

이후 2014년 과제 시한 종료에 따라 공용 플랫폼이 처음 개발되었다. 정부는 보도자료를 통해 미니 고속전기차가 공용 플랫폼으로 개발되어 중소기업의 전기차 시장 진출도 가능해질 것이라고 대대적으로 홍보했다. 당시 국산 플랫폼을 적용한 전기차가 실제 나오는 듯했다.

아이티엔지니어링 컨소시엄은 충돌·주행 시험을 거쳐 다음 해 2015년 하반기에 양산형 모델을 출시하기로 했다. 차량 가격은 당초 계획보다 조금 비쌌지만, 배터리를 포함해 2500만~2900만 원으로 내놓는다고도 했다. 결국 이 회사는 배터리를 제외하면 1000만 원 중후반에도 구매 가능하다는 설명과 함께, 고객 요구에 따라 개조·파생형 모델을 고려해 완성차 형태부터 '전기구동 모터+전기차용 인버터PCS+감속기' 일체형 파워모듈 등 부분 제공도 가능하도록 설계했다는 설명도 덧붙였다.

당시 업체가 밝힌 이 전기차의 사양은 배터리 용량 15.1kWh급으로 1회 충전 시 130km까지 주행하지만 기본적인 배터리 공간 이외에 별도 공간을 마련해 최대 24kWh까지 배터리를 확장할 수 있도록 설계했고, 2도어 2인승을 기본으로 짐 싣는 공간을 줄이면 최다 네 명까지 탈 수 있도록 만들었다고 소개했다.

플랫폼을 위주로 개발했기 때문에 전기차용 공조 시스템과 알루미늄 혹은 탄소섬유 등 외관부터 차세대 ABS 등 용도에 맞는 자유로운 시스템 적용이 가능한 형태였다. 이 플랫폼을 이용하면 각기 다른 형태의 차별화된 전기차를 생산할 수 있다는 얘기다. 아이티엔지니어링 컨소시엄은 다양한 시스템 제공을 위해 2014년 내 양산 체계도 마련한다는 계획까지 내놓았다.

하지만 2020년 7월 현재까지도 이 차는 시장에서 판매되지 않고 있고, 이 차량의 플랫폼을 기반으로 시판 중인 전기차도 찾아볼 수 없다. 현재 국내에 판매 중인 초소형 전기차나 경형 전기차의 플랫폼은 전부 중국산이다. 국산 전기차 플랫폼은 현대차를 포함해 아직까지 없는 상황이다.

2019년 아이티엔지니어링은 포스코인터내셔널과 함께 중국 지리그룹 자회사인 저장지리신에너지상용차그룹(지리상용차)과 중소형 전기트럭 공동 개발 등에 협력했다. 이들 3사는 지리상용차의 기존 1톤, 2.5톤 등 중소형 전기트럭 e200 시리즈를 기반으로 국내 법규와 도로 환경에 맞는 한국형 전기트럭을 공동 개발한다는 목표였다. 결국 아이티엔지니어링은 지리상용차의 전기트럭 플랫폼을 이용해 한국형 전기트럭을 만든다는 계획이다.

반면에, 국가 예산으로 완성된 미니 고속전기차 플랫폼 사업화에 대해서는 알려진 게 없는 상황이다. 현재 국내에는 싸고 튼튼한 경형, 초소형 전기차 플랫폼을 찾는 중소·중견 기업이 여전히 많은데도 말이다.

지금까지 전기차·배터리 분야 국책 과제는 수없이 많이 나왔다. 그러나 언론을 상대로 '개발을 완료했다'라는 완료형의 보도자료를 끝으

아이티엔지니어링이 '산업통상자원부 보급형 고속전기자동차 개발' 과제를 통해 2012년부터 진행하여 2014년 3월에 완성한 미니 고속전기차. (자료: 산업통상자원부 제공)

로 실제 상용화 실현 여부 등 이후 소식은 쉽게 들리지 않는 국책사업이 생각보다 많다.

비긴스 전기차 배터리 자동 교환형 리스 사업

우리나라에서는 전기차의 다 쓴 배터리를 충전이 된 배터리로 자동 교환해 주는 일종의 로봇 시스템을 핵심으로 한 '전기차 배터리 리스 사업'도 국책사업으로 진행된 적이 있다.

2015년 산업통상자원부는 '전기차 배터리 리스 사업자'로 벤처기업 '비긴스'를 선정했다. 당시만 해도 전기차의 배터리 가격이 비쌌기 때문에 차량 보급에 큰 어려움이 있었다. 이에 소비자나 운수사업자가 고가 배터리를 뺀 전기차를 구매하고, 배터리는 리스를 받는다. 이때 리스에 따른 비용이 기존 내연기관차량의 연료비보다 저렴하기 때문에 리스 비용 부담이 적다. 전기차 구매자에게는 초기 차량 구매 비용의 부담을 줄이고, 배터리 리스 사업을 통해 새로운 시장을 창출할 수 있다는 것이 정부 전략이었다.

정부는 2015년부터 2017년까지 3년간 배터리 리스 사업을 통해 전기버스 119대, 전기택시와 전기차 렌터카 1000대 등 총 1119대를 제주에 보급한다는 계획이었다. 여기에 투입된 정부 예산은 산업부와 제주도 각각 132억 원씩 총 264억 원이었다.

당시 비긴스는 정부 예산 139억 원이 투입되는 전기버스 사업에 매칭 사업 비율을 300%(417억 원), 전기택시·렌터카(정부 예산 125억 원)에 200%(250억 원)를 배정하는 등 추가 자금을 투입하는 공격적 사업 제안으로 높은 점수를 받아 최종 사업자로 선정되었다.

비긴스가 제안한 사업비는 정부 예산(264억 원) 외에도 650억~700억 원을 추가로 조성한 총 950억 원이었다. 이는 당시 입찰에 참여한 경쟁사 SK텔레콤·포스코ICT 등이 제안한 사업비의 갑절이 넘는 규모다.

산업부는 택시·버스 등 운송사업자 대상 초기 비용 경감은 물론이고 수익까지 보장할 수 있어 전기차 확산에 새로운 계기가 될 것으로 전망했다. 또 운행거리가 긴 버스나 택시, 렌터카 등 민간 업체 입장에서는 배터리 리스료가 기존 차량의 연료비보다 저렴하기에 리스 업체나 운수업체 모두 사업성이 뛰어날 것이라고 자신했다.

사업 첫해인 2015년 비긴스는 제주 전담 사업체인 특수목적법인 '비긴스제주'를 출범시켰고, 산업부와 제주도, 에너지관리공단 등과도 업무협약까지 맺었다. 또한 충전 설비 등의 협력사로 LS산전, 삼성테크원, 자일대우버스 등도 참여시켰다.

당시 비긴스는 사업화를 위해 전기버스와 한 곳 설비가 20억~30억 원가량 드는 배터리 자동교환형 로봇 충전 스테이션을 12곳에 설치해 119대 전기버스를 보급한다는 계획을 세웠다. 또 전기 택시·렌터카 확산을 위해 개인·법인 사업자에게 3년 후 전기차 가격 50%를 보장하는 파격 조건으로 전기차 구매를 유도한다는 전략까지 내놓았다. 제주 전역에 배터리 자동교체시스템BSS 스테이션 및 제주도내 통합관제센터 TOC, 전기차 전문정비센터MRO 등 유지보수 관리운영 인프라도 마련할 방침이었다.

BSS 스테이션은 버스 주행으로 배터리의 전기가 소모(방전)되면 사전에 충전이 완료된 다른 배터리로 교환하는 로봇형 자동 시스템이다. 40초 이내, 승객 승하차 시간 동안 버스 상단에 탈부착이 가능한 배터리가 자동으로 교환되기 때문에 충전으로 인한 배차 지연 없이 일반 버스와 동일하게 운영할 수 있다.

그러나 전기차 배터리 리스 수요는 생각만큼 많지 않았다. 이에 정부는 시간을 벌어주기 위해 2015년 12월에 끝나는 1차 연도 사업 기간을 2016년 8월로 연장했다.

실제로 제주에서 전기차 배터리를 빌려 운행하는 전기버스는 23대, 렌터카는 48대, 개인택시는 1대에 불과했다. 버스는 목표 대비 47%에 그쳤고, 렌터카는 21%, 택시는 0.1%였다. 버스충전시설 역시 12기를 설치하기로 했으나 2기만 설치했다.

당시 국회예산정책처는 '2015년 회계연도 결산'을 통해 전기차 배터리 리스 사업의 실적 부진을 지적했고, 제주도의회에서도 제주도의 예산 낭비에 대한 책임론을 문제 삼기도 했다.

제주도의회는 1차 연도 사업 수행 후 해당 사업이 수익성도 없어 배터리를 빌려주는 민간 업체가 리스료로 한 달 평균 1500만 원을 거둬들

우리나라에서는 2013년 제주에서 배터리 교환형 전기택시가 처음 등장했다. 해당 사진은 르노삼성 전기차의 배터리 교환 테스트를 진행하는 모습이다.

2015년 제주 서귀포 운수사업자 동서교통에 설치된 전기버스 배터리 자동교환 시설. 주행으로 전기를 다 쓴 배터리를 사전에 충전된 배터리로 교환하는 무인 자동 시스템이다. 승객이 승하차하는 40초 동안 배터리가 자동 교환되도록 설계되었다.

이는 데 반해 운영비로는 4500만 원을 지출해 매달 평균 3000만 원 정도의 적자가 발생한다고 지적하기도 했다.

이런 논란이 계속되면서 전기차 배터리 리스 사업 운영위원회는 1차 연도를 끝으로 사업을 1년 8개월 만에 중단했다.

산자부 측은 사업 중단에 따른 이유로 제주도의 대중교통체계 개편으로 운송업체를 발굴하는 데 어려움이 있었고 주유 가격 하락과 전기차 주행 성능 등 기술적 한계로 사업 수요 발굴에 한계가 있었음을 설명한 것으로 전해졌다. 이후 전기차 배터리 리스 사업은 물론 배터리를 자동으로 교환하는 시스템의 도입도 찾아볼 수 없다. 국가 예산이 낭비되고도 아무도 책임을 지지 않았다.

전기차 Q & A   이 세상에 600km를 달리는 배터리가 있나요?

최근에 전기차의 주행 성능이 점차 개선되면서 잘못된 관련 정보가 알려지고 있다. 한 번 충전에 500~600km를 달리는 배터리 혹은 전기차가 나왔다는 얘기다. 하지만 이는 사실과 다른 얘기다. 전기차 업계가 고객에게 가장 많이 받는 질문은 "600km 이상 주행이 가능한 전기차는 언제 나오는가?"이다. 장거리 주행을 계획할 때 배터리의 에너지가 다 소모되어 혹시 차량이 멈출 수도 있다는 걱정이나 잦은 충전으로 귀찮은 상황이 자주 있을 것이라는 생각에서 나오는 질문이다. 하지만 세상에 500km나 600km 또는 그 이상을 주행하는 배터리는 없다.

전기차 주행거리는 배터리의 물리적인 용량에 비례한다. 이는 내연기관차의 연료 탱크와 같은 원리다. 전기에너지를 담을 수 있는 배터리가 클수록 보다 멀리 갈 수 있다. 배터리 자체 성능보다는 차 안에 얼마나 많은 배터리를 장착하느냐가 주행거리와 비례하는 것이다.

그렇다고 배터리를 많이 장착하는 게 크게 어려운 일은 아니다. 하지만 배터리를 많이 달면, 차가 무거워져 전비(전기차 연비)가 떨어지고, 또 완전 충전까지 보다 많은 시간이 소요된다. 이 때문에 무작정 배터리를 늘리지 않고, 차량 크기나 성능 등에 따라 배터리 용량을 전략적으로 선택한다.

다만 최근 기술 발전으로 배터리의 에너지밀도가 이전보다 높아진 건 사실이다. 현재 국내외 판매 중인 전기차 배터리의 에너지밀도는 200~250Wh/kg이다. 실리콘(Si)·흑연(GR) 음극재 브랜딩 기술과 양극재 NCM(니켈·코발트·망간) 비율이 90%, 5%, 5%인 '9 1/2 1/2 배터리' 개발 가능성이 높아지면서 종전보다 20~30% 이상 밀도가 개선될 전망이다. 배터리 업계는 2022년이면 1kg당 전기에너지 300~350Wh 수준의 배터리가 등장할 것으로 전망한다. 결국 같은 공간에 20~30%의 에너지를 더 담을 수 있게 되면 주행거리도 그만큼 늘어난다. 그래도 600km를 가는 배터리는 앞으로도 세상에 없을 것이다.

3. 중국은 한국서 되고, 한국은 중국서 안 된다

지난 9년 동안 전기차 관련 기사를 보도하면서, 클릭 수나 댓글 반응이 가장 많았던 건 중국 전기차 관련 기사다. 중국이 한국 배터리를 가로막은 반면, 한국에서는 중국차가 아무런 걸림돌 없이 버젓이 판매되는 이해하기 어려운 상황이 수년째 계속되고 있다.

중국 정부는 2016년 말부터 한국산 배터리를 탑재한 자국 전기차를 보조금 지원 대상에서 제외했다. 반면에 한국 시장에서 중국산 전기버스는 아무런 시장 장벽 없이 지금도 잘 팔리고 있다. 이 같은 대조적인 상황이 수년째 계속되면서 산업계뿐 아니라 일반 사람들까지 이런 역차별 논란에 많은 관심을 보였다. 더욱이 중국 전기차에 들어가는 LG화학이나 삼성SDI, SK이노베이션 등 한국산 배터리 전부 중국 공장에서 생산된 제품인데도 중국 시장에서 거부를 당했다. 최근 들어 중국 정부가 한국산 배터리에 대한 자국 시장규제를 조금씩 완화하고는 있지만, 배터리 업체 입장에서는 이미 수년 전 확보한 20여 개 공급선을 다른 경쟁 업체에 빼앗기는 등 초기 시장을 선점할 기회를 놓쳤다. 이에 우리나라도 중국 정부처럼 같은 기준을 적용해야 한다는 목소리가 높아지고 있다.

2016년부터 한국 배터리를 막은 중국 정부

한국 업체의 배터리를 장착한 중국 전기차가 생산을 중단한 건 2016년 연말쯤이다. 중국 내에는 중국 정부가 한국 배터리를 단 전기차에 대한 국가보조금 지원을 제한하겠다는 소문이 나돌면서 실제 생산 중단 사태까지 벌어졌다. 이때만 해도 한국 배터리 업체와 중국 굴지의 전기차 및 전기버스 업체 간 배터리 공급계약이 성사되었을 때다. LG화학과 삼성SDI, SK이노베이션이 중국 내 확보한 자동차 고객사만 20여 개나 되었다. 당시 일본 배터리 업체뿐 아니라 자국 배터리 업체보다 계약 물량이 훨씬 많았다. 하지만 2016년 말 중국 정부의 한국 배터리 규제로 이 모든 물량이 순식간에 날아갔다.

당시만 해도 한국 배터리 성능과 품질은 세계 최고 수준이었던 데다, 일본 배터리에 비해 가격도 저렴했고, 무엇보다 현지 생산공장 설립 등 우리 기업들이 공격적으로 현지 시장에 대응했을 때다.

이때나 지금이나 중국 정부의 전기차 보급 의지는 아시아는 물론 유럽과 미국까지 통틀어 전 세계에서 가장 강했다. 세계적인 내연기관 자동차 업체가 하나도 없던 중국 정부 입장에서는 단순히 친환경차 보급으로 친환경 도시를 조성할 뿐 아니라, 전기차 완제품만큼은 중국이 산업을 주도하겠다는 의지가 매우 강했다. 이런 상황에 한국 배터리 업체 입장에서는 중국만큼 좋은 시장이 없었다. 우리 업계의 경쟁 상대도 일본 파나소닉이나 AESC 등 소수 업체에 불과했다.

게다가 2010년 전후 중국 비야디BYD를 비롯해 중국산 전기차의 잇따른 배터리 화재 사고로 중국 정부가 밀고 있는 리튬인산철LFP 배터리는 신뢰성이 떨어진다는 인식이 확산되면서 삼원계NCM 리튬이온 배터리를 쓰는 우리 업체에 매우 유리한 상황이었다.

국산 배터리는 삼원계 리튬이온 배터리로 중국이 주로 쓰는 리튬인산철과 같은 리튬 계열이지만, 이보다 에너지밀도가 높고, 무게도 덜 나갔다. 여기에 현지 생산품이다 보니 가격경쟁력도 나쁘지 않았다.

결국 중국 정부의 배터리 규제 소문은 현실이 되었고, 한국 배터리를 공급받기로 한 중국 완성차 업체들은 공급을 일제히 중단했다. 당시 국내 배터리 업체 LG화학, 삼성SDI, SK이노베이션과 배터리 공급계약을 맺은 업체는 중국 자동차 판매량 1, 2위인 제일기차와 상하이기차를 비롯해, 장안기차, 베이징모터스, 체리자동차, 장화이기차 등 약 20개 사에 달했다. 국내 3사가 이 같은 중국 전기차 배터리 물량 대응을 위해 현지 생산시설에 투자한 자금만 수조 원에 달했다.

한국 배터리 업체의 피해는 말도 못할 정도로 컸다. 2017년 전후 LG화학과 삼성SDI 중국 배터리 공장 가동률은 10% 수준으로 떨어졌고, SK이노베이션 중국 배터리팩 생산 법인인 베이징 BESK테크놀로지 공장은 아예 배터리 생산을 멈추었다.

중국 공업화신식화부는 2017년 5월 중국 내 전기차 배터리 공급 업체를 대상으로 '전기차 배터리 모범규준 인증'을 받도록 했다. 이후 2017년부터 2019년 말까지 꾸준한 도전에도 유독 한국 배터리만 인증 평가에서 계속 탈락했다. 이 과정에서 배터리 공급계약을 맺은 중국 완성차 고객사는 다른 배터리 회사로 공급선을 바꾸었다. 한국산 배터리를 거부한 지 3년 만인 2019년 12월 중국 공업정보화부가 '신재생에너지차 보급응용 추천 목록'을 발표했는데 보조금 자격 목록에 LG화학과 SK이노베이션을 포함시키며 한국 배터리에 대한 시장 진입을 서서히 풀어주는 분위기다. 하지만 초기 시장 선점 기회는 이미 날아갔고, 3~4년 사이 중국의 배터리 기술력은 한국을 능가할 만큼 크게 성장했다. 이미 중국 배터리 업체 CATL은 LG화학과 삼성SDI가 수년간 도전했음에도 실패했던 테슬라의 글로벌 파트너 자리를 확보했다. 2020년 8월 현재에도 중국 전기차 보조금 자격 목록에 한국산 배터리를 장착한 중국 전기차는 테슬라 모델3(LG화학), 베이징모터스 마크5(SK이노베이션), 충칭진캉 세레스 SF5(삼성SDI) 3종뿐이다. 중국 정부는 아직까지도 한국산 배터리를 차별하고 있다.

CATL은 테슬라의 글로벌 파트너사이기도 하지만, LFP뿐 아니라 한국 업체의 주 무기였던 NCM(니켈·코발트·망간) 배터리의 최고 사양인 8 : 1 : 1 삼원계 기술까지 국내 업체보다 먼저 상용화하며 생산량·기술력 모두 세계 1위 수준까지 올랐다. 이 기간 동안 CATL은 자국 실적을 바탕으로 독일 다임러·폭스바겐 등 글로벌 업체와 배터리 공급계약을 맺고, 해외 진출 기반까지 다졌다.

결국 중국 정부의 한국산 배터리 시장규제는 단순하게 중국 시장 진입을 막은 것뿐만 아니라, 중국 배터리의 경쟁력을 한국과 일본 수준 이상으로 끌어올리는 엄청난 사건이 되었다.

한국 시장이 쉬운 중국의 전기차

중국 시장 상황과 달리, 한국 시장에서 중국산 전기차가 우리 정부가 주는 국가보조금 지원 자격을 획득하고 한국에 판매를 시작한 건 2016년이다. 다수의 중국 업체가 한국 진출을 준비한 지 2년 만에 필요한 모든 자격을 획득했다.

당시 세계 상용차(버스·트럭) 시장점유율 1위 기업 중국 포톤FOTON의 전기버스와 2015년 중국 타이츠그룹이 인수한 TGM(옛 한국화이바), 중국 에빅AVIC이 우리 정부 인증과 보조금 자격까지 획득했다. 이때 국가보조금을 획득한 전기버스는 총 4종이었는데 이 중에 3종이 중국 업체 차량이었다. 당시만 해도 현대차는 아직 전기버스 사업에 뛰어들지 않을 때였다.

전기버스는 기본적으로 국토교통부 저상버스 보조금(1억 원)과 환경부 전기차 보조금(1억 원) 등 총 2억 원을 지원받고, 일부 지방자치단체에서 5000만 원에서 최대 1억 원까지 추가로 지원받기도 했다. 이때부터 지금까지 우리 정부는 전기버스 1대당 최대 3억 원을 지원하는 유일한 나라다.

당시 중국산 전기버스 가격은 3억 원대로, 중소기업이 만든 국산 전기버스가 1억 원 가까이 더 비쌌다. 운수업체 입장에서는 한국산 전기버스를 사려면 국가보조금을 받고도 1억 원이 넘는 비용이 들지만, 중국 버스는 1억 원도 채 들지 않았다. 이런 이유에서 중국의 새로운 업체들은 지금 이 시간에도 한국 시장 진출을 준비하고 있다.

이후 2018년 현대차가 전기버스를 내놓았고, 2019년에 대우자일버스도 전기버스를 출시했다. 중국에 인수되었던 한국화이바도 국내 업체가 인수하면서 에디슨모터스로 이름을 바꾸었다. 기존의 우진산전까지 한국 업체는 4곳이 되었다. 당시만 해도 중국산 버스 품질에 대한 찬반 논란이 거셌다. 주행 성능뿐 아니라 실내 마감이나 소음 처리 등이 미흡했기 때문이다.

그럼에도 중국의 전기버스 시장은 연간 5만~6만 대 규모로 성장하며 승용 전기차에 이어 독보적인 세계 1위다. 중국 전기버스 산업은 중국 정부의 전폭적인 지원책과 자국 산업 보호 등의 규제로 세계에서 가장 빠르게 성장했다. 다만 중국 업체들은 내수 시장의 벽을 넘지 못했다. 이런 상황에서 한국 시장은 중국산 차량의 해외 진출 교두보로 더할 나위 없이 좋은 시장이었다.

중국 비야디나 베이징모터스그룹 자회사인 포톤 등은 이미 2013년부터 유럽·미국 시장에 진출했다. 하지만 시간·물질 투자 대비 이렇다 할 성과를 내지 못했다. 배터리 주행 성능이나 차량 디자인 등 완성도에서 글로벌 수준의 완성차 경쟁력을 갖추지 못했다는 시장 반응에서다.

그래서 중국 업계는 아직 초기 시장이면서, 시장 반응이 **빨라** 제품 및 전략 수정에 유리한 한국 시장을 주요 타깃으로 잡았을 것이다. 장기적으로는 글로벌 시장이 요구하는 수준의 제품경쟁력을 한국 시장 경험을 통해 확보하기 위해서다. 또한 한국 시장 경험을 차체 디자인, 실내외 마감 등 제품 전반의 완성도를 높이는 발판으로 삼겠다는 전략이지만, 가격경쟁력을 앞세워 우리나라 보조금 시장을 위협하고 있는 상황이다.

우리나라 보조금 타간 전기버스 32%는 중국산!

지난 2017년부터 2020년 7월까지 국가 지원금을 받고 판매된 전기버스는 모두 1000여 대다. 이 가운데 중국산 차량은 320대로, 시장점유율 32%를 차지했다.

2017, 2018년도 환경부·국토교통부의 전기버스(저상) 보조금 현황에서는 전체 물량 243대 가운데 중국산 전기버스가 88대(36%)나 되었다. 이후 2019년에 국내 판매된 전기버스 583대 중 중국산 버스는 146대로 25%를 차지했다. 그러나 2020년 상반기에는 20~30%대를 차지하던 중국산 전기버스가 46.1%로 전체 181대 중 70대를 차지했다. 2017년부터 환경부와 국토교통부를 비롯해 전국 지자체가 주는 우리 정부 보조금 약 700억~800억 원이 중국산 차량에 들어간 셈이다. 결국 전기버스 국가보조금의 3분의 1을 중국 업체가 가져갔다.

이런 가운데 2019년 말에는 중국 정부가 한국 시장에서 자국산 버스가 불이익을 받는지 실태 조사에 나선 적도 있다. 중국 대사관 측은 시장점유율 감소에 따라 자국산 전기버스를 포함해 중국 업체가 전기차·전기버스에 주로 쓰는 리튬인산철 배터리의 시장 차별성 등을 조사했다.

표 4 ㅣ 2017, 2018년 전기버스 국가보조금 지급 현황

버스 제작사	판매 수 (대)	생산지
에디슨모터스	67	한국
현대자동차	76	
우진산전	11	
자일대우버스	1	
비야디(BYD)	20	중국
중퉁버스	30	
에빅(AVIC)	20	
하이거	14	
포톤	4	
합계	243	

자료: 국토교통부, 환경부.

전기버스 보급 및 시장 정책 관련 부처인 환경부와 산업통상자원부 등 우리 정부를 접촉한 건 아니지만, 한국에 진출한 자국 전기버스 업체를 대상으로 실태 조사를 실시했다. 국내 진출한 중국 전기버스는 비야디, 베이징모터스, 포톤, 하이거 등이다.

당시 다수 업체가 중국 대사관으로부터 한국 내 영업 활동이나 공공 입찰 과정에서 불이익이나 차별을 받은 건 없는지 등을 묻는 전화를 받았다. 2020년 봄에 또다시 중국 대사관 측이 모 중국 버스 업체와 함께 서울시 전기버스 보급 관련 부서를 방문한 일도 있었다. 이후 현재까지 추가 조사나 특별한 요청 사항은 없는 것으로 파악되고 있지만, 중국 정부가 한국 시장을 주시하고 있다는 신호는 계속 주고 있는 셈이다.

이런 상황에서 현재 한국 보조금 시장을 노리는 중국 업체들은 계속 늘고 있다. 전기버스뿐 아니라, 초소형 전기차의 플랫폼(차체·섀시 등)

은 전부 중국산이고, 국가보조금 최대 250만 원을 지원하는 전기스쿠터 역시 대부분 중국산이다. 우리나라 배터리 업체가 중국 전기차 시장에서 고전하는 상황과는 크게 상반된다.

특히 전기버스는 앞으로도 중국산 차량의 국내시장 공세가 계속될 전망이다. 2020년 7월 기준, 국토부 안전기준과 환경부 환경 인증을 포함해 국가보조금 자격 인증까지 확보한 저상 전기버스는 모두 36종이다. 이 가운데 국산이 13개 모델인 반면 중국산은 23개나 된다. 중국산 전기버스의 국내 진출이 계속 늘고 있는 추세다. 국내 버스 제작사는 4곳에 불과하지만, 중국산 업체는 현재 10여 개로 기업 수나 차종 모두 계속 늘어나는 상황이다.

시장 진입에 있어서 장벽이 전혀 없는 데다, 최소 2억 원에서 많게는 3억 원의 정부 보조금까지 주기 때문에 중국 업체 입장에서는 이보다 좋은 시장이 없기 때문이다.

얼마 전 중국산 전기버스의 공식적인 수입 가격을 알아낸 적이 있다. 말로만 들었던 실제 차량 수입 가격은 우리 정부가 지급하는 보조금 액수보다 적었다.

≪전자신문≫이 입수한 2019년도 중국해관의 한국 대상 자동차 분야 수출 신고 자료에 따르면, 2019년 한 해 자동차 분야 국내 수입이 총 624건 이루어졌다. 이 가운데 완성차 형태(CBU)로 수입된 중국산 대형 전기버스(국내 규격 기준)는 95대였는데 이들 차량의 수출통관액(FOB 기준) 가격은 최소 9960만 원(2020년 10월 7일 환율 기준)에서 최대 3억 1186만 원이었다.

이들 차량은 좌석 등 실내 구조를 완벽하게 갖추지 않은 일부 차량이 포함되어 평균 가격을 산정하기는 어려웠지만, 현재 국내에서 판매 중

표 5 | 주요 중국산 전기버스 신고 가격 및 환경부 보조금 현황

제조사	모델명	FOB 단가	수출 방법	환경부 보조금
BYD	EBUS-12	24만 5000달러	CBU	1억 원
하이거	KLQ6109GEV1	17만 5147달러	CBU	9791만 원
황해	DD6119EVE	26만 8500달러	CBU	1억 원

* CBU(Complete Built-Up): 완성차, FOB(Free One Board): 본선인도가격.
자료: 중국해관, 환경부.

인 상위권 모델의 가격은 2억 3433만~2억 8456만 원 수준이었다. 우리 정부가 지원하는 전기버스(대형·저상버스 기준) 국가보조금은 차량당 대부분 3억 원으로, 중국 업체가 중국 당국(해관)에 신고한 수출가보다 우리 정부가 지원하는 보조금이 더 많은 것이다.

이 자료를 통해 지금까지 국내 진출한 다수의 중국 업체들이 고액의 마진을 챙긴 것과 실제 구매자인 국내 운수업체는 사실상 거의 공짜로 전기버스를 구매했을 것이라는 사실을 확인할 수 있었다.

이런 상황에, 최근엔 GS와 포스코 등 대기업마저 중국산 전기 상용차의 국내 딜러 사업에 뛰어들어 눈총을 받고 있다. GS글로벌은 중국 비야디와 전기 상용차 국내 총판 계약을 맺고, 2020년 9월 현재 각종 인증서 대리인 변경 등 판매 작업에 착수했고, 포스코인터내셔널도 2019년 말 중국 지리상용차 및 국내 차량 판매망을 갖춘 큐로와 총판 협약을 맺고 우선 지리차의 전기트럭 e200의 국내 판매를 계획 중이다. 이미 GS글로벌은 사전 영업을 통해 서울시의 2020년 하반기 전기버스 물량 18대를 수주했다. 중국 비야디 전기버스는 GS글로벌 덕에 국내 노선용 버스 시장에 자사 차량을 공급하게 되었고, 이 차량은 현재 국내 시판 중인 전기버스 중 유일하게 리튬인산철 배터리를 장착한 모델

이다. 두 회사가 중국 전기 상용차의 국내 유통 사업에 나서면서, 대기업까지 중국산 차량을 앞세워 국가보조금 사업에 진출했다는 점에서 업계의 시선이 곱지 않은 상황이다.

전기버스 업체의 한 대표는 "현대차를 제외하고 서너 곳의 국내 업체가 전부인 중소기업 시장에서 대기업까지 나서서 중국산 차량을 수입·공급하면 3년 이내 모든 국산 전기버스 경쟁력은 무너질 것이다"라며 강한 우려의 목소리를 내기도 했다.

2020년에 정부가 확보한 전기버스 보급 물량은 650대로, 6만 5000대를 보급하는 승용 전기차의 1% 수준이지만, 국가보조금 자격을 획득한 대형 전기버스(36종)가 승용 전기차(28종)보다 훨씬 많다.

국내 전기버스 업계는 정부가 매년 수천억 원의 보조금을 투입하는 만큼, 국내 산업 보호를 고려해 보급 정책을 개선해야 한다는 의견을 계속해서 내고 있다. 특히 2020년 전기버스 시장은 약 2500억 원 규모지만, 이 중에 국가보조금이 1600억 원이고 다음 해에는 더욱 늘어나기 때문에 우리도 중국처럼 현지 생산 배터리를 쓰게 하거나 현지 조립 생산 등 시장 기준을 마련해야 한다는 목소리가 일고 있다.

중국 전기버스, 제대로 된 성능·안전 검증 없이 한국서 '프리패스'

국내 진출한 중국산 전기버스에 대한 안전과 배터리 성능 등 국가 차원의 시장 검증이 필요하다는 주장은 지금도 계속되고 있다. 많은 사람이 모르고 있는 사실 중 하나가 국내 들어와 있는 중국산 전기차 대부분이 국내에서 제대로 된 성능 검증을 하지 않았다는 것이다.

중국산을 포함한 수입차는 차량 제작사가 자국에 대규모 생산(연간 2500대) 실적을 갖추었을 경우 국제법에 따라 국토교통부의 안전주행 시험 등 별도의 인증·평가 없이도 한국 내 판매가 가능하다. 현대차 등 국내 4개 업체는 전 세계 전기차에 가장 많이 쓰는 리튬이온 배터리를 장착했고, 국토부 운행·안전평가도 통과했다. 반면 중국 업체는 국제법에 따라 대규모 제작자 인증제를 통해 서류만으로 국산차와 같은 시장 판매 자격을 획득했다.

이 때문에 이들 중국 전기버스는 국내에선 거의 사용한 적이 없는 배터리를 장착했음에도 기본적인 실주행 안전 테스트도 받지 않고 판매된다. 일부 국산 전기버스 업체들은 국내 까다로운 운행·안전평가를 통과했음에도 국내 시장에서 오히려 중국 업체보다 못한 대접을 받는 상황이다. 대규모 제작사 인증을 받지 못한 에디슨모터스, 우진산전 등 국내 업체들은 안방 시장에서도 수억 원을 들여 이런 복잡한 인증 절차를 밟아야만 중국 업체와 동등한 시장 자격을 얻을 수 있다. 쉽게 이해되지 않는 일이지만 현행법이 그렇다.

결국 국산 전기버스 업체는 국토부 산하 자동차안전연구원KATRI으로부터 액중 투입·열 노출·과충전/과방전·단락·연소·낙하·전자파 등 배터리팩 시험 인증에 통과해야 하지만 중국 차량은 이 같은 인증을 받을 필요가 없다.

중국 업체들은 아직까지 국내 전기차에 장착한 적이 없는 리튬인산철이나 리튬티타늄LTO 배터리를 사용해, 주행 성능뿐 아니라 충·방전 등 객관적인 검증을 받은 적이 없다. 또한 안전주행 등 체계적인 평가를 받지 못해 스티어링, 브레이크 등 서스펜션이나 전기모터를 포함한 파워트레인(동력전달장치) 등 검증도 받지 못했다.

실제 지난 2015년 중국 버스 업체 B사가 한국에 진출해 판매·유통 협력사까지 확보했지만, 주행 성능이 일정 수준 이하로 떨어져 계약이 파기된 적도 있다. 성능이 일정 수준 이하로 떨어져도 이를 검증할 방법이 없는 것이다.

우리나라는 2003년부터 자동차 제작자가 스스로 안전기준 적합성을 인증하는 '자기인증제도'를 시행하고 있다. 이 제도에 따라 연간 2500대 이상 판매 실적을 확보한 대규모 제작자인 경우 자동차 업체가 자체 시험 검증을 통해 안전도에 적합성을 입증하는 자국 시험성적서를 갖춘 것만으로 한국에서 별도 인증 평가를 받지 않아도 된다.

중국 업체는 이 제도를 이용해 환경부 보조금 자격을 획득하는 과정에서 전기차 주행 성능과 배터리 충·방전 등 전기차 구동에 필요한 일부 평가만 받는 것이 전부다.

미국·유럽산 전기차 역시 이 제도를 이용해 국내에 진출했지만, 이들은 자국뿐 아니라 해외 여러 나라에서 검증된 차량이다. 또 우리나라 안전·환경·성능 등 시험성적서 평가 기준이 미국·유럽 방식과 사실상 유사하고, 자유무역협정FTA에 따른 면제 항목이 많아 지금까지 큰 문제가 없다는 게 일반적인 시각이다.

반면 중국차는 대부분 자국 시장 외에, 미국과 유럽 판매 실적이 거의 없다. 한국 안전기준에 적합하다는 것은 차량 업체 스스로 검증해야 한다. 하지만 관련 법에 따라 이들 차량이 자국에서 받은 시험성적서는 사전에 확인조차 할 수 없는 상황이다. 한국과 중국 차량별로 주요 부품이나 시장 검증 상태가 크게 다른 만큼, 중국산에 대한 국산 전기버스 수준의 검증이 필요하다는 이야기가 나오는 이유다.

이에 국토부 측은 시험성적서만이라노 확인해야 하는데 차량 결함이나 사고가 발생하지 않는 한, 성적서를 요구할 법적 근거가 없다고 말한다. 그렇다고 모든 차량을 다 구입해 조사할 수도 없고, 자동차 판매 10일 전에 중국산 해당 모델 제원을 통보받는 게 전부라고 한다.

우리나라 자동차 환경·안전 등 인증 기준은 미국과 유럽 기준을 조합해 완성했지만, 중국은 자체적으로 만든 규정이라 객관적인 검증이 어렵고, 특히 전기차는 정부 보조금이 지급되는 만큼, 자국 이외 해외 판매 실적을 따지고 성능·안전을 검증할 기준이 반드시 필요하다.

전기차 Q & A　　전기차 중고 거래 가능한가요?

전기차 중고 거래는 구매 후 곧장 할 수 없다. 구매 시점부터 2년은 지나야 가능하다. 전기차는 2020년 기준 환경부 보조금 이외 지자체별로 200만~500만 원의 추가 지원을 받기 때문에 지자체 예산집행 규정에 따라 구입 후 2년 동안 중고 거래가 불가능하다. 보조금을 받은 전기차에 대해 2년간 의무운행기간 규정이 적용되기 때문이다. 교통사고 등 불가피한 사유로 차량 폐차 시에는 지자체별로 승인을 받게 되어 있다.

그러나 2년이 지났다면 중고 거래가 가능하다. 보조금을 많이 주는 지역에서 보조금을 적게 주는 지역의 소비자를 대상으로 중고 거래를 하는 경우가 더러 있다. 나름의 차익을 노린 경우다.

중고 거래 제한 말고도 전기차의 배터리도 제재를 받는다. 정부·지자체 보조금 지원으로 전기차를 구매했다면, 전기차용 배터리는 개인 소유가 아니다. 환경부 '대기환경보전법'(58조)에 따라 전기차 구매 후 노후화나 사고 등 이유로 폐차할 때는 해당 주소지 시·도지사에게 배터리를 반납하게 되어 있다. 정부가 보조금을 지원했기 때문에 정부·지자체가 배터리에 대한 활용 권한을 갖는 것이다.

정부 지원으로 충전기를 설치한 경우에도 알아야 할 것이 있다. 전기차 최초 구입 시 정부에서 충전기 보조금을 지원받아 개인 부담 전혀 없이 충전기를 설치했지만 이사 등 이유로 충전기를 이전·설치할 때는 전적으로 개인 비용으로 처리해야 한다.

최초 충전기를 설치할 때 전용 전기요금 가입등록비 명목으로 한전불입금(약 52만 원)을 납부하는데, 이는 설비 이전 시에 또 내야 한다. 충전기를 제외한 모든 것을 개인이 부담하고, 설치도 개인이 알아서 해야 한다.

4. 전기차보다 빠른 전기차 정치

우리나라 역대 정권에게 '전기차'란 대국민 발표를 위한 홍보 자체에 불과했다. 자동차 산업에서 전기차가 친환경 차의 선도적 이미지를 갖는 데다, 미래 차를 대변하는 가장 대표적인 아이템이면서 배터리 등 우리 산업과도 연관성이 많아 홍보거리로 전기차만큼 좋은 게 없었기 때문이다.

매번 정권 때마다 제시한 전기차 보급 목표는 달성한 적이 없고, 이래도 될까 싶을 정도로 목표와 로드맵을 너무 자주 바꾸기까지 했다. 지난 9년 동안 다른 국가들의 정책을 따라 하는 것 이외, 보급 목표에 대한 정확한 명분을 제시하거나 목표 달성을 위한 현실적인 전략·로드맵을 내놓은 건 보지 못했다.

이명박 정부는 2020년 전기차 민간 보급 100만 대를 내세웠고, 박근혜 정부는 임기 초반 때 2020년까지 전기차 100만 대 보급 목표를 내걸었다가 임기 3년 차에 100만 대를 20만 대로 줄였다. 그리고 1년 뒤에 다시 25만 대로 늘렸다. 결국 두 정권 모두 자신들이 내세운 목표를 달성하지 못했다. 문재인 정부도 이전 상황과 같이 불안하기는 마찬가지다. 이번 정부는 임기 1년 차에 내걸었던 2022년까지 전기차 35만 대 보급 목표를, 임기 2년 차에 43만 대로 늘려 잡았고, 3년 차인 2020년에는 목표 기한을 3년 더 늘린 2025년까지 113만 대로 더 크게 잡았다.

세 정권 모두 공통점은 유럽이나 중국 등 다른 전기차 선도 국가들과 달리 전기차 보급을 위해 돈을 주는 것 말고는 구체적인 전략을 내놓지 못했고, 지금도 내놓지 않고 있다는 것이다. 현재 유럽 국가들과 중국이 전기차 선도 국가라고 불리는 건 자국의 전기차 산업 육성과 함께

표 6 | 정권별 전기차 정책 목표

이명박 정권 **2008~2013년**	• 2015년 세계 전기차 시장점유율 10% 달성 • 2020년 전기차 100만 대 누적 보급 • 2020년 전기차 충전기 220만 기 누적 보급
박근혜 정권 **2013~2017년**	• 2020년 친환경차 150만 대 누적 보급 • 2020년 전기차 25만 대 누적 보급 • 2016년 전기차 급속충전기 시내 2km당 1기씩 보급
문재인 정권 **2017년~**	• 2022년 전기차 35만 대 → 43만 대 누적 보급 상향 조정 • 2025년 전기차 113만 대 누적 보급 • 2025년 전기차 충전기 4만 5000기(완속 3만 기 포함) 추가 보급

자료: 환경부, 산업부.

후대까지 생각하는 친환경 국가를 만들어 물려주겠다는 확고한 의지가 정책에 반영되어 있기 때문이다.

그래서 이들 국가의 전기차 보급 정책은 정부가 바뀌는 것과 관계없이 애초부터 목표치를 세워놓고, 그 목표를 지키기 위해 시종일관 '당근(돈)과 채찍(규제)'을 동시에 사용하고 있다. 자동차 산업과 자동차 시장 모두를 갖고 있음에도 매번 당근만 예쁘게 포장해 이를 부각하기에만 급급한 우리와는 차원이 다르다. 산업을 키우려면 당근과 채찍 모두를 써야 하지만, 지금까지 우리나라는 홍보를 위한 발표에만 더 큰 비중을 두다 보니 줄 건 당근뿐이다.

이명박 정부의 2020년까지 전기차 100만 대 보급 계획

10여 년 전인 2009년 10월, 이명박 대통령이 주재한 '제33차 비상경제대책회의'의 핵심 내용은 '전기자동차산업 활성화 방안'이었다. 이 전 대통령은 경기도 화성에 위치한 현대·기아차 기술연구소에서 이 같은 회의를 주재하고 "자동차 산업의 미래를 예측하기 어렵지만, 지구온난화 문제를 감안하면 전기차가 중요한 역할을 할 것"이라며 전기차 산업과 보급의 중요성을 크게 강조했다. 지식경제부(현재 산업통상자원부)는 이날 비상경제대책회의에 맞춰 '우리나라가 2015년 세계 전기차 시장의 10%를 점유하고, 2020년 국내 소형차의 10% 이상을 전기차로 보급하겠다'는 목표를 제시했다. 2008년 8월 건국 60주년 경축사에서 이 전 대통령이 '오는 2013년 그린카 4대 강국, 2018년 세계 자동차 4강 도약'을 발표한 지 1년 만에 한발 더 나아간 목표를 제시한 것이다.

이 일이 있고 1년 후인 2010년 9월 9일, 청와대에서 열린 '전기차 출시 및 관계자 격려 행사'에서도 이 전 대통령은 2020년까지 총 100만 대의 전기차를 보급하겠다고 밝혔다. 여기에, 전기차 100만 대 보급에 맞춰 전국을 대상으로 전기차 충전기도 220만 기 보급하겠다고 했다.

당시 정부가 내놓은 보급 전략 중에 배터리 교체·리스 사업 정도가 그나마 새로웠던 걸로 기억한다. 정부는 2012년 상반기까지 배터리 교체형 전기차 개발 타당성과 경제성을 분석한 후 같은 해 배터리 리스 사업 도입을 추진하겠다는 계획이었다. 배터리 교체·리스 사업을 통해 전기차 시장 확대에 가장 큰 걸림돌로 작용해 온 차량 가격의 절반 정도나 되는 비싼 배터리 가격과 7시간이 넘는 충전 시간 등 보급 문제점을 해결하겠다는 이유에서였다.

앞에서도 언급했듯이 한국형 배터리 교체·리스 사업은 시장성이 없어 1차 연도 사업조차 제대로 하지 못하고 사라졌다. 이 같은 사업 모델은 '베터 플레이스'라는 이스라엘 기업이 2008년부터 덴마크와 일본, 호주 등 정부와 함께 시범사업을 벌였지만, 시장성이 없어 제대로 시작도 해보지 못하고 망했던 딱 그 시기였다.

또 이명박 정부 때 공공기관 등의 전기차 구입을 위한 지원 방안도 처음 마련되었다. 정부는 공공기관이 전기차를 구입할 경우 동급 가솔린차와의 가격 차의 50% 수준까지 보조금(1대당 2000만 원 한도 내)을 지원하기로 했다. 그 외에 시장 여건과 재정 상황을 고려해 자동차 취·등록세 감면 등 운행 단계에서 각종 세제 혜택을 주는 방안을 추진하고 혼잡통행료, 공영주차장 요금 감면 등을 검토하는 것이 전부였다. 그러나 공공기관 전기차 의무 구매나 각종 세제 혜택은 전기차 시장을 확대하는 데 큰 도움이 되지 않았다.

'2020년까지 전기차 100만 대를 보급해 20조 원 시장을 만들겠다'던 이명박 정부의 계획은 2011년 말 기준으로 전기차 보급 물량 344대에 그쳤다. 당시 국내 판매되던 전기차 모델이 2~3종에 불과한 데다, 짧은 주행 성능과 비싼 차량 가격 탓에 일반 판매는 거의 없었고 정부와 지방자치단체에서 시범사업으로 구매한 물량이 대부분이었다.

시범 운행이다 보니 실제 운행되는 전기차도 거의 없었다. 이때 주로 팔린 전기차가 현대차 '블루온'인데, 지난 9년 동안 여러 취재 현장을 다녔지만 블루온을 본 적은 없다.

이명박 정부는 2009년 녹색산업 육성 핵심 과제로 '전기차 산업 활성화 방안'을 내놓았지만 2012년까지 전기차 4000대도 보급하지 못했고, 정권이 마무리될 때까지 보급 활성화를 위한 구체적인 전략이나 실행 계획도 내놓지 못했다. 이명박 정부는 2020년 100만 대 전기차 보급을 목표로 내걸었지만 2020년 7월 기준 전기차 누적 수는 약 11만 대에 불과하다.

박근혜 정부, 2020년 보급 목표 100만 대 → 25만 대 축소

박근혜 정부는 이전 정부와 달리 전기차 민간 보급 목표를 대폭 하향 수정했다. 2014년 12월, 제5기 녹색성장위원회는 1차 회의를 갖고 범정부 차원에서 '전기차 상용화 기반 조성을 위한 종합 대책'을 발표했다. 이날 발표의 핵심은 지난 이명박 정부 때보다 목표치를 크게 축소했다는 것이다. 박근혜 정부는 전기차 100만 대를 하이브리드카HEV와 전기차BEV를 포함한 전 친환경차 100만 대로 바꾸었다. 현실적인 여건을 고려해 전기차 목표치는 100만 대에서 20만 대로 낮추었고, 나머지 80만 대는 하이브리드카로 대체하기로 했다. 또한 이전 정부에서는 '2015년까지 세계 전기차 시장의 10%를 점유하겠다'는 목표를 내걸었지만, 박근혜 정부는 2015년까지 국내 내수 시장에 보급될 전기차 보급 누적 수를 '6000대'로 전망했다. 목표만큼은 박근혜 정부가 더 현실적이었다. 이는 글로벌 전기차 시장 주도는 고사하고, 국내시장 전기차 보급에 크게 허덕이던 당시 분위기를 단적으로 보여주는 사건이다.

이후 미세먼지가 사회 이슈로 떠오르면서 박근혜 정부는 전기차 보급 목표를 또 한 번 확대·수정한다. 2016년 6월 발표한 '미세먼지 관리 특별대책'에는 2020년까지 친환경차 보급 목표를 150만 대로 늘리고, 이 중에 전기차 누적 보급도 25만 대로 상향 조정하는 내용을 포함시켰다.

미세먼지 관리 특별대책이 발표된 이후 한 달 뒤에 산업부가 낸 자료는 평생 잊지 못할 만큼 쇼킹했다. 1회 충전 후 주행거리를 400km로 두 배 이상 늘리기 위한 프로젝트를 가동하고, 2016년 말까지 서울과 제주에 반경 '2km당 1기의 급속충전기'를 구축한다는 계획이었다. 후자의 경우, 당시 국내 판매 중인 전기차의 주행거리가 200km 안팎이라 급속충전소를 확대해서라도 전기차 이용률을 높이겠다는 취지였다.

결국 이날 발표는 전기차 충전소를 주유소 개념으로 접근하겠다는 것이었다. 이를 위해 주유소 내에서도 주유기로부터 6m 거리를 확보할 경우 충전기를 설치할 수 있도록 관련 규제까지 풀었다.

하지만 이마저도 탁상공론에 불과했다. 50kW급 급속충전기가 전부였던 당시 이 충전기를 이용하면 100km 주행 가능한 전기를 충전하는 데 거의 30분이 걸린다. 게다가 당시 전기요금에 따른 마진과 충전소 이용 회전율을 고려하면 사업성이 나올 수 없는 구조다. 내연기관차의 주유처럼 회전율이 빠르지도 않는 데다 충전요금도 정부가 주도하다 보니 이익을 낼 수 없었다.

이 같은 이유에서 실제 현재까지도 주유소에 충전기가 설치되거나, 주유소 개념의 전기차 전용 충전소가 거의 생겨나지 않고 있다. 내연기관차는 주유소 아니면 연료를 충당할 곳이 없지만, 전기차는 전용 충전소가 아니어도 장시간 주차하며 충전할 곳이 많다는 것을 염두에 두지 못한 것이다.

2km당 충전소 구축과 함께 정부가 꺼낸 카드는 역시 보조금이었다. 이날 정부는 전기차에 대한 구매 보조금을 기존 1200만 원에서 1400만 원으로 즉시 확대하기로 했다. 선도 국가들의 경우 차량당 보조금 단가는 줄이고 보급 대수를 늘리는 것이 일반적인 정책이지만, 우리 정부는 반대로 1대당 보조금을 늘렸다. 여기에다 취득세, 통행료, 주차요금, 보험료 등 인센티브 확대도 추진했다.

결과적으로 두 정부 모두 물질적 혜택인 보조금을 활용한 정책 말고는 특별히 기억에 남는 건 없다. 특히 박근혜 정부 때는 탄소 배출이 많은 자동차를 구입하면 부담금을 내고 그 부담금으로 전기차 등 친환경차에 보조금을 주는 '저탄소차 협력금 제도' 도입을 시도했지만, 국내 자동차 업계 반발로 무산되었다. 이 제도가 당초 계획대로 도입되었더라면 우리나라 전기차 보급은 이처럼 힘들지 않았을 것이다. 이 제도는 단순하게 보조금을 지원하는 제도가 아니라 소비자가 차량을 선택할 때 내연기관차량이 우리 인류·환경에 해가 된다는 인식을 조금이라도 심어주는 효과가 있기 때문이다. 결국 박근혜 정부도 당근만 주는 정책으로 마무리되었다. 박근혜 정부 시절 수립된 로드맵에 따르면, 2017년 말에 이미 4만 6000대의 전기차가 도로 위를 달리고 있어야 한다. 하지만 실제 보급된 수는 2만 5108대 수준에 불과했다. 보급 목표 대비 절반 수준에 그쳤다.

문재인 정부, 2025년까지 전기차 113만 대 보급 목표

문재인 정부도 이전 정부와 비슷한 절차를 밟는 모양새다. 아직 속단하기는 이르지만, 2020년 7월 기준으로 전국에 약 11만 대 전기차가 누적 보급된 상황이다. 문재인 정부는 2020년 7월에 2025년까지 순수 배터리 전기차 113만 대를 보급하겠다는 엄청난 목표를 제시했다. 문재인 정부가 들어선 지 3년 만에 벌써 세 번이나 새로운 보급 목표를 발표했다.

문재인 정부가 제일 먼저 보급 목표를 발표한 건 2017년 7월로, 국정기획자문위원회를 열고 2022년까지 전기차 35만 대를 보급한다고 선언했다. 이전 박근혜 정부가 수립한 '2020년 25만 대 보급 목표'에서 기한을 2년 더 늘리는 대신 보급 물량을 10만 대 더 늘린 35만 대로 잡은 것이다. 물론 이때 역시 보급 목표만 제시했을 뿐 새로운 보급 전략 같은 건 내놓지 않았다.

이런 발표가 있은 지 2~3개월 후 환경부가 다음 해 2018년도 보급 물량을 3만 대로 정하고 기획재정부에 해당 예산을 신청했지만, 전년도인 2017년 보급 실적을 기준으로 예산을 확정하는 기재부는 환경부의 3만 대 계획을 2만 대로 줄였던 일이 기억난다. 이 사례 역시 정부 목표와 현실은 괴리가 있다는 것을 보여주었다.

현실성을 감안한 기재부의 예산집행 의지와 정부 목표를 따라야 하는 환경부의 계획 간 온도 차가 있는데도 문재인 정부는 또다시 보급 목표를 확대한다. 2018년 12월, 정부 세종청사에서 열린 문재인 대통령 주재 '2019년 정부업무보고'에서 정부는 2022년까지 전기차 43만 대로, 보급 목표를 기존 35만 대에서 8만 대를 추가·조정한다고 밝혔다. 당시 미세먼지 이슈가 크게 있었던 것도 아니고, 국산 전기차 신차가 쏟아질 때도 아니었다. 그렇다고 전기차 보급 물량이 정부 계획대로 팍팍 나가지도 않을 때였다. 보급 목표를 늘려야 하는 명분이나 뚜렷한 이유가 없었고, 보조금을 주겠다는 것 이외 새로운 전략은 전혀 없었다.

발표 당시 정부는 자료에 "다만 기획재정부 예산 등 협의를 통해 최종 결정될 예정이다"라고 명시했다. 그나마 다행인 것으로, 무작정 밀어붙이지 않고 전년도 보급 실적을 근거로 새해 보급 예산을 짜는 기재부의 판단을 존중하겠다는 것으로 읽혔다.

문재인 정부는 2020년에 세 번째 전기차 보급 목표를 내놓았다. 2020년 7월 14일 문재인 정부는 한국형 뉴딜 종합계획을 발표하면서 2025년까지 전기차 113만 대를 누적 보급하겠다고 밝혔다. 2020년 4월 기준 국내 전기차 수가 10만 대 수준에 불과한 상황에서 누적 보급 대수를 2022년까지 43만 대, 2025년까지는 113만 대(승용차·택시·버스·화물차 포함)로 늘린다는 계획이다. 이를 위해 2025년까지 전기차 완·급속 충전기를 각각 3만 기, 1만 5000기로 늘리는 등 인프라도 확충하기로 했다. 이때도 역시 정부 예산을 들여 보조금 지급 기한을 기존 2022년에

표 7 | 주요 국가별 보조금 정책 변화 비교 (2017~2020년)

	2017년	2018년	2019년	2020년
영국	**차량 구매 비용의 최대 35%** 카테고리 1: 50g CO2/km 이하, ZEV 거리 70마일 이상, 4500파운드 카테고리 2: 50g CO2/km 이하, ZEV 거리 70마일 이하, 2500파운드 카테고리 3: 50~75g CO2/km, ZEV 거리 20마일 이상, 2500파운드 **차량 구매 비용의 20%** 택시: 50g/km, 70마일 이상, 7500파운드 밴: 75g/km, 10마일 이상, 8000파운드		**차량 구매 비용의 최대 35%** 승용차: 50g CO2/km 이하, ZEV 거리 70마일 이상, 3500파운드 **차량 구매 비용의 20%** 택시: 50g/km, 70마일 이상, 7500파운드 밴: 75g/km, 10마일 이상, 8000파운드	**차량 구매 비용의 최대 35%** 승용차: 50g CO2/km 이하, ZEV 거리 70마일 이상, 3000파운드 **차량 구매 비용의 20%** 택시: 50g/km, 70마일 이상, 7500파운드 밴: 75g/km, 10마일 이상, 8000파운드
미국		① FCEV: 7000달러 ② BEV: 4500달러 ③ PHEV: 3500달러		
일본	① EV/PHEV: 1충전 주행거리(km) X 1km당 보조단가(1000엔) X 보조율(1/1) ② FCEV: (청정에너지 자동차 정가 - 동종 가솔린 자동차 정가) X 보조율(2/3) ③ CDV: (청정에너지 자동차 정가 - 동종 가솔린 자동차 정가) X 보조율(1/4) ※ 보조금의 상한 EV: 40만 엔 PHEV: 20만 엔 FCEV: 없음 CDV: 15만 엔		① EV 10인승 이하 차량: 1충전 주행거리 1km당 보조단가(2000엔) X (1충전 주행거리 - 200) 10인승 이상/소형/경형 차량: 1충전 주행거리 1km당 보조단가(2000엔) X 1충전 주행거리 ② FCEV: (청정에너지 자동차 정가 - 동종 가솔린 자동차 정가) X 보조율(2/3) ③ CDV: (청정에너지 자동차 정가 - 동종 가솔린 자동차 정가) X 보조율(1/15) ④ PHEV: 일률 20만 엔 ※ 보조금의 상한 EV: 40만 엔 PHEV: 20만 엔 FCEV: 225만 엔 CDV: 15만 엔	① EV 보통 자동차(3넘버차): 1충전 주행거리 1km당 보조단가(2000엔) X (1충전 주행거리 - 200) 3넘버차 외/소형/경형 차량: 1충전 주행거리 1km당 보조단가(2000엔) X 1충전 주행거리 ② FCEV: (청정에너지 자동차 정가 - 동종 가솔린 자동차 정가) X 보조율(2/3) ③ CDV: (청정에너지 자동차 정가 - 동종 가솔린 자동차 정가) X 보조율(1/15) ④ PHEV: 일률 20만 엔 ※ 보조금의 상한 EV: 40만 엔 PHEV: 20만 엔 FCEV: 225만 엔 CDV: 15만 엔

표 7 (계속) | 주요 국가별 보조금 정책 변화 비교 (2017~2020년)

	2017년	2018년	2019년	2020년
중국	신에너지 승용차 ① BEV: ZEV 거리(R) 기준 100≤R<150, 2만 위안 150≤R<250, 3만 6000위안 R≥250, 4만 4000위안 ② PHEV: ZEV 거리(R) 기준 R≥50, 2만 4000위안	신에너지 승용차 ① BEV: ZEV 거리(R) 기준 150≤R<200, 1만 5000위안 200≤R<250, 2만 4000위안 250≤R<300, 3만 4000위안 300≤R<400, 4만 5000위안 R≥400, 5만 위안 ② PHEV: ZEV 거리(R) 기준 R≥50, 2만 2000위안	신에너지 승용차 ① BEV: 주행 범위(km) 250~300km: 1만 8000위안 250km 미만: 보조금 폐지 ② PHEV: ZEV 거리(R) 기준 R≥50, 1만 위안	신에너지 승용차 ① BEV: 주행 범위(km) 300~400km: 1만 6200위안 400km 이상: 2만 5000위안 ② PHEV: ZEV 거리(R) 기준 R≥50, 8500위안

서 2025년까지 늘리고, 마찬가지로 돈을 들여 충전기 수만 기를 깔겠다는 것 말고는 아무런 전략을 제시하지 못했다.

이처럼 모든 정권은 다 비슷했다. 새로운 정부가 들어설 때마다 전기차 확대 보급은 중요한 미래 차·친환경을 화두로 내세웠다. 마치 금방이라도 내연기관차가 퇴출되고 전기차가 그 자리를 대체할 것처럼 장밋빛 청사진을 제시했다. 전기차가 미세먼지나 온실가스를 저감하는 친환경 정책의 상징쯤으로 여겨지면서 정치 수단으로밖에 역할을 다하지 못했다. 매번 실현 가능성 여부를 가늠할 수 없는 과도한 보급 목표가 제시되고 있고, 돈 주는 것 말고는 보급을 촉진할 만한 뚜렷한 전략이 없었다. 늘 주야장천 청사진만 내놓을 뿐 그 누구도 이를 검증하거나 책임을 묻지도 않는다.

반면, 우리와 달리 다른 전기차 보급 선진 국가들은 다년간의 장기 로드맵을 정해서 이를 실천하고 있다(〈표 7〉 참조).

5분 만에 충전되는 전기차는 아직까지 국내에는 존재하지 않는다. 전기차 충전은 크게 차량 내 배터리 시스템과 외부 충전기로 구성된다. 최근에 1시간 동안 최대 350kW 전기를 충전하는 초급속충전기가 등장했다. 하지만 350kW급의 초고압 전기를 받아들일 전기차는 아직 출시된 바 없다. 충전기(350kW급)만 따지면 5분 내 100km 이상 주행이 가능한 전기를 충전할 수 있지만, 아직 이를 수용할 전기차가 없다. 2020년 말 국내 출시 예정인 포르쉐 '타이칸'이 320kW 충전이 가능한 전기차다. 다음으로 아우디 'e-트론', 테슬라 차량 등이 150kW 수준이다. 현대차 '코나 일렉트릭'과 기아차 '니로EV' 등은 최대 100kW까지 충전할 수 있다(2021년 현대차에서 출시하는 전기차 전용 플랫폼의 신차 전기차는 320kW 혹은 350kW급 수준의 충전이 가능하게 제작될 예정이다).

그리고 또 350kW 충전을 지원하는 충전기와 350kW 충전이 가능한 전기차를 붙여 놓아도 350kW 전부를 충전할 수 있는 건 아니다. 배터리는 급속 혹은 초급속으로 충전하더라도 배터리 전체 용량의 80%가 충전되면 자동으로 충전 속도를 줄이도록 설계되었다. 그래서 80%까지는 충전기 최고 속도에 따라 충전이 가능하지만, 그 이후부터는 저속 충전 모드로 전환된다.

게다가 충전 과정에서 에너지 이동에 따른 전력손실도 발생하고, 차량 쪽 배터리의 온도나 충전 잔량 등 배터리 상태에 따라 충전 속도가 조절될 수 있다. 그리고 전기차를 타는 사람들은 급속 충전을 별로 좋아하지 않는다. 전기차를 타보지 않은 사람이라면 단순히 빠른 충전이 더 좋다고 생각할 수 있겠지만, 막상 전기차를 구매하면 완속 충전을 더 선호한다. 차는 운전하는 시간보다 세워두는 시간이 많기 때문에 주차하는 동안 충전 문제를 해결하고 싶어 한다. 급속 충전은 별도의 시간과 시설이 있는 곳을 찾아야 하기 때문에 귀찮은 데다, 충전요금까지 비싸서 더더욱 급속 충전을 선호하지 않는다.

5. 전기차 보급은 매년 '미달', 충전기는 매년 '조기 마감'

우리나라 전기차 보급 정책은 전기차와 충전기 크게 두 가지로 진행되어 왔다. 전기차 1대당 구매 보조금은 세계에서 가장 많은 액수를 지원하고, 충전기는 전 세계에서 유일하게 제품뿐 아니라 설치·공사까지 필요한 모든 것을 정부가 지원한다.

그럼에도 불구하고 전기차는 2018년 단 한 번을 제외하고 매년 목표 달성에 실패한 반면, 충전기 보급은 매년 조기 마감되었다. 차이점은 전기차는 개인 소유이면서 정부로부터 차량 구매 비용의 30~50%의 보조금을 받으며, 충전기는 대부분 개인 소유가 아니면서 충전기 보조금은 특정 사업자를 통해 보급하는데 이들 사업자에게 제품 비용에다 설치·공사비, 이윤까지 남기도록 여유 있게 지원한다는 것이다. 이런 상황에서 전기차와 충전기 모두 정부의 장단기 계획에 따라 보급이 진행되는데, 한쪽은 '미달', 나머지 한쪽은 '조기 마감'인 상황이 매년 계속해서 반복되고 있다. 세계에서 전기차 보조금을 가장 많이 주는 나라, 세계에서 유일하게 충전기와 설치·공사비 일체를 지원하는 나라, 그럼에도 투입하는 막대한 예산 대비 보급 효과는 크지 않은 나라가 바로 우리나라다.

사고 싶어도 살 수 없었던 그때 그 시절

전기차 민간 보급이 시작된 2014년 이후 지금까지 해마다 정부가 정한 목표량을 달성한 건 2018년 단 한 번에 불과했다. 2014년 민간 보급 초기에는 고객이 선택할 수 있는 차종도 크게 부족했고, 모든 판매 차종의 주행거리는 한 번 충전에 100km 안팎인 데다, 충전 인프라도 크

표 8 | 2014~2020년(6월)까지 정부 전기차 보급 목표 대비 실적　　　　　　　　　(단위: 대)

연도	2014년	2015년	2016년	2017년	2018년	2019년	2020년(6월)
목표량	1500	3000	8000	15000	25000	43795	73150
실적	1315	2945	5177	14337	31154	34969	16752
달성률	87.6%	98.1%	64.7%	95.5%	124%	79.8%	29.9%
누적 보급 수			10855	25108	55756	89918	111307

자료: 국토부, 환경부.

표 9 | 2017~2020년 전기차 완속충전기 민간 보급사업 현황　　　　　　　　　(단위: 기)

연도	2017년	2018년	2019년	2020년
목표량	9700	13000	24000	8000
실적	9700	13000	24000	8000
달성률	100%	100%	100%	100%

자료: 환경부.

게 모자랐다. 또 당시만 해도 개인 전용 충전기 설치가 가능한 사람만 전기차 보조금을 지원했는데 아파트 등 공동주택에는 충전기를 설치하는 일이 매우 어려워 구매를 포기하는 사람도 적지 않았다.

이런 여러 가지 불편 때문에 전기차 보급 초반부터 전기차 보조금을 전 세계 최고 수준으로 지원하고 있다. 한편으로는 각종 불편을 감수하면서 전기차를 운영하는 것에 대한 국가 차원의 보상이었던 셈이다.

2014년에 환경부가 확보한 보급 예산은 1500대 물량이었다. 국고보조금 1500만 원에 지방자치단체별로 최소 300만 원에서 최대 900만 원을 지원했고, 700만 원 상당의 충전기 실치 보조금까지 정부가 수었다. 여기에 전기차 1대당 개별소비세 최대 200만 원, 교육세 최대 60만 원, 취득세 최대 140만 원, 공채할인 최대 20만 원 등 최대 420만 원의 세금 감면 혜택까지 지원했다. 전기차 1대당 정부 예산이 3000만 원이 넘게 지원된 셈이다.

그럼에도 불구하고 2014년부터 2016년까지 전기차 보급 성적은 크게 좋지 않았다. 전기차 보급이 저조한 원인으로 흔히 알고 있는 차량의 짧은 주행거리, 충전 인프라 부족, 비싼 차량 가격도 있었지만, 당시 전기차를 타는 사람들이 공감하는 가장 큰 원인은 아파트 등 공동주택 내 충전기 설치를 위해 입주민 동의서를 얻는 문제였다. 충전기 설치가 가능해야만 전기차 보조금이 집행되었다. 이때만 해도 충전기 설치는 정부나 한전에서 공용 충전기를 보급하지 않을 때였고, 전기차 보조금을 받으려면 충전기 설치를 위해 아파트 입주민 동의서를 해당 지자체에 제출해야 했는데, 동의서를 구하는 일이 가장 큰 걸림돌이었다.

국토교통부가 정한 '공동주택관리법'에 따라 아파트 단지 주차장에 충전기를 설치하려면 "공동주택 입주자 3분의 2 동의"를 얻어야만 했다. 주차 공간도 부족한데 전기차를 타는 한두 사람을 위해 충전기 공간이 포함된 전용 공간을 내주는 것에 반대하는 주민이 많았다. 전기차를 타는 사람보다 안 타는 사람이 더 많기 때문에 아파트 1개 동이 아니라 전체 아파트 단지 주민의 3분의 2 동의를 얻는 것이 쉬운 일이 아니었다.

이 같은 이유로 당시 전국적으로 많은 사람들이 전기차 구매를 포기해야 했다. 실제 2014년 11월 기아차, 르노삼성, BMW코리아 3사의 전기차 구매 상담 자료에 따르면, 총 273개 상담 건수 중 204건이 주민 동의서를 얻지 못한 불만을 제시했고, 이 중 상당수가 구매를 포기했다.

BMW 등은 한시적이지만 별도의 팀을 꾸려 아파트 입주민회의 현장을 일일이 방문해 입주민을 대상으로 설명회를 열었다. 어떤 사람은 할 수 없이 친지 등에게 부탁해 지역 내 단독주택에 충전기를 설치하겠다고 서류를 꾸며 보조금을 받기도 했다.

이 같은 문제가 계속해서 불거지자, 서울시는 2015년부터 인근 공공시설에 설치된 급속충전기 등 외부 충전기를 이용하겠다고 희망한 구매자에게는 충전기를 지원하지 않도록 했으며 자가 주택이 아닌 외부 사업장이나 시설물에 충전기를 설치하는 것까지 허용했다.

제주도 역시 2016년 원희룡 지사까지 직접 나서 공동주택 입주민회의 동의서 없이 전기차 보조금 신청이 가능하게 규정을 바꾸었다. 충전기를 설치하지 않아도 전기차 구매가 가능하도록 한 조치다.

이후 2017년 6월 국토교통부는 '공동주택관리법 시행령' 개정안을 통해 "공동주택 입주자 3분의 2 동의" 규정을 없애고, 입주자대표회의 승인만 얻으면 충전기를 설치할 수 있도록 했다. 이전보다 나아지긴 했지만, 입주자대표회의 승인은 여전히 쉽지 않았다.

2015년 서울시는 보급 목표 물량 565대 중 260대만 보급하며 전국 최저 수준을 기록했다. 보조금 신청에 960명이 몰리면서 경쟁률은 1.7 대 1을 기록했지만, 충전기 설치 어려움 등의 이유로 수많은 중도 포기자가 발생했다. 이 결과 서울시는 차기 연도인 2016년에 환경부로부터 전기차 배정 물량을 520대밖에 받지 못했다. 당시 4000대를 배정받은 제주도와 비교하면 매우 적은 수치였다.

그러나 이 같은 문제는 시간이 흐르면서 점차 해소되기 시작했다. 환경부와 한국전력이 2017년부터 아파트 등을 주요 타깃으로 누구나 함께 쓸 수 있는 공용 충전기를 보급하면서다. 2020년 6월 환경부와 한전이 전국 아파트 등 공동주택에 실치해 운영 중인 전국의 공용 충전기와 아파트 단지 입주민만 사용할 수 있는 부분공용 충전기는 모두 합쳐 국내에 약 7만 기나 된다.

또 하나의 어려움은 소비자가 선택할 수 있는 차종이 얼마 안 되는 데다, 2014년부터 2016년까지 시장에 나온 전기차 모델의 주행거리는 120~150km 수준에 불과했다는 점이다. 나는 2016년 말부터 전기차를 타기 시작했다. 당시 첫 차가 BMW i3였다. 이 차는 배터리 용량 22kWh 로 한 번 충전 시 주행거리가 120km였지만, 하필 겨울에 차를 인도받은 터라 바깥 추운 날씨 때문에 실내 히터를 틀면 주행거리가 80~90km 에 불과했다. 당시는 히터를 잘 켜지 않고 전기를 최대한 아낄 수밖에 없었다. 그래서 차 안에 담요를 가지고 다녔고 운전 중에도 절대 외투를 벗지 않았다. 이렇듯 실내가 춥다 보니 차에 다른 사람을 태우는 것을 꺼려 했던 것이 생각난다. 충전은 집에서 약 1.5km 떨어진 하늘공원(서울 상암동) 인근의 급속충전기를 이용했다. 사는 아파트 단지에 전기차 충전기가 없어서다. 충전기가 멀리 떨어진 곳에 있고 춥다 보니 충전이 귀찮았던 기억이 난다.

2014년부터 2016년까지 국내 판매된 전기차는 기아자동차 레이EV(배터리 용량 16.4kWh)와 쏘울EV(27kWh), 한국지엠 스파크EV(18.3kWh), 르노삼성자동차 SM3 Z.E.(22kWh), BMW i3(22kWh), 닛산 리프(21.3kWh) 등이었다. 이들 차량의 배터리 용량을 보면 대충 주행거리를 가늠할 수 있다. 전기 1kWh당 주행거리는 대략 5~7km라고 보면 된다. 이들 차량은 2017년 하반기에 출시된 현대차 코나 일렉트릭(64kWh)과 비교해 배터리 용량이 3분의 1 수준이다. 이 때문에 주행거리가 매우 짧았고, 차 크기도 작아서 국내 소비자들의 선호도가 대체로 낮았던 게 사실이다. 또 2016년 4월에는 테슬라 모델3가 발표되면서 국산 전기차를 사려고 망설이던 고객층이 구매를 연기하는 일도 적지 않았다.

이런 가운데 2016년 7월 현대차가 5년 만에 신차 전기차 아이오닉 일렉트릭을 출시하면서 신규 고객이 신차로 몰리기 시작했다. 이때 정부가 2016년 아이오닉 일렉트릭 출시를 고려해 보급 물량을 8000대로 확보했었다. 물론 시장 반응은 좋았지만, 초기 생산 물량이 적다 보니 대부분의 고객들은 제때 차량을 인도받지 못했다. 아이오닉 사전예약자는 5000명이 크게 넘었음에도 같은 해 아이오닉 판매량은 3749대에 그쳤다.

이런 여러 가지 이유로 국내 전기차 민간 보급이 처음 실시된 2014년은 정부 목표 물량 1500대 중에서 실제 판매된 건 1315대, 2015년은 목표 물량 3000대에서 2945대, 2016년에는 8000대 중 5177대로 목표를 달성하지 못했다. 2016년까지 전기차 보조금은 2014년 때와 같이 국고보조금 1500만 원, 지자체 추가 지원금 300만~800만 원을 지원했다.

2017~2018년 전기차 인식 확대

2017년 국내 전기차 시장은 좋은 분위기로 출발했다. 자동차 업계의 '애플'로 불리는 테슬라가 한국에 법인을 세우고 모델S와 모델X를 2017년에 잇따라 출시하면서다.

여기에다 2016년 하반기에 출시된 현대차 아이오닉 일렉트릭까지 신차 시장에 가세했고, BMW i3와 기아차 쏘울EV, 르노삼성차 SM3 Z.E. 등이 배터리 용량을 늘린 부분 변경 모델을 내놓으면서 한 번 충전에 200km 이상을 주행하는 전기차가 쏟아졌다. 한국지엠도 당시 미국 전기차 판매량 1, 2위권의 신차 볼트를 출시한다고 밝히면서 시장 분위기는 더욱 좋아졌다.

이와 함께 환경부와 한국전력이 전기차 충전기 보급 물량을 계속 늘려가면서 충전 인프라도 늘어났다. 전국에 깔린 전기차 급속충전기가

1000기를 돌파한 시기도 이때쯤이다. 대형마트와 쇼핑몰, 기차역 등에 도심생활형 충전소가 들어서기 시작한 것도 2017년 초반부터다.

또 2017년부터 배터리 전기차를 대상으로 전국 고속도로 통행료 50% 감면과 전국에 국가가 운영하는 공용 주차시설 주차요금 50% 할인까지 정부 지원이 확정되면서 많은 사람들이 전기차에 관심을 갖게 되었다. 국고보조금은 기존 1500만 원에서 1400만 원으로 100만 원 줄었고, 지자체별 추가 지원금도 전년과 같거나 100만 원가량 줄었지만, 나는 이때 "전기차 구매 올해가 찬스"라는 기사를 쓸 정도로 절호의 기회라고 생각했다.

기사에는 일일이 표현하지 못했지만, 당시부터 전기차를 탔던 한 사람으로서 너무나 많은 혜택을 누릴 수 있었다. 정부가 만들어놓은 충전소에는 항상 빈자리가 많았고, 공용 주차장에서는 충전하러 왔다고 하면 1시간은 충전과 주차 모두 무료였다. 1시간이 지나도 주차요금은 50% 감면되었다. 무엇보다 차들이 엄청 많은 쇼핑몰이나 대형마트 내 언제나 한적했던 전기차 충전소는 주차 이용에 매우 편리했다. 전기차를 타는 것만으로 수많은 특혜를 누릴 수 있었던 것이 사실이다.

이런 분위기 속에서 2017년과 2018년 전기차 민간 보급은 좋은 성적표를 냈다. 2017년 1만 5000대 정부 목표 물량 중 1만 4337대가 보급되었고, 2018년은 국내 전기차 보급 사상 처음으로 100% 정부 예산 소진이라는 완판 기록을 세웠다.

그래도 문제점은 있었다. 현대차의 고질적인 생산 지연 문제가 이때부터 발생한다. 아이오닉 일렉트릭은 당시 신차 효과를 힘입어 판매량 1위를 달리고 있었는데 생산 물량이 부족해 차 구매를 위해 5~6개월은 대기해야 했다. 일반 내연기관차를 구매하는 것이라면 기다릴 수 있었지만, 전기차는 지자체별로 대부분 보조금을 선착순으로 지급했기 때문에 보조금을 받으려면 서류 접수 후 2~3개월 내 차량 등록을 해야 했다. 이 때문에 2017년 5월 말까지 약 7000대 예약이 몰렸지만, 정작 차량 등록 기준 판매량은 2415대 수준에 불과했다. 4500만 원 수준이던 아이오닉을 정부 보조금 지원 없이 구매하는 사람은 당연히 없었다. 이때 정부가 나서서 현대차의 물량 확대를 요청했고, 현대차는 월 생산 물량 600대를 900대까지 늘리기로 했다. 하지만 6월 이후에도 차량 출고량이 늘지 않았고, 물량 부족 문제는 계속 이어졌다. 결국 현대차는 당초 아이오닉의 연간 국내 배정 물량을 6000대에서 8000대 이상 더 늘리기로 했다.

그러나 차량 인도 대기 기간은 6~7개월로 오히려 더 늘었다. 2017년 11월 초 기준 아이오닉 예약자는 1만 1000대였던 반면, 10월 말까지 출고된 차량 수는 4708대에 불과했다. 결국 생산 물량을 늘리겠다던 현대차는 약속을 지키지 못했다.

정부에서는 현대차 노조의 파업 등도 이유로 꼽았지만, 배터리 업체를 통해 취재해 본 결과 국내 전기차 시장 수요예측 실패가 주된 원인이었다. 현대차가 연간 단위로 하는 배터리 주문을 최소한으로 했기 때문에 LG화학으로부터 회기 중에 추가 물량을 받을 수 없었던 것이다. 이에 당시 정부는 보조금 지급 규정에 차량 인도 기간을 제한하는 방안을 검토하겠다고 했지만, 지금까지도 이 문제는 해결이 안 되고 있다. 정부가 매년 현대·기아차에 차기 연도 생산 계획을 체크한 이후 이를 근거로 다음 연도 보급 물량에 반영하기 때문에 차량 인도 지연은 현대·기아차 탓으로밖에 볼 수 없는 상황이었다.

2017년은 정부의 전기차 보급 목표 물량 1만 5000대 중 700여 대 부족한 1만 4337대가 보급되었다. 전기차에 대한 인식이나 시장 반응은 이전보다 크게 나아졌지만, 생산 물량이 이를 받쳐주지 못한 게 아쉬웠다. 그나마 보급 목표 달성률 95%를 기록한 건 다행이었다.

그럼에도 불구하고 2018년도 정부 계획 물량은 매우 적었다. 당초 환경부가 밝힌 계획대로라면 2017년 1만 5000대에서 2018년 3만 대를 보급하기로 했지만, 기획재정부가 전년도 보급 실적을 기준으로 3만 대 보급 물량을 2만 5000대로 줄였다. 이 숫자는 2015년 당시 산업부·환경부·기재부·국토부가 밝힌 '전기차 보급 국가로드맵'에 적시한 4만 대의 절반이었다.

이때부터 2020년까지 35만 대 전기차를 보급하겠다던 문재인 대통령의 공약 달성이 어렵지 않겠냐는 이야기가 산업계와 정부 안팎에서 나오기 시작했다.

이런 가운데 잠재고객들에게는 좋지 않은 소식이 전해졌다. 환경부가 2018년 1월 전기차 1대당 국고보조금을 1500만 원에서 1200만 원으로 내리면서 동시에 '전기차 보조금 차등제'를 도입한다고 밝혔다. 차등제는 승용 전기차에 한해 배터리 용량과 주행거리 등 주행 효율에 따라 보조금을 차등적으로 지급하는 방식이다. 기존에는 최소한의 성능 자격만 갖추면 일괄적으로 지급했던 지원금을 주행 효율에 따라 최대 1200만 원, 최소 1017만 원을 지원하게 되었다.

물론 지자체 추가 보조금은 차등적으로 지원되지 않고 일괄 지원되었다. 보조금 차등제는 이미 일본이나 미국, 중국 등에서도 해온 것이다. 무작정 주행거리를 늘리기 위해 너무 많은 배터리를 전기차에 장착해 배터리 무게 때문에 에너지 효율이 떨어지거나 겨울·여름철 배터리 효율이 떨어지는 것을 최소화하기 위한 나름의 조치였다. 실제 이때부터 완성차 업체들은 겨울철과 여름철 냉난방 작동으로 인한 배터리의 운영 효율을 높이는 방법을 찾기도 했었다.

차량당 보조금도 떨어지고 보조금 전체 예산도 줄었지만, 2018년 전기차 시장 분위기는 좋았다. 전국의 충전 인프라나 신차 출시 상황이 나쁘지 않았다.

현대차와 기아차는 각각 2018년 4월, 7월부터 코나 일렉트릭, 니로EV 출시(인도)를 앞두고 있었는데 이 두 모델의 사전예약자 수가 거의 1만 명에 달할 정도로 출시 전부터 인기가 좋았다. 두 차량 모두 국산 배터리를 장착한 첫 스포츠유틸리티차량SUV인 데다, 한 번 충전에 따른 주행거리가 400km 수준이었기 때문이다. 가격은 종전 아이오닉 일렉트릭 등 국산 전기차와 비슷하면서 전방충돌방지 보조장치, 차로이탈방지 보조장치, 운전자 주의 경고장치 등 지능형 안전 시스템이 적용된 나름의 첨단 전기차였다. 여기에 재규어 랜드로버도 럭셔리 전기차 I-페이스를 국내 전기차 전시회에서 공개했고, BMW도 i3의 두 번째 부분 변경 모델인 뉴 i3 94Ah를 출시했다. 이들 전기차는 전부 300~400km를 주행하면서 차량 디자인도 비교적 신선했다.

정부가 전국 지자체를 대상으로 전기차 보조금 지급 기준을 종전의 서류 접수나 추첨 방식 등 대신, 차량 등록 기준의 선착순 지급을 권고하면서 보조금을 선점하려는 행위가 어느 정도 근절되기도 했다.

전기차 보조금을 악용한 사례가 외부로 알려진 것도 이때쯤이다. 초소형 전기차의 경우, 정부가 450만 원 보조금을 지급하고 지자체에 따라 200만 원 정도 추가로 지원했는데, 당시 대구시의 추가 지원금이 400만 원으로 가장 많았다.

대구에서 1500만 원 하는 초소형 전기차를 구매하면 650만 원에 구매할 수 있지만, 그 외 지역에서는 900만 원 이상을 주어야만 구매할 수 있는 구조였다. 이렇게 지역별로 각기 다른 보조금 제도를 악용해 대구 지역 몇몇 중고차 업체에서 차량을 사재기한 후 다른 지역에 몰래 판매하는 일이 《전자신문》 기사를 통해 알려지면서, 대구시가 일제히 단속에 나서기도 했다. 이후 중고차 업체들의 이 같은 불법행위는 근절되었지만, 보조금을 더 주는 지역의 지인을 통해 주소지를 옮기면서까지 전기차를 구매하는 사람이 적지 않았다.

2018년만 해도 승용 전기차 보조금이 국고보조금(1200만 원)은 동일했지만 지역별로 추가 지원금은 많게는 400만~500만 원까지 차이가 났다. 이에 환경부가 전국 지자체를 대상으로 추가 지원금을 국고보조금의 절반으로 해줄 것을 권고했지만, 이 권고안을 따르는 지자체가 많지 않았다. 지역별로 각기 다른 추가 지원금은 현재에도 계속되고 있다.

전기차 이용자들을 위한 가장 획기적인 전기차 관련 법 규정이 나온 것도 2018년(7월)이다. 당시 산업부가 '환경친화적 자동차의 개발 및 보급 촉진에 관한 법률 시행령'을 통해 전기차 충전 구역 내 일반 내연기관차량 주차 등 전기차 충전 방해 근절을 위한 법규를 추가했다.

이 시행령에 따르면, 전기차 주차장에 내연기관차량 주차 시 10만 원의 과태료를 내도록 했고, 충전시설을 고의로 훼손하면 20만 원, 충전기를 전기차에 연결해 둔 채 장시간 방치하면 10만 원의 과태료를 부과한다. 이 같은 규정은 아마도 우리나라가 유일할 것이다. 전기차 이용자들은 이 규정을 '충전방해금지법'이라고 불렀다. 당시는 이 같은 규정이 나올 충분한 상황이었다. 공용시설 주차장의 경우, 일반 차량 주차면에 비해 충전구역 주차면이 많이 한산했기 때문이다. 심지어 충전하는 차량이 적다 보니, 충전기가 설치된 주차면을 창고로 이용하는 곳도 많았다. 이런 법 규정이 전기차 이용자들에게 희소식이 되었고, 전기차 구매를 망설이던 잠재고객에게도 긍정적인 영향을 미쳤다.

결국 2018년 하반기 추경예산에서 승용 전기차 5000대가 추가되면서 정부 목표 2만 5000대보다 많은 3만 1154대가 보급되었다. 정부 예산보다 5000대 이상 더 보급된 건 이전 연도에 남은 예산을 2018년에 소진한 것이다.

2018년 말 전기차 중고 가격이 새 차보다 1000만 원 이상 높게 거래될 만큼, 보조금을 받지 못해 웃돈을 주고 전기차를 구매하는 사람도 적지 않았다. 당시 SK엔카에 등록된 전기차 수는 61대로, 누적거리 630km의 그해 출시된 니로EV 중고차가 신차 가격(보조금 지원 후 가격 3080만 원)보다 980만 원 비싼 4060만 원에 거래되기도 했다.

다시 위축된 2019, 2020년

2017년과 2018년에 좋았던 전기차 시장 분위기는 2019년이 되면서 다시 위축되기 시작했다. 이유는 현대차·기아차뿐 아니라 한국지엠, 르노삼성까지 전기차 신차가 없었기 때문이다. 여기에 국고보조금이 1200만 원에서 900만 원으로, 지자체 추가 지원금도 덩달아 100만~200만 원가량 줄면서 시장 반응은 좋지 않았다. 서울시에서 전기차를 구매할 경우 2018년에는 1700만 원을 지원받았지만, 2019년엔 최대 1350만 원으로 줄었다. 반면에 전기차 가격은 3~4년 된 구형 모델을 제외하고는 국산차 기준으로 보통 4000만 원 중후반이었다.

그나마 전년에 출시되어 여전히 시장 반응이 좋았던 코나 일렉트릭과 니로EV로 한 해를 버텨야 하는 분위기였다. 2019년 정부 보급 목표는 4만 3795대 수준으로, 실제 보급 수는 3만 4969대로 달성률 79%를 기록했다. 이 중에서 승용 전기차는 2만 9683대가 팔렸는데 현대차 코나 일렉트릭이 1만 3587대, 기아차 니로EV가 5999대나 팔리며 전체 물량의 67%를 차지했다. 2017년 중순에 나온 이들 전기차에 의존할 수밖에 없는 구조였다.

이후 11월 당시에 미국과 유럽 전기차 판매량 1위였던 테슬라 모델3가 국내 판매를 시작했지만 한국에 배정된 물량이 2000대에 불과해 폭발적인 인기 대비 실제 판매량은 많지 않았다.

결국 2019년 전기차 민간 보급은 또다시 목표 달성에 실패했다. 당시 제주도와 서울, 대구시 등 전기차 보급 담당자에게 그해 보급 목표를 달성하지 못한 이유를 물었더니 모두들 첫 번째로 현대·기아차의 생산력 부족, 생산 지연을 꼽았다. 당시 선호도가 높았던 코나, 니로 전기차 모두 사전예약부터 차량 인도까지 최소 반년은 걸린다는 것이다.

마침 2019년 9월 독일 프랑크푸르트 모터쇼 현대차 부스에 나타난 정의선 현대차 부회장에게 질문할 기회가 있었다. 코나 일렉트릭과 니로EV가 국내외 시장 수요에 대응하지 못하는 데 따른 대응책을 묻자, 정 부회장은 "이미 잘 알고 있다"라며 "특근을 해서라도 물량을 늘려 수요에 대응하겠다"라고 답했다. 하지만 현대차는 현재까지도 생산 지연에 따른 근본적인 문제 해결을 하지 못하고 있다.

2020년은 차량당 보조금이 줄었고, 보조금을 지원하는 물량은 늘었다. 이 때문에 지역 간 보조금 차이에 대한 사람들의 관심이 높아졌다. 지인과 친인척을 동원해 타지에서 전기차를 구매하는 일이 많아진 것도 사실이다. 경북 울릉군이 1920만 원으로 가장 많았고, 당진·서산이 각각 1820만 원으로 뒤를 이었고, 주요 지자체 중엔 서울(7219대)이 1270만 원, 대구(2418대)와 제주(8760대)가 1320만 원을 지원하고, 충북과 전남

표 10 | 2019~2021년 환경부 전기차 및 수소전기차 보급 예산

구분		2019년		2020년		2021년 (정부안)	
		예산 (억 원)	계획 물량 (대/기)	예산 (억 원)	계획 물량 (대/기)	예산 (억 원)	계획 물량 (대/기)
전기차	승용	3780	42000	5200	65000	5250	75000
	버스	300	497	650	650	800	1000
	트럭	180	1155	2082	13000	400	25000
	스쿠터	125	11000	231	21000	180	20000
	충전기(완속)	720	24000	240	8000	240	8000
	충전기(급속)	930	1800	600	1500	615	1510
전기차 총예산		6329억 원		9106억 원		1조 1195억 원	
수소 전기차	승용	1230	5467	2072	10100	3375	15000
	버스	74	37	320	280	270	180
	트럭					10	5
	충전기	960	55	1119	44	744	56
수소전기차 총예산		2264억 원		3176억 원		4400억 원	
총예산		8594억 원		1조 2283억 원		1조 5596억 원	

* 2019년과 2020년은 확정예산이며, 2021년 예산은 환경부가 국회에 제출한 내년도 예산안임.
* 전기차와 수소전기차의 경우, 환경부 보조금 이외 지방자치단체별로 환경부 보조금의 40~50% 를 추가 보조금으로 지원하기 때문에 실제 차량당 지원 예산은 위 항목에서 1.4~1.5배임.
자료: 환경부.

등이 각각 평균 1620만 원, 1540만 원으로 비교적 높았다. 코나 일렉트릭(4690만 원)을 서울 등에서 구매하면 3420만 원이지만, 울릉군에선 2770만 원, 당진이나 서산에선 2870만 원에 구매할 수 있는 구조다.

그럼에도 불구하고 2020년 전기차 보급률은 매우 낮았다. 7월 초까지 승용 전기차는 목표 물량 6만 5000대 대비 1만 6752대가 보급되었다. 전기트럭은 7500대 중 5158대, 전기버스는 650대 중 176대가 보급

(출고 기준)되었다.

코로나19 유행으로 소비 심리가 위축된 데다, 그 여파로 대구를 시작으로 서울과 제주 등 주요 지자체들이 회기 중에 보급사업을 중단하면서 11월 현재 정부 목표 대비 보급률은 50%에도 못 미치고 있다. 2020년은 최악의 성적표가 예상된다.

2020년의 전기차 시장 상황은 매우 좋지 않았다. 2019년까지 국내 판매량 1위를 지키던 현대·기아차의 코나, 니로 전기차가 구형이 되면서 판매량이 감소 추세인 데다, 코로나19 여파로 수입차 업계의 국내 배정 물량이 계획보다 줄었기 때문이다.

상반기 국내 판매량 1위인 테슬라 모델3가 꾸준한 판매량을 보이고, 유럽 누적 판매량 1위인 르노의 신형 조에Zoe까지 8월에 국내 출시되면서 시장 분위기는 반전되는 듯했다. 하지만 서울과 제주, 대구 등 전국 지자체들의 전기차 보급 예산이 코로나19로 각종 지원 활동에 투입되면서 이들 지자체들이 일부 전기트럭 물량을 제외하고 전기차 보급사업을 사실상 중단했다. 한 지자체 관계자는 "올해 코로나19 사태뿐 아니라, 한전의 충전요금 인상, 국산차 신차 부족 등으로 전기차 구매율이 예년과 달리 아주 저조했다"라고 전했다.

바람 잘 날 없는 충전기 보급사업

우리나라의 전기차 충전기 보급은 전기차 민간 보급과 함께 시작되었다. 정부는 매년 수백억 원의 예산을 들여 전국에 충전기를 보급·구축해 왔다. 하지만 정부 보조금에 의존할 수밖에 없는 정책으로 국가 충전 인프라 구축사업은 투입된 예산 대비 효과를 보지 못하고 있다.

앞서 언급한 대로 정부 보급사업 초반에 전기차 구매 보조금을 받기 위해서는 반드시 충전기를 설치해야 했고, 이 과정에서 아파트 등 공동주택의 경우 입주민 동의를 구하는 과정이 매우 어려웠다. 2000만 원 후반의 전기차 보조금 지원과 함께 700만~800만 원의 충전기 보조금을 추가로 지원했음에도 충전기 설치가 어려워 전기차 구매를 포기한 사람도 적지 않았다. 충전 업계에서는 개인만 쓰는 충전기를 국가가 500만~700만 원씩 지원하는 건 예산 낭비라는 우려와 함께 정부가 전국에 충전기를 구축하는 건 정부가 좋은 위치를 선점하는 것으로 향후 민간 기업의 설 자리가 좁아질 수밖에 없다는 지적도 나왔다.

이 같은 지적이 계속 제기되면서 2014년 하반기 환경부가 2015년부터 완속충전기 민간 보급을 중단하겠다고 밝혔다. 당시 환경부의 박광칠 전기차 보급팀장은 '2014년까지 충전기 보급을 통해 정부의 시장 마중물 역할은 충분했다'는 판단에서 2015년부터 충전기 민간 보급사업을 중단하고, 공공시설의 급속충전기 구축사업은 계속한다고 설명했다. 그때 박 팀장은 이런 말을 했다. 미국과 일본만 해도 국가의 충전 인프라는 전기차를 만드는 완성차 업체가 주도적으로 구축하는 데 반해 국내 자동차 업체들은 일체 충전 인프라 구축에 관여하지 않는다는 것이었다. 스마트폰을 사면 폰 제조사가 충전기를 무상으로 끼워 주듯이, 완성차 업체가 돈을 받든 지원하든 충전기 문제를 해결해야 한다는 것이다. 나는 이때 환경부 말에 100% 공감했다.

2014년 말 기준, 국내에 깔린 충전기는 완속과 급속을 합해 4000기 수준으로 실제 전기차 수보다 충전기 수가 더 많았다. 왜냐하면 전기차당 충전기가 하나씩 대부분 공급되었고, 이와 별도로 환경부뿐 아니라 각종 국가사업을 통해 대형마트 등 공용시설에 완·급속 충전기가 꽤 설치되어 있었기 때문이다. 전국에 충전기가 충분히 많긴 했지만, 전국에 산발적으로 설치된 데다, 눈에 보이는 수가 많지 않아 적게 느껴질 수밖에 없었다. 아무튼 당시 환경부 입장에 대해 대부분의 민간 업체는 환영하는 분위기였다.

그래서 완속충전기 보급사업이 중단되었을까? 환경부의 충전기 보급 중단 계획은 외부의 다른 입김에 의해 없던 일이 되고 만다. 이때부터 우리나라 충전 서비스 시장은 꼬이기 시작했다. 이때 정부가 주도하는 방식의 보급사업을 멈추고, 이를 개선해 다른 방식으로 보조금을 지원했더라면 서비스 품질로 수익을 내는 정상적인 기업이 다수 나왔을 것이다. 2020년 현재 국내 충전 서비스 사업자 통틀어 정부 보조금에 의존하지 않는 기업은 없다. 전부 정부 보조금에 길들여져 보조금만큼만 사업을 펼치고 있다. 미국이나 유럽, 일본과 같이 서비스 모델, 요금 체계가 다양하지 않고, 충전기 제품은 보조금 지원 규격에만 맞게 제작되어 혁신적인 제품은 거의 찾아볼 수 없다. 우리나라 전력판매 독점사업자인 한국전력이 충전 시장에 진출한 것도 이때쯤이다.

한전의 충전 시장 진출로 우리나라 전기차 산업은 크게 환경부(급속 충전 사업)와 공기업인 한국전력(완·급속 충전 사업), 환경부의 보조금 수익이 대부분인 민간사업자(완속 충전 사업), 이렇게 3자 구도로 형성되어 지금까지 유지되고 있다. 2016년에 들어서면서 포스코ICT, KT, 한국전기차충전서비스 등이 민간사업자로 등장했다. 그러나 불특정 다수를 상대로 한 일반적인 서비스 사업 모델보다 현대차 등 완성차 업체별 전담 사업자로, 정부가 차량당 지원하는 충전기 보조금을 받아 충전기를 설치해 운영하는 사업이 더 컸다. 이들은 충전 서비스로 수익을 내기보다는 정부로부터 충전기 보조금을 타서 충전기 설치·공사를 한 후 남긴 최대 100만 원 수준의 마진과 완성차 업체별로 지원하는 차량당 50만 원 안팎의 마케팅 지원비로 주로 수익을 내고 있다.

정부 보조금으로 이익 내는 충전 시장

정부가 민간사업자를 통해 충전 인프라 구축에 나선 건 2017년이다. 이전까지는 전기차를 구매하면 완성차 업체가 지정한 충전 서비스업체를 통해 충전기를 설치했던 것과 달리 정부가 충전 서비스업체를 선정해 제품 설치부터 운영까지 충전 서비스에 필요한 모든 것을 맡겼다.

정부 사업자는 정부가 마련한 세 가지 보급 유형에 따라 보조금을 받고 충전기를 설치·관리·운영하는 형태로 진행했다. 이 유형은 누구나 사용할 수 있는 '공용 충전기', 아파트 단지 등 특정 시설에 속한 사람만 사용하는 '준공용 충전기', 개인만 쓰는 '비공용 충전기'로 나뉘었다. 공용은 500만 원, 준공용은 400만 원, 공용시설 접근이 어려운 단독주택 등을 위한 비공용은 300만 원을 지원받았다. 당시 정부가 충전기 유형을 다각화해 보조금을 차등 지급한 이유는 이전까지 개인에만 초점을 두었던 충전시설을 누구나 사용하도록 개방형 모델로 전환해 확대하려는 의도가 가장 컸다. 또한 충전 인프라에 대한 체계적 설치 운영·관리 효율을 높이기 위한 이유도 있었다. 그래서 공용 충전기의 정부 보조금 (500만 원)을 가장 많게 정한 것이다.

완성차 등 산업계에서도 공용 충전기 모델 도입에 긍정적인 반응을 보였다. 정부 보조금을 받고 개인만 쓰는 것보다, 회원 가입 절차를 통해 누구나 쓸 수 있어 충전 인프라 접근성이 더 나아졌고, 또 환경부가 지정한 사업자가 아파트를 상대로 영업하기 때문에 개인이 입주민 동의 등 복잡한 절차를 경험하지 않아도 되었다.

환경부는 2017년 사업 첫해 5개 업체를 선정했고, 300억 원을 투입해 전국에 9700기의 완속충전기를 보급했다. 사업자는 KT를 비롯해 한국전기차충전서비스, 포스코ICT, 에버온, 지엔텔이었다. 에버온은 LG CNS에서 분사된 국내 첫 전기차 카셰어링 업체였고, 지엔텔은 전국 통신기지국 관리 등 정보통신 사업이 주력인 업체였다. 이들 5개 업체는 국가 지정 충전 서비스 사업자로 불렸다. 국내에 충전사업자 및 기관은 환경부의 급속충전기 구축사업을 도맡았던 환경공단과 한국전력 그리고 이들 5곳의 민간 업체가 전부였다.

사업은 주로 전국 아파트 단지(관리소·입주민)를 대상으로 직간접 영업을 통해 충전기가 설치될 충전 부지(주차면)를 확정한 다음, 환경공단에 서류를 제출하여, 기본적인 서류 심사 이후 승인을 거쳐 보조금을 수령받는 구조였다. 그리고 2017년 4월부터 본격적인 민간 보급사업이 시작되었고, 이후 5개월여 만인 9월 말 9700기의 모든 보급이 완료되었다.

1만 기 가까운 충전기가 이렇게 빨리 보급되자, 정부와 업계는 크게 놀라워했다. 2017년 전기차 보급 목표치(1만 5000대)를 채우지 못했지만 충전기 보급 속도는 매우 빨랐다. 9700기 보급 물량 90% 이상이 보조금 단가가 높은 공용와 준공용 충전기로 채워지는 예상치 못한 일도 발생했다.

전기차 민간 보급이 끝나기도 전에 2017년도 보조금 예산 대부분이 공용과 준공용 충전기로 몰리면서 보조금 예산이 조기 소진되었다. 이에 정부는 충전기를 확보하지 못해 전기차 구매를 포기하는 일을 막기 위해 최소 1000기 이상의 비공용 충전기를 추가 보급하겠다는 긴급 대응책을 내놓기도 했다.

이렇게 보조금 단가가 높은 공용·준공용 충전기에 보조금 사업이 몰린 건 정부 예산 선점을 위한 특정 업체의 과도한 영업이 주요 원인이었다. 결국 정부가 공용·준공용·비공용으로 충전기 유형을 나눈 것까진 좋았지만, 유형별로 수량 제한을 두지 않은 건 아쉬웠다.

2017년도 사업자별 보조금 물량을 조사한 적이 있는데 KT가 3656개로 가장 많았고, 포스코ICT(1621개), 지엔텔(1273개), 한국전기차충전서비스(1240개), 에버온(667개) 순이었다. 첫해 충전기 보조금 사업은 이들 사업자에게는 수익을 내기 위한 방법을 터득하는 계기가 되었다.

2018년에 들어서면서 충전기 보조금 시장은 더욱 커졌고 업체 간 경쟁도 극심해졌다. 환경부는 2018년에 평가 공모를 통해 추가로 충전사업자 3곳(대영채비·파워큐브·에스트래픽-제주전기차서비스 컨소시엄)을 선정했다. 이로써 국가 지정 사업자는 모두 8곳이 되었다. 2018년 당시 환경부가 정한 충전기 보급 물량도 이전 해보다 3000기 이상 늘어난 1만 3000기로 확정되었다. 반면 공용 충전기 1기당 보조금은 2017년 500만 원에서 400만 원으로 줄었지만, 2018년 당시 충전기 물량은 이전 해보다 한 달 빠른 9월 초에 마감되었다.

2018년 정부의 충전기 보급사업도 2017년과 마찬가지로 특정 업체 두세 곳이 공용 충전기 물량 70%를 가져갔다. 빠른 사업 진행만큼 충전기 부실 공사 사례도 다수 발생했다. 공사를 완료해야만 이를 근거로 정부가 해당 충전사업자에게 보조금을 정산했기 때문이다. 보조금 선점 경쟁 과열로 인한 문제는 이뿐만이 아니었다. 영업 과정에서 신뢰를 얻기 위해 환경공단 직원을 사칭하거나, 공용 충전시설의 사유화나 전국의 아파트 전담 영업 조직을 활용한 불량 선점 등 다양한 형태의 불법 사례가 등장하기 시작하면서 충전기 보급사업은 본래의 정부 취지와 다른 방향으로 흘러가고 있었다.

이때 모 업체에 의뢰해 전국에 깔린 충전기의 이용률을 조사한 적이 있었다. 조사 대상은 대부분 환경부와 한국전력이 구축한 전국 급속충전기 2634기였다. 조사 결과, 이들 충전기의 최근 6개월간 사용 횟수는 48만 7108건에 불과했다. 2634기를 하루 평균 2691번 이용한 꼴로, 충전기당 하루에 1.02번 사용한 셈이다. 정부가 급속충전기의 최대 충전 시간을 40분으로 제한한 것을 고려하면, 하루의 최소 23시간 이상은 충전기를 사용하지 않은 것이다.

6개월간 일평균 10회 미만 사용한 충전기가 2604기로, 조사 물량의 99%나 되었고, 하루 1회 미만 사용한 충전기는 1937기(전체 73%)나 되었다. 너욱 놀라운 건 6개월간 한 번도 사용하지 않은 충전기가 386기나 되었다는 것이다. 급속충전기는 완속충전기에 비해 관공서나 고속도로 휴게소 등 비교적 접근성이 좋은 곳에 설치되어 완속충전기 대비 이용률이 높을 것으로 기대했지만, 실제 사용은 시설 투자비가 아까울 정도로 매우 저조했다.

이후 이 업체와 추가로 완속충전기 사용률도 조사하려고 했지만, 사용 횟수 공개를 꺼려 하는 일부 업체들의 항의로 조사를 하지 못했다. 이렇듯 충전 서비스 사업보다는 설치 공사로 돈을 남기는 일에 혈안인 업체가 적지 않았다.

2019년 환경부 민간 보급사업은 더욱 경쟁이 치열했다. 정부는 완속충전기 보급 물량을 추경예산까지 합해 전년도보다 두 배 많은 2만 4000기로 확정했다. 공용 충전기 보조금은 기존 400만 원에서 다시 320만 원으로 낮아졌다.

2019년도 사업은 시작부터 경쟁 과열로 불법 영업 논란에 휩싸였다. 당시는 3월 보급사업 시작을 앞두고 정부 규정에 따라 2년에 한 번 사업자를 재평가하는 작업에 착수한 때였다. 평가에 따라 기존 사업자 중에 사업권이 박탈될 수도 있는 상황에서 두 업체가 부정확한 신분으로 보조금 선점을 위해 복수의 아파트 단지로부터 신청 서류 확보 등 사전에 대량으로 영업한 사실이 적발되었다.

이들은 전국 아파트 단지에 공문을 발송하고 영업 조직을 투입하는 방식으로 사업을 했다. 당시 이 두 업체는 내부의 업무 혼선 때문에 이런 일이 생겼다며 즉각적인 조치를 취하겠다고 입장을 밝혔고, 환경부는 별다른 조치를 하지 않았다. 이 두 업체는 불법을 저질렀지만 사업자 재평가에서도 통과되어 지금까지도 사업권을 유지하고 있다.

2019년 충전기 보급사업은 추경예산이 반영되면서 1만 2000기씩 두 차례에 걸쳐 진행되었고, 여기에 투입된 예산은 역대 최고 금액인 640억 원이었다. 환경부는 또 2019년 9월 말 5개 사업자를 추가해 충전사업자는 모두 11개 곳이 되었다. 그러나 두 번으로 나뉜 보급사업 역시 예산 물량이 조기에 마감되면서 그해 선정된 신규 업체 5곳은 보조금 사업에 거의 참여하지 못했다.

2019년에 가장 많이 보조금을 챙긴 업체의 충전기 누적 물량은 8000기 수준이었고, 6000기 전후를 보급한 업체도 4곳이나 되었다. 2017년부터 2019년까지 정부가 보급한 충전기 물량(약 4만 5000기) 중 이들 4개 기업이 전체 예산의 절반 이상인 600억 원을 확보한 셈이다.

2020년은 지금까지 일어난 모든 일에 대한 압축판이다. 정부는 2020년 충전기 보급 물량을 2019년의 3분의 1 수준인 8000기로 줄였다. 환경부는 이에 대해 여러 이유 중 하나로 전기차가 늘어나는 상황임에도 불구하고 충전기 보급 예산이 남용되고 있다는 기획재정부의 문제 제기를 들었다. 업체들은 지금도 예산이 줄어든 것에 대해 불만을 토로하고 있다. 2020년 충전기 8000기 보급은 단 2주 만에 마감되었다. 정부 예산 물량이 크게 적었던 것을 감안해도 2주 만에 보조금 예산이 소진된 건 역대 최단 기록이다. 3~5개월이 걸렸던 과거와 크게 비교된다. 물론 2020년 역시 환경공단 사칭, 보급사업 시작 전 사전 영업 등 비정상적인 영업 활동이 계속되었다.

정부 보조금에만 지나치게 길든 충전 시장

정부가 주는 충전기 보조금을 받기 위해 어떤 업체는 정부 기관을 사칭하고, 개인 사업장에 충전기를 설치한 다음 공용 충전기 보조금을 받는가 하면, 사업 초반부터 보조금 물량을 선점하기 위해 아파트 영업 브로커를 조직해 충전기당 30만~40만 원의 인센티브를 내걸기도 했다.

그러나 이런 식으로 보급된 충전기는 이용자 접근성을 고려하지 않고 마구 설치해 1년 내내 사용이 없는 시설이 허다하고, 더러는 부실 공사로 인해 사용이 어려운 설비도 있다. 급기야 최근엔 이미 설치된 충전기를 떼어내고, 정부 보조금을 받기 위해 새 충전기를 신청하려는 사례까지 등장했다.

물론 일부 충전사업자들 사례지만, 이 같은 일은 2017년부터 현재까지 매년 반복되고 있다. 정부는 충전기 설치에 필요한 자금 그 이상의 돈을 지원해 왔다.

'보조금'은 보조 혹은 일부를 지원하는 자금을 뜻하지만, 충전기 보조금은 모든 비용을 지원하는 자금이다. 정부의 충전기 보조금은 제품비·공사비·한전불입금 등 필요한 모든 비용을 충당하고도 2020년 보조금(320만 원) 기준으로 최소 40만~50만 원 이상 남는다. 업체는 이렇게 남는 비용으로 전국 지역별로 아파트 단지 영업 조직을 꾸리고 충전기당 최대 40만 원 영업비를 지원하는 데 쓰고도 추가로 이익을 챙긴다.

충전기 보조금 물량 선점을 위해 정부를 사칭한 사례가 처음 드러난 건 2018년 여름이다. 그 이전 해 이미 일부 업체들이 전국 영업 조직을 활용해 보조금을 대거 선점한 사례가 또 다른 경쟁사에게 자극이자 학습이 되면서 외주 영업(브로커)에 의존하는 건 업계 일반적인 일이 되었다.

이들은 아파트 단지를 대상으로 충전기 보급 영업을 할 때 공문이나 소개 자료 등 각종 홍보물(현수막·전단지)을 마치 환경부 혹은 환경공단이 제작한 것처럼 꾸몄다. 누가 봐도 정부가 수행 사업자라고 오해할 수 있게 말이다. 환경부 사칭은 몇몇 지역에서 산발적으로 진행되었고, 업계에서는 이미 많이 알려진 사실이었다.

관련 보도가 나오기 이전에 각종 증거물(홍보물 등)이 포함된 민원이 경찰과 국회 등에 전달되기도 했다. 이때 환경부가 해당 사업자에게 두 차례 경고를 했음에도 이 같은 일은 반복되고 있다.

충전 서비스업체가 외주 영업망을 운영하는 건 불법은 아니지만, 사칭 영업은 불법에 해당되고, 또 일부는 자신의 외주 영업 조직이 정부를 사칭한 것을 알고도 이를 방조했다는 의혹까지 받기도 했다.

실제 이들 사업자 대부분이 2018년에 정부 물량 대부분을 가져가면서, 사업 기회를 잃은 다른 사업자들이 불만을 토로하기도 했다.

이 같은 내용이 처음 보도된 이후 환경부는 사칭한 기업의 실태를 파악한 후 사업 제한 등 불이익을 주기로 했다. 하지만 정부 사칭 영업은 2019, 2020년에도 계속 발생했고, 환경부가 취한 조치는 2020년 6월 한 업체에 대해 3개월간 영업정지 처분을 내린 게 전부였다. 게다가 처분을 내린 3개월 기간은 이미 보급사업 예산이 조기 마감된 시점이라, 해당 업체는 사실상 아무런 불이익을 받지 않았다.

당시 몇몇 지방 브로커를 알아내 그들을 취재한 적이 있다. 전국 지역별로 충전기 영업 조직이 그때까지 10여 곳이 넘었다. 전문 회사가 있는가 하면 한두 명이 하는 소규모 업체도 있었다. 이들의 영업은 사전에 아파트 단지 영업을 통해 수천 기의 충전기를 설치할 주차면(상면)을 확보한 이후 충전 서비스업체와 거래하는 형태로 진행된다. 거래는 외주 영업 업체가 충전사업자를 찾기도 하지만, 매년 경쟁이 과열되면서 충전사업자가 외주 영업에게 충전기당 얼마를 줄 테니 올해 사업은 자신들과 함께하자고 제안하면서 성사되는 게 일반적이다. 2020년 주차면당 가격은 30만~40만 원이 평균치였다.

정부는 충전기와 설치·공사 지원금으로 공용 충전기당 2017년에는 500만 원, 2020년에는 320만 원의 보조금을 지원했다. 충전사업자는 별도의 자기 비용을 들이지 않고도 보조금만으로 충분히 충전기를 설치·운영하고 그리고 이윤까지 남길 수 있다. 결국 설치하는 주차면을 많이 확보하면 할수록 매출과 이익이 커지는 구조다.

고객을 대상으로 충전 서비스를 통해 수익을 내는 것보다 설치·공사만으로 더 빠르고 확실한 수익을 낼 수 있기 때문에 충전사업자 입장에서는 수천 개의 주차면을 확보한 외주 영업에 대한 의존도가 높을 수밖에 없었다.

정부 보조금 지급 기준에는 별도 외주 업체(브로커) 운영 항목이 없어, 충전사업자가 보조금의 일부를 브로커에게 지급하면 자칫 충전기 부실 시공으로 이어지지 않을까 하는 우려의 목소리가 여전히 많다. 매년 보조금 단가가 줄고 있는 상황이라 부실 공사 우려는 더욱 커질 수밖에 없다.

이런 가운데 2018년과 2019년 초 두 차례 충전기 설치 현장을 조사했다. 전기차를 타는 사람들로부터 제보를 받은 현장도 있었고, 무작정 환경공단의 전국 충전기 안내 사이트에 나온 주소를 보고 찾아간 곳도 많았다. 제보를 받고 찾아간 곳은 100% 부실 공사 현장이었고, 2018년 초 무작위로 찾아간 현장 중에는 10~20%가 공사 규정을 지키지 않은 부실 공사 현장이었다.

이들 현장은 충전기가 주차면과 멀리 떨어진 곳에 설치되어 충전 케이블이 닿지 않거나, 이미 오토바이 주차장으로 쓰이는 장소에 충전기를 설치한 경우, 또 자동차 주차면이 아닌 주차장 통로 한쪽에 충전기를 설치했거나, 심지어 주민센터 등 정부기관에는 주차면이 아닌 사람이 다니는 통로나 화단에 충전기를 설치한 경우도 있었다. 또 어떤 곳은 장애인이나 여성 전용 주차면에 충전기를 설치했고, 주차면에서 충전기 설치 위치가 5m가 넘게 떨어져 있어 충전 자체가 어려운 곳도 많았다. 충전 케이블 길이가 최소 4m, 길어야 4.5m인 점을 모르고 설치하지는 않았을 것이다.

그밖에 서울 시내 유명 백화점 주차장은 물건을 쌓아놓은 창고임에도 불구하고 정부 보조금을 받은 충전기가 설치되어 있었고, 충전기의 충전 케이블을 전기차에 연결하면 사람의 이동 통로가 막히는 곳도 있었다.

경기도 용인의 한 아파트 주차장은 충전기가 170cm 높이에 설치되어 있어 성인 남성조차도 정상적인 사용이 어려웠고, 1개 주차면에 두세 개 충전기가 설치된 곳도 있었다. 전기 배관이 외부로 노출된 채 방

경기도 고양시 행신동 한 아파트 주차장에 KT가 설치한 전기차 공용 충전소. 오토바이 주차장에 충전기가 설치되어 전기차 접근 자체가 어려운 상황이다(2018년 2월 촬영).

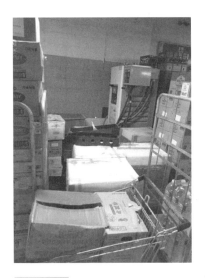

서울 시내 모 백화점에 구축된 전기차 충전시설 모습. 충전시설 주차면을 창고로 사용 중이다(2018년 2월 촬영).

경기도 용인의 한 아파트 주차장. 충전기가 170cm 높이에 설치되어 있어 성인 남성조차 정상적인 사용이 어렵다(2019년 2월 촬영).

부산 지역 한 아파트 주차장에 KT가 구축한 전기차 충전기. 충전기와 주차면 간 거리가 5m가 넘어 이용이 어렵다(2019년 2월 촬영). 국내 충전기의 충전 케이블 길이는 보통 4~4.5m다.

치된 곳도 많았다.

당시 현장에서 느낀 건 이들 모두 사용을 위한 충전기가 아닌 보조금을 받기 위한 충전기라는 생각밖에 들지 않았다는 것이다. 그때까지 충전기가 고장 난 채로 장시간 방치된 사례는 많았지만, 이렇게 상상을 초월한 부실 공사들은 크게 실망스러웠다.

환경부는 2018년 초 첫 부실 공사 보도 당시 전수조사를 통해 필요한 조치를 취하고, 재발 방지 규정을 만들겠다고 했다. 하지만 1년 뒤인 2019년 초 현장을 다시 찾았을 때 이 같은 일은 그대로 반복되고 있었다. 이들 사업자는 아무런 제재 없이 여전히 정부 보급사업에 참여하고 있었다.

특히 2020년은 국가보조금을 받기 위해 멀쩡한 전기차 충전기를 철거하고 새 충전기 설치를 시도한 사례까지 나왔다. 업체는 보조금을 타내기 위해 기존에 의무 설치한 충전기를 떼어내고 새 충전기를 설치하는 내용의 계약까지 완료했다.

계약이 시행될 아파트는 2017년 하반기부터 시행된 '신축 아파트 단지의 전기차 충전기 설치 의무화'라는 정부 규정에 따라 다수의 충전기가 이미 설치되어 있었다. 해당 아파트는 충전기 부족과 관리 문제를 해결하기 위해 충전사업자를 수소문했고, 한 충전사업자가 현장을 찾아 기존 설비 철거를 제안한 것이다. 철거를 제안한 이유는 이렇다. '정부 보조금은 주차면 수에 따라 일정 비율로 충전기 설치 보조금을 지원한다. 그래서 기존 충전 설비에 새 충전기를 추가하려면 설치할 수 있는 충전기가 몇 개 안 된다. 하지만 철거를 하면 아예 충전기 없는 시설이 되기 때문에 훨씬 많은 충전기를 정부 보조금으로 설치할 수 있다.' 결국 해당 아파트는 이 충전사업자의 제안에 따라 기존 충전시설 전부를 철거하고, 새 충전기 10여 기를 구축하기로 했다.

이 같은 사실은 경쟁사를 통해 소문이 났고, 환경부가 나서서 해당 업체에 경고 조치를 취했다. 이 내용을 보도한 이후 아파트 단지 주민들에게 수많은 항의를 받기도 했고, 또 다른 지역 두 곳의 아파트 단지에서 같은 사례를 제보받기도 했다.

여기서 중요한 점은 기존의 충전 설비를 철거하고 정부 보조금을 지원받아 새 충전기로 교체를 하더라도 불법이 아니라는 사실이다. 정부 규정에 이런 내용이 없기 때문이다. 다만, 교체 공사 시 기존 설치된 전기 배관 등 설비를 조금이라도 이용했다면 보조금 부정 수령으로 불법에 해당된다.

이렇게 처음부터 정부 보조금에 길들여지다 보니 국내 충전사업자 중에는 정상적인 투자를 거쳐 충전 서비스 사업으로 이익을 내는 기업을 찾아보기 힘들다. 물론 민간 기업 입장에서도 할 말이 많다. 애초부터 정부가 충전 시장에 개입하다 보니 시장 원리에 따른 요금 등 정상적인 시장 환경이 조성되지 않았고, 정부 보급사업이 보조금에만 맞춰지다 보니 제품이나 서비스를 고도화시킬 여유조차 없었다. 다시 말해 시장이 보조금에만 국한되다 보니 보조금 지원 규정에 맞는 제품만 개발·생산하기 때문에 다른 차별화된 제품이나 기술 개발에 선뜻 나서지 못하고 있다.

여기에다 충전요금, 즉 전기요금까지 정부가 관여하다 보니 충전 서비스만으로는 정상적인 수익을 낼 수 없는 상황이다. 이제는 정부가 충전기 보급사업뿐 아니라 충전 시장에서 손을 완전히 떼야 할 때가 아닌지 생각해 보아야 한다.

전기차 Q&A 전기차 충전, 그렇게 불편한가요?

전기차를 타다 보니 주위 사람들에게 가장 많이 듣는 얘기가 "충전하기 불편하지 않나요?"라는 질문이다. 현재 국내 판매되는 전기차 중에 충전 속도가 가장 빠른 테슬라 모델3(배터리 용량 75kWh)의 경우 테슬라 전용 급속충전시설인 슈퍼차저(125kW급)를 이용해 완전 충전하는 데까지 1시간 넘게 걸린다. 그리고 일반 충전기(7kW급)로 하면 약 10시간, 일반 전기 코드(220V)로 하면 30시간은 족히 걸릴 것이다.

이 같은 시간은 내연기관차량이 주유소에서 주유하는 것과 비교하면 엄청나게 긴 시간이다. 그래서 불편하다는 생각을 할 수 있다. 하지만 실제로 전기차를 타보면 충전을 위해 소비하는 시간은 사실상 제로에 가깝다. 전기차는 일반 자동차와 마찬가지로 운행하는 시간보다 멈춰 있는, 즉 주차하는 시간이 훨씬 더 길다. 사람이 하루 동안 차 안에 있는 시간은 1~3시간에 불과하고 나머지 잠자고 일하는 시간은 차가 멈춰 있는 시간이다. 실제 우리나라의 일평균 자동차 운행거리는 30~40km다.

일반적으로 전기차를 타는 사람은 크게 두 가지 형태로 충전을 한다. 하나는 집이나 직장에서, 또 하나는 장거리 이동 시 고속도로 휴게소나 백화점·쇼핑몰 등 생활시설에 머무를 때 충전하는 경우다.

집이나 직장에서는 일반 전기 코드를 이용해 완속충전기로 충전하고, 생활시설에서는 충전 목적에 따라 급속(50~100kW) 혹은 초급속(150~350kW) 충전기를 이용한다. 그런데 가장 큰 문제는 내가 사는 공동주택에 충전기가 없거나, 옛날 아파트라 전기 콘센트가 없는 경우 그리고 직장에도 충전기가 없는 경우다. 최악의 상황이다. 내 주위에도 이런 사람이 있다. 이들은 비교적 배터리 용량이 큰 코나 일렉트릭이나 니로EV를 타는데 충전을 위해 동네 대형마트를 일주일에 한 번 이상 방문한다. 이런 사람들이 가장 불편한 경우지만, 요즘은 집 주위에도 공용 충전소가 많이 늘고 있고 배터리 용량도 늘고 있기 때문에 불편이 서서히 해소되고 있는 상황이다.

04

될성부른 한국 전기차

1. 전기차 보급 최적의 환경 '대한민국'

우리나라는 세계 최고 수준의 전기차 이용 환경과 관련 산업의 성장 잠재력을 가지고 있다. 조밀한 인구밀도와 좁은 국토 면적 그리고 하나뿐인 전력회사가 공기업이라 전기요금이 다른 국가들에 비해 다소 저렴한 데다 전력 수급이 안정적이다. 거기다 안타깝게도 매년 반복되는 황사·미세먼지 피해 등으로 우리는 전동화BEV·PHEV·FCEV 차량으로 바꿀 수밖에 없는 상황에 있다.

다른 나라에 비해 장거리 주행 스트레스가 덜한 '좁은 땅덩어리'와 충전 인프라 구축·운영에 유리한 '조밀한 인구밀도'의 조건은 전기차 시장 확대에 크게 유리하다. 장거리를 달릴 일이 없다는 게 아니라, 다른 나라에 비해 굳이 대용량의 무겁고 비싼 배터리를 차량에 싣고 다니지

표 11 | 한국·일본 전기차, 공용 급속충전기 운영 현황

	한국	일본
급속충전기 수	7115기 (2019년 7월 말 기준)	7600기 (2019년 7월 말 기준)
전기차 누적 보급 수	7만 2814대 (2019년 7월 말 기준)	14만 453대 (2019년 4월 말 기준)
충전기당 전기차 비율	10.2%	18.4%

자료: 저공해차 통합누리집, 국토부 통계누리, CHAdeMO, INI산업리서치.

않아도 된다는 얘기다.

또한 국민의 70% 이상이 전기시설이 잘 갖춰진 아파트 등 공동주택에 살고 있어 주택에 머무는 시간 동안 얼마든지 충전을 할 수 있는 기반을 이미 갖추고 있는 셈이다. 이런 이유에서 나는 평소 커다란 연료 탱크를 장착한 내연기관 자동차와 전기차의 주행거리나 주행 성능을 비교하는 건 의미가 크게 없다는 이야기를 자주 해왔다. 내연기관차는 오로지 주유소에서 충전하지만, 전기차는 머무는 주차 시간 동안 잠재적으로 충전할 수 있는 곳이 많기 때문이다.

이웃 나라 일본만 해도 아파트나 맨션 지하 주차장에는 콘센트 같은 전기시설이 아예 없어 주택에 머무는 동안 충전 이용이 어렵고, 일반적인 전기요금이 우리보다 2~3배가량 비싸다. 2019년 8월 우리나라와 일본의 전기차 충전 인프라 수를 조사한 적이 있다. 결론부터 말하면 우리가 일본보다 충전 인프라 접근성이 월등하게 뛰어났다. 환경부 환경공단에 따르면, 2019년 7월 말 기준 전국에서 운영되고 있는 공용시설 급속충전기(출력 50kW 이상)는 모두 7115기였다. 또한 국토교통부에 등록된 전기차BEV 누적 수(2019년 7월 말 기준)는 7만 2814대로, 급속충전기 1기당 전기차 10.2대꼴로 배치된 셈이다. 반면에 일본의 충전표준기

구인 차데모협회에 등록된 급속충전기는 7월 말 기준 7600기였다. 일본 전기차 누적 보급 수는 14만 453대(2019년 4월 말 기준)로 전기차 18.4대당 충전기 1기꼴이다. 전기차 보급 수는 일본이 두 배 많지만 공용 충전기 수는 두 나라가 비슷하다. 결국 충전 인프라 접근성에서 국내 전기차 이용 환경이 일본보다 약 두 배 좋은 것을 의미한다.

여기에 세계 최고 수준의 안정된 전력망과 1년에 정전 한 번 발생하지 않는 전력 품질에도 우리나라 전기요금은 경제협력개발기구OECD 28개 국가 중 멕시코와 터키 다음으로 저렴해 차량 운영에 따른 경제성까지 뛰어나다.

2020년 하반기부터 충전용 전기요금이 단계적으로 정상화되고 있지만, 내연기관차 연료비에 비하면 여전히 20~30% 수준이다.

필자도 7월부터 오른 충전요금 때문에 매달 2만 원 안팎이던 비용 부담이 3만 원 초반까지 늘었다. 하지만 크게 신경 쓰지 않는다. 과거 내연기관차를 탈 때와 비교하면 유지비 부담은 여전히 작고, 앞으로 충전요금 부담이 더 늘어난다 해도 기름(경유·휘발유) 값보다 높아질 일은 전무하다. 이렇게 조용한 데다 진동이 없고, 매연·기름 냄새가 안 나는 것만으로도 크게 만족한다. 그래서 전기차 타는 사람들은 이런 말을 자주 한다. "전기차를 한 번 타본 사람은 내연기관차로 못 돌아간다"라고 말이다.

전기차 수도 계속 증가하고 있다. 2020년 8월 현재 국내 판매 중인 전기차 모델이 13개 자동차 브랜드, 18종으로 나타났다. 2014년 민간 보급이 시작된 당시 5개 브랜드, 6개(레이EV·쏘울EV·리프·i3·SM3 Z.E.·스파크EV) 모델에서 3배 늘어나면서 소비자 선택지가 크게 넓어졌다. 국내 전기차 보급에 가장 큰 걸림돌이 타고 싶은 차가 없다는 것인데, 최근 들어 특히 유럽차를 비롯한 수입차들의 신차 출시가 계속되면서 이런 문제가 점차 해결되고 있다.

차종도 소형·준중형급 세단 주류에서 중형급 세단과 중·소형 스포츠유틸리티차량SUV까지 확대되었다. 특히 초기 주행거리는 100km 안팎이었지만, 현재는 소비자 주행 패턴에 따라 최소 200km 초반에서 400km 후반까지 선택할 수 있도록 다양화되었다.

가격 역시 3000만 원대 후반에서 1억 원 초반까지 브랜드나 소비자 선호도에 따라 선택의 폭이 늘었다. 시간이 갈수록 선택지는 더욱 늘어갈 것이다. 2020년 하반기 포르쉐 '타이칸' 출시를 시작으로, 2021년 3월부터 현대차·기아차·제네시스 브랜드 각각 1종씩 신차가 순차적으로 출시되고, 메르세데스-벤츠도 2~3종, 쌍용차·폭스바겐·BMW MINI·볼보 등도 국내에 신차를 내놓는다. 일부 모델이 단종되는 걸 감안해도 2021년에는 최소 25종에서 30종에 육박할 전망이다.

우리나라는 전기차 이용에 유리한 시장 환경뿐 아니라, 빠른 산업화를 위한 잠재적 기반도 갖추고 있다. 자동차와 부품 그리고 전기에너지 등은 대부분 수입하지 않고 국내에서 자체 충당할 수 있다.

국내에는 세계 5~6위권의 글로벌 완성차 회사가 있고, 한국은 세계에서 다섯 번째로 자동차를 많이 생산하는 제조 강대국이다. 이를 주축으로 한 부품 산업뿐 아니라 세계 선두권의 배터리와 관련 소재 기술 그리고 향후 자동차의 첨단화에 따른 정보통신기술ICT 경쟁력까지 갖추고 있다.

전기차는 기존 내연기관차의 부품 수 3만 개에 비해 부품 수가 1만 개 미만이다. 복잡한 엔진과 트랜스미션, 연료계통 등이 전기모터와 배터리로 간단해지기 때문이다. 부품 수가 적어지면 제작 및 공정 단순화로 가격경쟁력은 당연히 높아진다. 또한 미래의 전기차 생산은 대단한 기술력이나 대규모 생산라인에 대한 의존도가 점차 줄어든다. 하나의 플랫폼을 이용한 다품종소량생산에 유리하기 때문에 크고 거대한 공장을 지을 필요가 없다. 전기차 생산이 대량의 복잡한 생산에서 조립에 가까운 체계로 진화하고 있는 점도 강점으로 꼽을 수 있다.

배터리 산업 역시 우리의 전기차 산업경쟁력을 높이는 데 강점으로 작용할 수 있다. 최근 일본 파나소닉과 중국 CATL에 비해 혁신 제품이나 선행기술 확보에서 다소 밀리는 상황이지만, 2000년대 후반부터 일부 국내 기업은 글로벌 배터리 업체 중에 가장 많은 글로벌 완성차 업체를 공급선으로 확보할 정도로 검증된 생산 및 기술력을 보유하고 있다.

여기에 국내 배터리 3사(LG화학·삼성SDI·SK이노베이션)와 같이 이차전지 산업 생태계를 이루는 배터리 4대 핵심 소재 기업까지 든든한 경쟁력을 갖추었다. 삼성전자나 LG전자, 현대모비스, LG디스플레이, 만도 등이 전기차를 비롯한 미래 차 부품경쟁력을 강화하고 있는 점도 기회가 될 수 있다.

우리나라는 전기차 후방 산업에도 잠재력을 갖고 있다. 전기차는 내연기관차와 달리 단품 산업이 아닌 신에너지와 연계한 거대 융합 산업으로 발전된다. 에너지를 저장하고, 이동시키고, 필요한 만큼 꺼내 쓰기 때문이다. 이런 상황에서 우리는 지금까지 에너지저장장치ESS·전력수요반응DR: Demand Response 인프라 사업과, 전국 전력 수요의 실시간 체크 공급에 반응하는 원격검침인프라AMI: Advanced Metering Infrastructure 등 스마트그리드(지능형 전력망) 사업을 해왔다. 배터리를 활용한 단순 전력 피크 저감뿐 아니라, 신재생에너지 연계형이나 주파수조정용FR: Frequency Regulation 등 다양한 용도의 신에너지 수요 시장을 경험했다.

또 전기차의 저장된 에너지를 활용한 V2G_{Vehicle to Grid}나 V2H_{Vehicle to Home·Building} 등의 상용화도 진행 중이고, 중고·폐배터리 재사용-Reuse, 재활용-Recycle 등의 서비스형 후방 산업도 시도되고 있다.

결국 전기차는 후방 산업을 통해 전기차의 '이동성'과 배터리의 '에너지'를 활용한 또 하나의 새로운 산업으로 발전될 수 있다. 우리나라는 전기차를 보급하기에도 좋은 나라이면서, 전기차 단품 산업뿐 아니라 융합 산업에도 잠재적 강점이 있다. 이를 위해 시장규제 완화 등을 비롯해 산업화를 위한 보조금 정책, 전력 재판매 시장 활성화 등 정부 정책 개선과 대기업의 역할(차량·배터리 데이터 공유 등), 한전의 사업 구조 개선 등이 더해진다면 이 같은 잠재력은 다른 국가에서 쉽게 시도할 수 없는 새로운 산업의 기회가 될 수 있을 것이다.

전기차 Q & A ‍ 우리나라 충전기 수가 부족한가요?

그렇지 않다. 우리나라 전국에 깔린 충전기 숫자와 전기차 숫자를 단순히 비교하면 오히려 충전기가 남아도는 상황이다. 2019년 말 전국에 깔린 충전기를 조사한 적이 있다. 당시 전국에 전기차 공용 충전기가 4만 기가 넘었다. 개인만 사용하는 가정용 충전기 약 2만 기까지 합치면 7만 기가 넘는다.

2020년 구축 물량(최소 완속 8000기, 급속 1000기)까지 합치면 8만 기에 달한다. 7월 기준 국내 전기차 보급 대수는 11만 대로 충전기 하나당 전기차 1.40대꼴이다.

2019년 말에 조사했을 때 전국의 공용 완·급속 충전기가 4만 469기로 나타났고 이 중에서 급속(50kW급)·초급속(100kW급 이상) 충전기는 6792기였다. 게다가 전국에 약 500기의 자체 충전기를 운영 중인 테슬라코리아를 비롯해 다수의 완성차 업체와 지방자치단체, 주유소 사업자 시설까지 합치면 공용 충전기 숫자는 훨씬 더 늘어난다. 다만 이들 충전기 중에 접근성이 떨어지는 충전기가 더러 있다. 급속충전시설은 고속도로 휴게소나 대형마트 같은 생활시설 등 비교적 접근성이 뛰어난 장소에 설치되어 있지만, 완속의 경우 아직 전기차가 없는 아파트 단지에 미리 설치된 충전기가 상당수 있다. 업계는 약 8만 기의 충전기가 전국에 깔린 것으로 추정하고 있다. 이 중에서 누구나 쓸 수 있는 공용 완속충전기는 약 4만~5만 기이고, 2만 기 정도가 1년 내내 사용이 5회도 안 된다.

우리나라 전국에 설치된 충전기의 실제 사용량이나 사용 여부 등을 알 수 있는 건 한국전력뿐이다. 전국의 정확한 충전시설 이용 현황을 파악하기 위해 한전에 수없이 데이터를 요구했지만 답변을 듣지 못했다. 한전이 사용량이나 사용 횟수 데이터만 제공한다면 정부나 민간이 충전 인프라를 보다 효율적으로 구축할 수 있을 것이다.

2. '현대차그룹이 달라졌어요'

내연기관차 중심의 현대차가 변화하고 있다. 현대차그룹의 전기차 전략은 2018년 9월 정의선 수석부회장이 경영 전면에 나서기 전과 이후로 극명하게 갈린다. 이전까지는 내연기관차 시대를 최대한 연장하려는 의지가 강해 보였다. 2011년 현대차그룹이 하이브리드 개발실과 전기차 개발실을 통합하고, 총괄 책임자로 당시 하이브리드 개발실장(상무)을 선임한 것과 2011년 '블루온' 단종 이후 2017년까지 전기차를 내놓지 않았던 지난 과거가 이를 말해주었다.

2016년 말에 처음 공개한 '아이오닉'은 하이브리드·전기차 통합 개발실이 만들어낸 가장 애매한 포지션의 애매한 차량이었다. 아이오닉은 현대차의 친환경차 브랜드 이름이었다. 아이오닉의 전기차 모델을 판매하기 시작한 건 2017년이다. 당시 현대차는 세계 최초 '친환경차 전용 플랫폼'을 개발해 배터리전기차BEV와 플러그인하이브리드PHEV, 하이브리드HEV 모두를 하나의 플랫폼에 적용시켰다.

전기차와 내연기관차인 HEV 그리고 PHEV는 각각의 동력전달장치가 다른 차량임에도 이들을 하나의 플랫폼으로 내놓았다는 것은 오히려 이해가 되지 않았다. 당시만 해도 테슬라뿐 아니라 제너럴모터스GM나 르노, 닛산 등은 이미 전기차 전용 플랫폼을 내놓았을 때였다.

그럼에도 불구하고 현대차는 전기차 전용 플랫폼보다는 정체가 불명확한 친환경차 플랫폼에, 비슷해 보이지만 비슷하지 않은 가솔린·하이브리드·전기차 세 차종을 적용한다는 전략이었다.

나는 현대차의 이런 전략을 이해할 수 없었다. 그래서 이 플랫폼의 무게 밸런싱을 확인하기 위해 당시 아이오닉 전기차를 타고 서울 시내의 골목길이면서 언덕길인 곳을 찾아다니며 운전했다. 이때만 해도 아이오닉의 배터리 용량(29kWh)은 비교적 큰 축에 들었다.

조금은 예상했던 대로 일부 경사가 있는 골목길에서 차량 앞쪽이 들려 슬립Slip 현상이 발생해, 차가 전진을 하지 못하는 상황을 경험했다. 저마찰 타이어를 쓴 데다 액셀러레이터가 과도할 정도로 민감하게 설정되어 그럴 수도 있지만, 개조 전기차에서 흔히 볼 수 있는 현상이기도 했다. 내연기관차의 플랫폼을 사용하다 보니 배터리 무게 밸런싱을 최적화시키지 못한 것이다. 배터리를 차량 뒤쪽 빈 공간(차량 뒷좌석 하단)에 장착한 결과, 오르막 주행 시 차량 앞부분이 들리는 것이다.

같은 이유에서 당시 아이오닉의 뒷좌석 헤드룸 공간 역시 크게 협소했다. 이후 현대차는 아이오닉 전기차의 문제점을 보완해 개선했고, HEV와 PHEV는 3년여 만에 단종을 앞두고 있다. 결국 친환경차 플랫폼은 몇 년 가지 못하고 사라지게 되었고, 현대차는 이 같은 경험을 통해 전동화 경쟁력을 높이는 계기가 되었을 것이다.

이런 현대차그룹의 새로운 변화가 시작된 건 2018년 9월 정 수석부회장이 총괄 자리에 오르면서다. 2018년 12월 전후 현대차그룹은 시장·상품 기획 및 연구개발R&D부터 상품 전략까지 모두 관여하는 전기차 전담 조직을 상품전략본부 내 신설했다. 그룹 첫 전기차 조직이면서 컨트롤타워 역할을 해야 하다 보니 국내외 영업본부, 재경본부, 상품전략본부, 기술전략본부 등 분야별 전문가들로 구성되었다. 이 조직은 시장전략팀과 상품전략팀 등으로 나뉘어 신차 전략과 배터리 등 공급 계획부터 충전 인프라나 배터리 재사용·재활용까지 전·후방 산업 전반의 전략을 도맡았다.

여기에다 향후 고객의 지속 가능한 전기차 이용을 위해 중고·폐배터리를 재사용한 애프터마켓 전략과 단계별 로드맵 구축도 전담했다. 충전 인프라 구축이나 사업화 전략도 이곳에서 짰다.

현대차는 2019년 10월 전기차 전담 조직에서 세운 전략을 실행할 연구개발 조직도 대폭 강화했다. 당시 현대차그룹은 연구개발본부의 환경기술센터를 전동화개발센터로 명칭을 바꾸고, 센터 밑에 전동화개발실과 배터리개발실을 신설했다. 가장 큰 변화는 기존 단일 전기차 개발 조직을 소형·준중형·중대형·대형 세그먼트별로 세분하여 전문인력을 추가해 세그먼트별 상품성을 높인 것이었다.

또한 각각의 배터리와 전동화 개발실을 통해 전기차와 핵심 부품인 배터리 분야 연구개발도 강화하기 시작했다. 외부에 의존하던 배터리 시스템 전반을 현대차그룹이 직접 챙기겠다는 계획도 이때부터 나오기 시작했다.

첫 플랫폼 전기차 '아이오닉5'가 기대되는 이유

지금까지 현대차그룹의 모든 전기차는 개조형 전기차였다. 이는 엔진 등 내연기관을 들어내고, 그 자리에 전동모터와 충전·배터리 시스템을 장착한 형태였다. 하지만 현대차그룹은 전기차 시장 수요나 생산·개발 여건 등을 종합적으로 고려해 첫 전용 플랫폼의 전기차를 2021년에 드디어 내놓는다. 전용 플랫폼의 연구개발 기간 등을 고려하면 정 부회장이 그룹 총괄 자리에 오른 그때쯤부터 시작되었다는 것을 예상할 수 있다.

이 전용 플랫폼을 적용한 차량은 현대차의 크로스오버유틸리티차량 CUV 모델인 '아이오닉5(프로젝트명 NE)'이다. 기아차도 같은 플랫폼을 적용한 비슷한 차체 크기의 전기차 '이매진'를 내놓는다. 아이오닉5는 2021년 4월에, 이매진은 같은 해 8월에 국내 판매를 시작한다.

이들 전기차 모델이 기대되는 이유는 현대차그룹이 작정하고 만들었기 때문이다. 이전까지 실패 혹은 성공했던 경쟁사의 모든 전기차 사례를 철저하게 분석·보완해 완성도를 높였을 것이다.

전용 플랫폼을 탑재해 배터리 무게 밸런싱이나 배터리에 최적화된 충격 흡수 등은 기본으로 이루어지고 △ 교체·확장이 가능한 배터리 탈부착 기능, △ 기어박스 제거 등 기존 차량에서 느껴보지 못한 실내 공간, △ 운행 패턴에 따라 고객이 선택할 수 있는 두세 가지 용량의 배터리 시스템 등이 새롭게 적용된다. 이들 중에는 대부분 배터리 등 전기차의 특성을 살린 현대차만의 독자 기술도 대거 포함되어 있다.

아이오닉5는 혁신적 기술보다는 기존 내연기관차에서 제공할 수 없는 편리한 응용 기술을 많이 담았다. 이런 기능은 전기차를 이해하고 대중화를 실현하는 데 중요한 역할을 할 것으로 기대된다. 예를 들어 아이오닉5를 타고 캠핑을 간다면 숙박뿐 아니라 차 안에서 24시간 냉난방이 가능하고, TV나 취사도구 등 각종 전자제품을 외부 전원 없이

2021년에 출시 예정인 '아이오닉5' 콘셉트카. 현대차그룹 최초로 전기차 전용 플랫폼(E-GMP)을 적용한 배터리 전기차다.

도 맘대로 이용할 수 있다. 특히 소비자들이 놀랄 만한 건 아이오닉5를 밖에서 보면 쏘나타 크기지만 실제 실내는 팰리세이드만큼의 공간을 제공한다는 것이다. 차를 조금 아는 사람이라면 쏘나타 크기면 실내공간은 어느 정도 가늠할 수 있다. 하지만 아이오닉5는 기존 내연기관차에서 느꼈던 실내공간 개념을 한층 뛰어넘는 형태로 제작된다.

또 아이오닉5는 테슬라와 비교해 제품 완성도와 안정적인 생산 능력, 애프터서비스 등 전통 자동차 회사의 기본은 물론이고, 가격 측면에서도 대중화에 기여할 것으로 예상된다. 아이오닉5 가격은 배터리 용량에 따라 5000만 원 초반이 유력하다. 테슬라 모델3(5369만~7369만 원)와 비교하면 1000만 원가량 저렴하다. 현재로서는 아이오닉5의 주행 성능이나 각종 편의사양, 첨단 운전자 보조 시스템ADAS을 고려할 때 이 가격대 경쟁 모델은 2018년에 출시된 테슬라 모델3 말고는 당분간 없을 것으로 예상된다.

현대차의 전동화 전략이 기대되는 또 하나의 이유

전기차는 특성상 내연기관차량에 비해 부품 수가 절대적으로 적다. 부품이나 장치 구조가 이전보다 단순하고 전자제어장치가 많아 그만큼 부품이나 장치 모듈화에 유리하다. 이 때문에 생산 체계도 간단해지고, 생산비용 절감에도 유리하다.

이런 가운데 현대차가 싱가포르에 '스마트팩토리'를 건설하는 사업을 현지 정부와 추진 중이다. 스마트팩토리는 '선주문 후생산' 방식의 소규모 공장 형태로 지어진다. 현재의 자동차 생산공장은 미국이나 유럽, 한국 등 몇몇 국가에서 생산한 차량을 다른 지역으로 수출하는 데 반해 스마트팩토리는 현지 시장만을 주요 타깃으로 한 맞춤형 공장인 것이 가장 큰 특징이다.

이는 도요타 아키오 사장이 2010년대 초반 처음 언급한 소규모 거점 공장 형태와 비슷하다. 운송·물류 비용과 시간 최소화 효과는 물론 현지 소비문화까지 고려해 맞춤형 차량을 필요한 만큼만 생산해 각종 부담을 줄인 형태다. 이 같은 개념을 현대차는 생산이 복잡한 내연기관차가 아닌 전기차로 실현하겠다는 것이다. 그렇다면 이 같은 개념을 먼저 꺼낸 토요타가 스마트팩토리를 실현할 수 있을까? 당연히 쉽지 않다. 토요타는 글로벌 시장을 대상으로 한 전기차가 아직 없다. 그리고 전기차의 생산 구조를 알아버린 이상 그 복잡한 내연기관차 위주의 스마트팩토리를 운영할 가능성은 크게 낮다.

결국 스마트팩토리는 전동화 시대의 간단한 생산 체계를 활용한 소규모 고효율 생산공장이다. 해당 국가의 현지 투자 등 생색내기도 좋

표 12 | 현대·기아차 전동화 사업 전략

현대차 2025 전략 (2025년까지 61조 1000억 원 투자)	
2021년	• 전용 플랫폼 기반 첫 전기차 아이오닉5 및 제네시스 eG80 출시 • 모듈형 전기차 아키텍처 체계 신차에 적용
2025년	• 전기차 및 수소전기차 등 전동화 세계 3대 기업 도약 • 전기차 56만 대, 수소전기차 11만 대 등 전동화 차량 67만 대 판매 목표
2030년	• 한국, 미국, 중국, 유럽 등 주요 시장 모든 신차에 전동화 차량 판매
2035년	• 인도, 브라질 등 신흥 시장 모든 신차에 전동화 차량 판매
기아차 플랜S 전략 (2025년까지 29조 원 투자)	
2021년	• 전용 플랫폼 기반 첫 전기차(CV) 출시
2022년	• 전기차 4종 확대 • 글로벌 전기차 시장점유율 5.1%, 전기차 판매 비중 4.2% 달성
2025년	• 전기차 아키텍처 개발 체계 도입 • 전기차 11종 풀라인업 구축 • 글로벌 전기차 시장점유율 6.6%, 선진 시장 전기차 판매 비중 20% 달성 • 전기차 판매 비중 12.3% 달성
2026년	• 전기차 판매 50만 대 달성 • 전체 친환경차 판매 100만 대 달성

고, 국가별로 다른 차량 컬러, 크기, SUV 등 형태나 현지 기후 변화에 맞는 차량 성능까지 최적화시킬 수 있다. 전동화 시대가 되면서 가능해진 것들이다.

현대차는 자체 개발한 전용 플랫폼을 활용하면 모터 출력·주행 성능뿐만 아니라 냉난방 공조·인버터와 충·방전 속도 등도 차체 크기별로 최적화할 수 있다. 또한 프리미엄 모델부터 보급형 차량까지 라인업을 동시다발로 확대할 수 있다. 현대차가 전기차 분야에서 테슬라와 비교해 절대 우위에 있는 생산기술과 뛰어난 제품 완성도를 앞세운 전략이 앞으로 어떻게 펼쳐질지 기대된다.

전기차 전용 플랫폼과 그렇지 않은 전기차의 차이는?

현재 국내외 시장에는 전용 플랫폼(섀시·골격)으로 만든 전기차와 내연기관차의 플랫폼을 그대로 이용한 개조형 전기차가 혼재해 있다.

전용 플랫폼으로 만든 전기차는 내연기관을 전혀 쓰지 않기 때문에 실내뿐 아니라 다양한 공간 활용이 가능하다. 2015년 테슬라 모델S가 나왔을 때 뒤 트렁크뿐 아니라 앞쪽 보닛에도 사람이 들어갈 만큼의 작은 공간이 있었고, 실내에는 기어박스가 없었다. 전용 플랫폼이 갖는 강점을 테슬라가 처음으로 세상에 알린 사건이었다.

현대차가 출시하는 아이오닉5의 최대 장점을 실내공간으로 꼽은 것도 같은 이유에서다. 아이오닉5는 언뜻 보면 쏘나타 크기지만, 대형 SUV 못지않은 실내공간을 확보했다. 동일한 외관 크기의 내연기관차량에 비해 월등하게 내부 용적을 확보할 수 있기 때문에 탑승자의 편의성이 증대될 뿐만 아니라 다양한 시설과 기기를 갖출 수 있다.

실제 아이오닉5의 차체 길이인 전장(4635mm)만 봐도 쏘나타(4900mm)나 아반떼(4650mm)보다 짧다. 하지만 전폭(1890mm)은 쏘나타(1860mm)보다 넓다. 전고(1605mm)는 코나(1565mm)보다 약간 넓은 정도지만, 휠베이스는 3000mm로 팰리세이드(2900mm)보다 길고, 쏘나타(2840mm)나 싼타페(2765mm)를 능가한다. 바로 이런 것이다.

전용 플랫폼의 장점은 또 있다. 나는 2019년 9월 국내 기자로는 처음으로 폭스바겐의 전기차 전용 생산공장인 독일 츠비카우(Zwikau) 공장을 방문한 적이 있다. 그곳은 폭스바겐의 첫 전기차 전용 플랫폼 기반의 신차인 'ID.3'를 생산하는 곳이다. 이때 전기차 전용 플랫폼을 눈앞에서 제대로 보았다.

이 플랫폼은 차량 주행에 따른 무게중심을 고려해 대용량 배터리를 차체 하단에 배치하도록 구성된 것은 물론, 관련 전동화 시스템·파워트레인 설계 최적화를 구현했다. 가장 기억에 남는 건 이 플랫폼이 크기와 무게가 각기 다른 세 종류의 배터리(45kWh, 58kWh, 77kWh)를 선택적으로 장착하도록 설계되었다는 것이다. 45kWh급 배터리와 77kWh급 배터리의 무게나 부피가 1.5배 이상 차이가 나지만, 이 모두를 수용하

폭스바겐 승용차 모델 '골프'의 차체 프레임.

폭스바겐의 전기차 전용 플랫폼 'MEB'를 장착한 배터리
전기차 'ID.3'의 차체 프레임.

면서 무게 배분까지 최적화시켰다. 그리고 또 차량 충격으로 인한 배터리 훼손을 최
소화하기 위해 나사를 꽂는 방향이나 충격 흡수를 위한 프레임 설계까지 굉장히 짜
임새 있었다. 플랫폼을 통해 충격을 단계적으로 흡수하고 필요에 따라 분산하는 설
계였다.

결국 전용 플랫폼은 개조 전기차에 비해 배터리 무게 균형에 따른 주행 최적화뿐 아
니라 공간 활용도가 크게 높고, 각종 사고에 따른 안전까지도 감안해 설계된 것이다.

반면 개조형 전기차는 내연기관 모델에서 엔진과 변속기를 빼내고 전기모터와 배터리를 장착한 것이다. 그래서 배터리가 좌석 밑이나 트렁크 공간에 채워지기도 하고, 기어박스와 차체 중앙에 튀어나온 배기 통로는 아무런 역할이 없음에도 실내에 불필요한 공간을 차지한다.

개조형은 전기 동력원에 맞춘 설계가 불가능하고 디자인 구현에도 한계가 있다. 개조 전기차는 특히 배터리 무게 밸런싱을 완벽하게 구현하지 못한 것을 주행 중에도 쉽게 느낄 수 있다. 하지만 완성차 업체 입장에서는 기존의 자동차 플랫폼을 이용하기 때문에 전기차 신차 개발에 비용과 시간을 줄일 수 있다.

3. 우리 중소기업의 무한한 가능성

우리나라 전기차 분야의 중소기업들은 정부의 보조금 테두리 안에서 성장하기도 했지만, 성장을 제한받기도 했다. 이 책을 쓰게 된 가장 큰 이유 중 하나가 정부 보조금이나 정책이 이제 성장을 주도하는 데 한계점에 도달했다는 사실을 깨닫고 정부와 산업계가 함께 고민해 보자는 데 있다.

전기차는 내연기관차에 비해 부품 수가 적고 제작 공정이 간단해 대규모 자본의 대기업뿐 아니라 중소기업들도 완성차 시장에 진출할 기회가 있다는 점에서 전기차 산업을 자동차 산업의 패러다임 전환이라고 말할 수 있다.

이런 패러다임 전환에서 미국 테슬라가 생겨났고, 샤오펑모터스Xpeng나 니오NIO, 리샹Li Auto 등의 중국 스타트업까지 완성 전기차를 개발하며 글로벌 시장을 상대로 이미 연간 수천·수만 대 차량을 판매하고 있다. 리샹이나 니오는 뉴욕증권거래소NYSE에 상장될 만큼 시장성까지 인정받았다.

반면에 국내에는 아직까지 완성 전기차 스타트업이 없다. 우리나라는 기본적으로 제조업·정보통신기술ICT 경쟁력이 강하고, 배터리 등 관련 부품 산업 대부분을 갖고 있지만, 자체 플랫폼으로 승용 전기차를 만드는 기업은 나오지 않고 있다.

그럼에도 불구하고 국내에는 완성 전기차 사업을 꿈꾸는 중소기업들이 있다. 자금이나 전문인력 부족으로 독자 플랫폼 없이 1~2인승의 초소형 전기차를 만들고 있지만, 다년간 그들이 쌓은 노하우로 제품 완성도가 높아지고 있는 건 분명한 사실이다. 또 우리나라 전기차 충전기 시장은 정부 보조금 테두리에 갇혀 빠른 성장은 하지 못했지만, 완성도 높은 기술만큼은 세계 최고 수준의 경쟁력을 갖고 있다. 어떤 중소업체는 정부 도움 없이도 전 세계 어디에도 없는 '이동형 충전기'를 만들었고, 글로벌 충전기 시장점유율 5위권 안에 드는 수출 유망기업도 있다.

우리 중소기업이 만든 전기차

국산 전기차 시장에는 현대차가 만드는 승용 전기차나 전기버스, 전기트럭 등도 있지만, 한 사람 혹은 두 사람이 탈 수 있는 초소형 전기차도 있다. 초소형 전기차는 도시의 한정된 도로시설과 주차 공간을 고려해 생겨난 개인용 친환경 교통수단이다. 이런 초소형 전기차 역시 부품 등 공간 활용이 뛰어난 전동화로 바뀌면서 새롭게 등장한 차종이다.

국내 초소형 전기차 시장은 중소기업이 대부분이다. 초소형 전기차의 산업 생태계는 두 부류로 나뉜다. 하나는 주로 중국에서 완성 초소형 전기차를 가져와 국내 판매하는 업체이고, 또 하나는 중국산 플랫폼(섀시·골격)을 쓰지만, 배터리셀과 전동모터 등 기성 부품을 제외한 배터리 시스템과 각종 구동·제어장치는 독자 기술로 만들어 판매하는 업체다. 국내에는 초소형 전기차를 자체 개발했다고 말하는 업체들이 많지만, 실제 독자 개발에 나선 업체는 두세 곳에 불과하고 나머지는 중국 수입산이라고 보면 된다.

대창모터스는 과거 국내 대형 골프카트 업체의 개발인력 등 일부 사업부를 인수하면서 초소형 전기차 시장에 발을 디딘 국내 대표적인 초소형 전기차 업체다. 사업 초기에는 골프카트를 개발·생산해 국내에서 야마하·산요 등 큰 기업들과 경쟁했고, 이 과정에서 쌓은 기술력과 경험으로 현재 초소형 전기차 사업에 집중하고 있다. 야쿠르트 아줌마들이 타고 다니는 배달용 전동카트를 개발한 업체이기도 하다.

이 회사는 2017년 국내 업체 처음으로 초소형 전기차 '다니고DaniGo'를 개발해 현재 다니고3까지 국내 출시했고, 우정사업본부 등과 일반인 고객을 합쳐 지난 3년간 약 1000대의 전기차를 판매했다. 현재 0.6톤급 전기트럭을 개발하는 중으로 최근에 그동안 확보한 초소형 전기차용 섀시·차체와 4종의 배터리 시스템을 하나로 플랫폼화시킨 기업 간 거래B2B 사업도 추진하고 있다.

이 플랫폼은 지금까지 이 회사의 차량 개발 기술과 노하우를 하나의 상품으로 만든 형태로, 이 상품(시스템)을 이용하면 초소형 전기차 개발에 필요한 시간과 비용을 아낄 수 있다. 이는 물론 수익 창출 목적도 있지만, 결국 다른 중소기업의 시장 참여를 유도해 초소형 전기차 시장을 함께 키워가기 위한 이 회사의 전략도 담겨 있다.

매출 7000억 원의 국내 대표적인 휴대폰 카메라 모듈 업체 캠시스도 초소형 전기차 시장에서 성장 가능성을 보이고 있다. 이 회사는 전체 매출의 99%가 특정 기업에 공급하는 카메라 모듈에서 나올 만큼 사업 다각화가 시급한 상황에서 초소형 전기차 시장에 뛰어들었다. 다년간의 연구개발 끝에 배터리관리시스템BMS, 차량제어장치VCU, 인버터Inverter 등을 비롯해 전기차 핵심 부품인 파워트레인(동력전달장치)을 개발했고, 국내에 독자 생산시설 구축까지 추진하고 있다. 여기에 투입된 연구개발 인력만 국내 중소·중견 기업 통틀어 가장 많은 50명에 달할 만큼 완성차 기술 확보에 공을 들이고 있다.

2019년에 처음 출시한 초소형 전기차 '쎄보-C'는 아직 판매량이 많지 않지만, 국내 완성차 출신의 전문인력을 확보해 차체 설계부터 부품·장치의 모듈화 등 완성 전기차 제작·생산에 필요한 기반 기술을 차곡차곡 쌓고 있다.

캠시스는 애초부터 국내시장만 바라보지 않고 자국 스스로 완성차 기술경쟁력을 갖고 싶어 하는 동남아 국가를 주요 타깃으로 사업을 펼쳤다. 초기엔 주문자생산방식OEM으로 현지에 진출한 후 최종 완성차 기술 이전까지 고려한 현지화 전략을 쓰고 있다. 초소형 전기차 업계 후발주자지만 이 회사는 글로벌 수준의 생산·품질 노하우를 갖추고 있다.

중국의 전기차를 가져와 점차 국산화를 실현하는 기업도 있다. 쎄미시스코는 2017년 당시 중국 전기차 시장 판매량 상위권인 중국 쯔더우가 만든 초소형 전기차 'D2'를 가지고 국내시장에 뛰어들었다. 이후 전기차 분야 완성차 기업경쟁력까지 갖추기 위해 한국 시장 영업 파트너에서 전략적 파트너로 전환하고, 핵심 장치(부품) 국산화를 통한 성능 개선과 자체 생산력을 갖추며 완성차 제작에 필요한 기술과 노하우를 쌓아가고 있다.

이 회사는 자체 기술로 핵심 부품인 배터리 시스템이나 파워트레인 등을 D2에 장착하는 부품조립생산SDK 기술을 보유하며 세종시에 연간

3000~4000대 생산 체계까지 마련했다. 아직 시판은 못 했지만, 독자 기술로 별도의 초소형 전기차를 개발했고, 전국 정비망과 판매망까지 확보하며 완성차 시장을 준비하고 있다.

이미 10년 넘게 개조 전기차로 틈새시장을 공략하는 기업도 있다. 파워프라자는 2010년 즈음에 우리나라 중소기업 최초로 고속전기차 '예쁘자나'를 제작한 업체로 유명하다. 예쁘자나는 10년 넘게 완성도를 높여가는 중으로 출시 계획은 아직 잡히지 않았다. 하지만 파워프라자는 예쁘자나 개발을 통해 완성 전기차 기술을 확보하면서 국내 개조 전기차 시장을 개척하고 있다.

이 회사는 국내에서 가장 오래된 전기차 회사다. 2016년 대우자동차의 0.5톤 트럭인 라보를 전기차로 개조하는 데 성공하고 이를 상용화시켰고, 현재까지 약 200대의 판매 실적을 올렸다. 이후 1톤 트럭과 중대형 승합차까지 개조 전기차로 개발했다. 하지만 이들 차량의 가격경쟁력이 좋지 않아 시장에서 크게 고전하고 있다. 가격경쟁력이 낮은 이유는 전기차를 만드는 데 필요한 건 내연기관차의 섀시나 기존 편의·안전사양 장치뿐인데 엔진을 비롯한 모든 걸 갖춰놓은 차량을 구매하다 보니 제작 비용이 많이 들기 때문이다.

그래서 파워프라자는 최근에 전략을 일부 수정하기도 했다. 신차 기반의 개조 전기차가 아닌 중고차 기반의 개조 전기차까지 사업 영역에 추가했다. 이를 위해 차체와 섀시, 에어컨, 에어백 등 편의·안전장치는 기존 검증된 완성 트럭 부품장치를 그대로 활용하면서 전력·전자제어 기반 전기 구동 핵심 부품을 조합한 플랫폼을 자체 개발했다.

2020년부터 현대차그룹에서 전기트럭을 내놓으면서 파워프라자의 제품경쟁력이 떨어진 건 사실이다. 하지만 파워프라자만큼 전기차 국

중소기업 파워프라자가 독자 기술로 10년째 개발 중인 전기차 '예쁘자나R2'.
(자료: 전자신문 DB 제공)

산화에 열정이 있는 기업을 보지 못했다. 파워프라자의 주력 시장인 국내 개조 전기차 시장은 지금의 특장차 시장처럼 특화된 영역으로 발전할 가능성이 높다. 미국은 기존에 회사나 개인이 타던 차량을 그대로 유지하면서 동력원만 전기로 바꾸려는 시도가 많아지면서, 이미 전문업체가 생겨났다.

중소기업이 만든 한국형 전기차 충전기

우리나라 전기차 충전기 시장 플레이어는 전부 중소기업이다. 2014년 정부가 전기차 충전기 제조업을 중소기업 적합업종으로 분류할 것이라는 이야기가 나돌면서 당시 충전기 업체였던 효성, LS산전, 일진전기 등이 이 사업을 접었고, 이후 현재까지 대기업들은 이 시장에 발을 들여놓지 않고 있다.

이와 함께 또 하나의 국내 충전기 시장의 특징은 우리나라 전국에 깔린 충전기 대부분은 한국전력 발주 물량을 포함해 정부 보조금 지급 규격에 맞게 제작된 비슷한 제품들이라는 것이다.

이런 가운데 국내 일부 충전기 제작사 중에는 정부의 보조금 테두리 안에서 벗어나 자생적인 시장 창출을 위해 독자 기술 개발이나 해외시장 개척에 적극 나서는 기업이 있다. 파워큐브가 개발한 이동형 충전기는 주차장 내 콘센트와 전자태그RFID: Radio Frequency Identification만 있으면 충전요금에 따른 과금 피해 없이 어디서든 자유롭게 충전하도록 만들어졌다. 이 회사가 만든 충전 케이블은 충전과 과금·전력량계·통신 장치를 내장해 일반 충전기의 모든 기능을 지원한다.

이 제품이 2015년 주목을 받았던 건 아파트 등 공동주택에 고정형 충전기(7kW)를 설치하려면 전용 주차면 확보를 위해 입주자회의 동의 등 복잡한 절차를 거쳐야 하지만 이 충전기는 이 같은 까다로운 절차를 밟지 않아도 되고, 별도 설치비도 들지 않아서였다. 또한 일반 충전기에 비해 가격이 절반 이하이고, 통신·인증 기능을 탑재해 전기 무단 사용도 막을 수 있다.

누가 충전을 하는지 사용자 인증을 위해 전자태그를 붙여야 하고 충전 속도가 시간당 최대 3kW에 불과했지만, 복잡한 설치 절차를 밟지 않아도 된다는 장점 하나만으로 크게 주목을 받았다. 당시 테슬라 전기차를 미국에서 개별 수입해 온 사람들도 주로 이 충전기를 썼을 정도로 충전기를 설치하지 못한 이용자들에게 인기가 많았다.

이동형 충전기의 효과가 알려지면서 불과 1년여 만에 환경부가 보조금 지급 대상에 이 충전기를 포함시켰다. 이동형 충전기는 현재 1만 명 이상이 사용하는 것으로 알려졌으며 충전기가 설치된 아파트 주차면에 다른 차가 충전 중이거나 시설에 충전기가 없을 때 보조 수단으로 잘 활용되고 있다.

최근에는 또 다른 충전기 회사인 매니지온 등이 유사한 형태의 이동형 충전기를 개발하면서 이동형 충전기 시장도 경쟁 구도가 되었다. 매니지온 제품은 기본적인 기능 이외 인체공학적 디자인과 LCD(액정표시장치)를 통해 그래픽 안내 및 음성 안내를 제공하면서 온도 센서와 누전 보호회로를 내장해 안전성도 높였다.

최근에는 이동형 충전기보다 설치가 더 간단한 콘센트형 충전기가 등장하기 시작했다. 이동형 충전기는 해당 업체가 제공하는 충전 기능 내장형 충전 케이블을 가지고 다녀야 하지만, 콘센트형 충전기는 콘센트에 충전 기능이 내장되어 있기 때문에 단순 충전 케이블만 있으면 간단하게 사용할 수 있다. 스타코프가 만든 과금형 콘센트는 기존의 계량기 없이도 안전성·계량 정밀도·내구성 등 국가 기준을 모두 만족한 국내 최초 제품이다. 이 제품은 일반 콘센트를 과금형 콘센트로 바꾸면 전기차를 충전할 수 있도록 설계했다. 콘센트 안에 충전량, 즉 전력 사용량을 측정할 수 있는 계량 알고리즘을 탑재해, 아파트나 회사 건물 주차장 콘센트를 과금형 콘센트로 교체하면 사용자는 신용카드만 갖다 대고 바로 충전할 수 있다. 특히 이 회사는 제품에 전자기기 고유의 주파수 특성을 분석한 기술을 접목해, 일반 220V 콘센트에 청소기 같은 전자기기를 꽂으면 일반 콘센트처럼 전기를 사용하지만 인가되지 않은 전기차 충전 코드를 꽂으면 전기를 차단하도록 한 독자 기술도 적용했다. 콘센트에 연결된 제품을 구분할 수 있는 국내 유일의 기술로, 공공시설의 전기 무단 사용을 원천적으로 막을 수 있다.

이동형 충전기와 콘센트형 충전기는 최근 전기차들의 배터리 용량이 커지면서 충전 속도 기대치에는 부족하지만, 충전 사각지대를 해소하고 전기 무단 사용을 막을 수 있는 혁신적인 제품으로 평가된다.

우리나라에는 글로벌 판매량 세계 3~4위권의 충전기 제조업체도 있다. 시그넷이브이는 국내 판매하거나 수출한 급속충전기(50kW·100kW급) 수만 이미 2018년 7월에 4000기를 넘겼고, 현재까지 약 1만 기에 육박할 정도다. 이 업체는 세계 판매량 1위인 ABB(스위스)를 비롯해 엠파섹(포르투갈) 등과 함께 급속 및 초급속 충전기 시장점유율 상위권에 속해 있다.

이 회사는 2019년과 2020년 두 차례 걸쳐 미국 EAElectrify America가 발주한 초급속충전기 1·2차 구축 물량을 수주하며 단번에 1500기를 수주하기도 했다. EA는 2016년 6월 폭스바겐이 미국 환경청과 디젤차 배기가스 조작 관련 법정 소송을 마무리하면서 미 정부와 합의해 만든 자회사다. 폭스바겐은 미 정부와의 합의에 따라 전기차 보급 확대를 위해 2027년까지 총 20억 달러(한화 약 2조 3350억 원)를 투입해 공용 충전 인프라 구축사업을 진행하는데 시그넷이브이가 사업 초반 1·2차 구축 물량의 상당수를 확보한 것이다. 또한 이 회사는 최근에 미국에서 EA에 버금가는 초급속 충전 분야 1위의 충선 서비스 사업자인 EVgo의 협력사로 선정되어 대규모의 물량 수출을 앞두고 있다.

시그넷이브이는 이밖에도 유럽과 일본 등의 완성차 업체 전용 제품을 제작해 공급하고 있다. 이 회사는 2011년 전기차 시장 초기부터 일본 마루베니상사와 해외 사업 협력체계를 구축해 유럽과 미국, 일본 등에 판로를 개척했다. 정부 보조금 사업에만 집중하는 다른 업체와는 달리 애초부터 먹거리 사업을 해외에서 찾았다.

특히 해외 수출 과정에서 유럽과 미국 시장에 필요한 모든 인증 규격

EA(Electrify America)가 미국 전역을 대상으로 추진 중인 전기차 초급속충전기 구축사업에 국내 업체 중 유일하게 시그넷이브이 충전기가 공급되었다. 사진은 미국 캘리포니아 지역에 EA가 구축한 초급속충전기. (자료: EA 제공)

을 획득하면서 초급속 분야에서 세계 최고 수준의 기술을 확보하게 되었다. 최근에 이 회사는 초고압 충전을 위해 냉각장치 기반의 수냉식 케이블을 적용한 초고압·고전류 충전기를 개발했다. 이는 초고압 충전에도, 충전 케이블 두께를 늘리지 않고도 안정된 충전 성능을 발휘하는 독자 기술이다. 시그넷이브이는 10년 전부터 황호철 대표가 잘하는 것에만 집중한다는 하나의 신념으로 급속충전기 개발에만 전념해 온 국내 최대 물량 규모의 충전기 수출 업체다.

만일 정부가 지원하는 충전기 보조금이 없었다면 우리나라도 일본처럼 시장 경쟁 과열로 자국 내 충전기 업체가 사라지고, 중국산 제품에 의존했을 가능성도 있다. 보조금이 우리 충전기 산업을 보호한 효과도 크다. 하지만 국산 충전기가 나온 지 10년이 넘었지만, 수출 기업은 한두 곳에 불과하고, 충전기 제품은 가격이 낮아진 것 외에는 사용 편의성 향상 등 기술 고도화를 하지 못했다. 지금까지는 국가보조금 정책 목표가 전기차 보급 확대였지만, 이제는 산업경쟁력 강화로 전환되어야 한다.

전기차 후방 산업이 주는 기회

전기차 시장이 커질수록 관련 산업계도 함께 성장하는 건 당연한 일이다. 전기차가 처음 등장했을 때만 해도 짧은 주행거리 때문에 자동차가 맞냐고 이야기하는 사람도 있었고, 충전이나 과속할 때 배터리에 불이 나는 건 아닌지 전기차를 위험하게 여기는 사람도 많았다.

하지만 지금은 상황이 크게 달라졌다. 특히 주행거리를 따지는 사람이 점차 줄고 있고, 충전이 불편하다고 불평하는 사람 역시 많이 줄었다. 그만큼 관련 기술이 많이 발달했고, 기술에 대한 신뢰나 인식도 긍정적으로 많이 바뀌었다.

전기차의 발달과 성장 폭은 지금 우리가 아는 것보다 훨씬 클 것이다. 전기차는 단순히 새로운 산업이라는 하나의 가치만 있는 게 아니기 때문이다. 기존의 자동차는 단품 산업이었지만, 전기차는 에너지를 탑재하면서 다양한 연관 산업으로 발전한다. 자동차지만, 이동이 가능한 에너지 저장소이고, 이런 전기차를 집단으로 동시에 사용하면 대형 발전소를 대체하는 효과도 있다. 공사 현장이나 길거리 포장마차·스낵카의 발전기, 캠핑카 등 활용도가 무궁무진하다.

또 전기차 배터리로서 수명을 다한 배터리는 다시 에너지저장장치 ESS나 무정전전원공급장치UPS 등의 용도로 재사용할 수 있다. 재사용이 힘들 정도로 훼손이 되었거나 수명이 다 된 배터리도 재활용이 가능하다. 배터리셀에 들어 있는 니켈이나 코발트같이 구하기 어려운 광물을 추출해 재활용할 수 있다.

만일 우리나라에서, 전기차에서 수거한 값싼 중고 배터리를 이용해 ESS를 만든다면 최근 불거진 ESS 화재 문제를 상당 부분 해결할 수 있을 것이다. 전기차의 배터리 시스템은 ESS용 배터리와 비교해 안전 및 제어장치가 2·3중으로 설계된 데다, 고성능과 안전품질에 특화시켜 제작되었기 때문이다. 전기차용 배터리 시스템을 쓰는 테슬라의 경우, 세계에서 가장 많은 ESS 판매량을 기록하고 있지만 현재까지 화재 사고는 단 한 건도 없었다.

이뿐만이 아니다. 전기차에 데이터 기술을 활용하면 전기차 기반 사업 모델은 더욱 무궁무진해진다. 데이터는 차량(위치 정보·주행거리 등), 배터리(전류·전압·온도·누적 충전량 등), 충전(전류·전압·충전량 등) 모두 활용 가치가 뛰어나다. 당장 떠올릴 수 있는 서비스 모델만 잔존 가치 분석을 통한 보험료 산정 서비스, 중고차 가격 정보 서비스, 개인 맞춤형 정비 서비스 등이 있을 것이다.

테슬라는 이미 이 같은 데이터를 분석해 얻은 결과로 전용 보험 상품을 내놓기도 했다. 아직 초기 시장이라 일반 내연기관차량에 비해 비싼 보험료를 합리적으로 내릴 수 있는 근거로 활용한 셈이다. 테슬라는 지난 2019년 8월 미국 캘리포니아주에서 독자적인 보험회사 '테슬라보험'을 설립해 고객들에게 다른 보험사보다 20~30% 싼 보험 서비스를 제공하고 있다. 2020년에는 중국에도 보험회사를 설립하고, 연말까지 영국과 독일에도 보험회사를 설립해 유럽 자동차보험 시장까지 진출한다는 계획이다.

결국에 전기차 시장 확대는 많은 서비스나 후방 산업을 창출할 전망이다. 통신 분야를 예로 들면, 2000년대 초 서킷Circuit 기반의 통신이 패

BMW코리아가 전기차 i3 국내 고객 차량(2014년형 모델) 10대를 선정해 이들 차량의 구형 배터리를 새 배터리로 교환해 주고 수거한 구형 배터리로 완성한 에너지저장장치(ESS). 이 ESS는 풍력발전기 및 전기차 충전기와 연결되어 ESS에 저장된 전기를 활용하는 국내 최초의 친환경 전기차 충전소다. 하지만 국내에는 아직까지 전력 재판매가 가능하지 않아 사업화는 힘든 실정이다. (자료: BMW코리아 제공)

킷Packet 기반의 통신으로 전환되는 3GIMT-2000란 기술이 나오면서 모바일 증권, 모바일 은행 등 데이터 서비스가 처음 등장했다. 이후 5G 기술이 나온 현재에는 통신 기술보다는 5G를 기반으로 어떤 서비스가 등장할지에 더 많은 관심이 쏠리는 것과 마찬가지다.

결국 전기차와 데이터의 만남은 물리적 주행거리 향상이나 차 가격을 낮추는 효과뿐 아니라 운전 효율성과 안전성, 이용 편리성을 높이는데 유용하다.

전기차는 단순하게 차량 판매로 인한 이윤 창출보다 지속적 사업 영위가 가능하고, 아직 생겨나지 않은 서비스와 후방 산업을 발굴할 수 있다. 전기차의 '이동성'과 배터리의 '에너지'를 활용한 또 하나의 새로운 산업으로 발전될 수 있다는 얘기다. 하지만 우리나라는 아직까지 전력 재판매가 허용되지 않고, 중고·폐배터리에 대한 소유권을 정부가 가지고 있을 뿐 활용 분야를 찾지 못해 재사용 배터리 기반의 후방 산업 창출에 어려움이 있다. 또한 차량이나 배터리를 활용한 후방 산업 역시 완성차 업체가 각종 데이터를 공유하지 않고 있어 이 또한 시도하지도 못하는 상황이다. ESS를 활용한 전력 재판매 허용과 정부 소유의 중고·폐배터리의 민간 산업 활용 방안, 자동차 및 배터리 대기업의 차량운행·배터리관리시스템과 관련 프로토콜 등 후방 산업에 필요한 데이터 공유 체계를 마련해야 할 것이다.

한발 앞선 일본의 전기차 후방 산업

전기차 후방 산업의 가치와 이해를 돕기 위해 우리나라보다 한발 앞서 이 분야의 산업을 준비해 온 일본의 현장을 소개하고자 한다.

필자는 매년 일본의 산업 현장을 방문했다. 자동차·전력·배터리 분야에서 우리나라와 비슷한 점이 많기 때문이다. 특히 일본은 이미 11년 전부터 민간 기업 주도로 전기차 후방 산업을 준비해 왔다. 전기차의 기존 배터리를 이용한 서비스 시장이 생겨났고, 전기차에 저장된 전기로 개인이 금전적 혜택을 누리는 에너지 신시장까지 열리고 있다.

일본도 우리나라처럼 국가 '전기사업법'에 따라 아직 전기 재판매가 허용되지 않는다. 또 재사용 배터리에 대한 국가 차원의 안전 규격도 없다. 우리나라와 비슷한 시장 조건을 갖추었다. 하지만 애초부터 전기차를 단품 산업으로 보지 않고, 미래 연관 산업을 차근차근 준비해 왔다.

2018년 11월 닛산코리아를 통해 일본의 4R에너지를 방문한 적이 있다. 이 회사는 세계 최초로 전기차 폐·중고 배터리를 재사용하는 사업을 추진한 기업으로, 글로벌 완성차 업계가 주목하고 있다. 우리나라를 비롯해 미국·독일 등 완성차 업계는 수년 전부터 전기차 배터리를 에너지저장장치 등으로 재사용하는 자체 실증사업을 벌여왔다. 하지만 불특정 다수를 대상으로 사업화에 나선 건 세계적으로 이 회사가 유일하다.

전기차 배터리를 다른 용도로 재사용하는 건 기술적으로 어려운 일은 아니다. 하지만 배터리팩은 수백·수십 개 셀과 모듈로 구성되는데 이미 사용한 배터리 각각의 셀과 모듈은 충·방전 성능 등 수명이 제각각이다. 이 때문에 비슷한 상태의 배터리끼리 조합하는 복잡한 단계를 거쳐야만 상품화가 가능하다. 이 과정에서 필요에 따라 셀과 모듈을 해체하고 비슷한 상태의 모듈끼리 선별한 후 다시 팩으로 조립하는 데 적지 않은 공정과 시간이 소요된다.

재사용 배터리 공정 비용이 새 배터리 가격보다 더 들기 때문에 지금까지 사업화가 되지 못했다. 또 전기차에서 배터리를 빼낸 다음 이를 수거한 후 운반하는 과정도 만만치 않고, 재사용 배터리 수요처 발굴도 쉽지 않다.

하지만 4R에너지는 2012년 닛산의 첫 전기차 리프가 출시되기 전에 이미 닛산과 스미토모상사가 합작해 설립되었다. 그리고 설립 9년 만인 2018년에 배터리 재사용 공장을 완공했다. 그전까지는 배터리 재사용화를 위한 수거·분류·판정·상품화 등의 독자 공정 체계를 완성하는 데 집중했고, 현재는 일본에서 20만 대 이상 판매된 리프의 배터리를 대상으로 한 재사용 사업에 집중하고 있다.

흥미로운 건 국산 전기차만 해도 보통 배터리 모듈이 10개 안팎인 데 비해 리프의 모듈은 48개로 구성되었다는 것인데, 배터리 모듈 수가 더 많다는 건 애초부터 배터리 재사용 사업을 고려했기 때문이다.

수백 개 배터리를 셀 단위로 검사하면 상당한 시간이 소요되지만, 배터리 모듈의 단위를 최대한 세분화한 후 모듈만 검사한다면 공정 단계를 크게 줄일 수 있기 때문이다. 실제 전기차 1대의 배터리를 검사하는 데 하루 이상 소요되지만, 4R에너지는 이를 4시간 안팎으로 줄이는 자체 검사 체계를 확보했다고 했다. 또한 리프는 다른 전기차와 달리 차량의 구조 변경 없이도 배터리팩 탈부착이 쉽도록 애초부터 배터리를 차량 밑바닥에 장착했다.

이 회사는 전국에 흩어진 전기차의 배터리팩을 수거한 다음, △ 과방전 등 이력 검사, △ 케이스 해체, △ 최대 셀 단위까지 검사 가능한 모듈 검사, △ 모듈별 상태 분류, △ 팩·모듈 재조립, △ 최종 검사 등 과정을 거쳐 재사용 배터리팩을 생산한다. 가장 중요한 배터리 상태별 등급 판정은 최초 과방전 이력 등 배터리관리시스템 정보를 활용하고 SOC(충·방전량 상태)·SOH(열화 정도) 등의 검사 기준을 적용한 후 자체 분석 알고리즘을 통해 최종 등급 판정을 매긴다. 취재 당시 시오미 다츠로 4R에너지 부사장은 검사 항목이나 방법에 대해 구체적인 언급을 피했다. 시간을 줄이면서 정확도를 높이는 이 회사만의 노하우이기 때문이다.

등급은 10여 개로 분류하는데 이런 등급별로 수요처가 확보된 상태였다. 예를 들어 최상위 등급의 배터리팩은 리프 전기차로 다시 사용하고, 이후 등급부터는 ESS나 UPS, 골프카트, 지게차, 무인운반차AGV 등으로 수요처가 구분된다.

4R에너지는 이 같은 배터리 재사용 사업에 맞춰 불특정 다수를 대상

으로 한 세계 최초의 전기차 배터리 교환 프로그램도 론칭했다.

2016년 BMW가 독일 전기차 고객에 한해 중고 배터리(19kWh급)를 더 큰 용량의 새 배터리(29kWh)로 교환해 주는 프로그램을 실시했다. 당시 교체 비용은 약 1000만 원. 하지만 지속적인 수요처를 발굴하지 못해 배터리 교환 프로그램은 단기 이벤트성 사업에 그쳤다.

반면 닛산은 4R에너지가 재사용 생산라인을 가동하면서 전기차 배터리 교환 프로그램을 2018년 5월부터 운영하고 있다. 이 프로그램은 고객의 전기차 운행 패턴에 따라 다양하게 구성되어 있다. 가격도 최소 30만 엔부터 82만 엔까지 다양하다.

특이한 점은 4R에너지가 생산한 재사용 배터리(24kWh)로 교환받는 데 드는 비용이 30만 엔(약 300만 원)에 불과하다는 것이다. 이는 배터리 업체가 완성차 업체에 주는 가격(1kWh당)이 대략 100만~150만 원인 점을 고려하면 크게 저렴하다.

이뿐만이 아니라 기술 발달로 배터리의 에너지밀도가 높아지면서 24kWh급 배터리가 들어가는 기존 공간에 배터리 용량 30kWh·40kWh급의 새 배터리까지 교환이 가능했다. 구형 배터리를 새 배터리로 교체하는 데 드는 비용은 80만 엔, 82만 엔에 불과했다. 시오미 다츠로 부사장은 배터리 교환 프로그램 론칭 후 지난 5개월간 전기차 배터리를 교환한 고객이 수백 명에 달한다고 했다. 그리고 개인 차량보다 법인이나 단체 물량이 조금 더 많다고 했다. 사업 초기라 가장 큰 어려움은 배터리 재사용 공장이 위치한 후쿠시마현까지 수거하는 일이라고 말했던 게 기억이 난다.

일본이 전기차 후방 산업으로 추진하는 모델은 이뿐만이 아니다. 일본의 전기차 충전 표준 단체인 차데모협회에 따르면, 전기차 배터리에

외국 언론사 최초로, 2018년 11월 세계 최초의 전기차 중고·폐배터리 재사용 일본 기업 '4R에너지'를 방문해 시오미 다츠로 부사장과 인터뷰 중인 모습.

2018년 11월 당시 상용 모델로는 세계 최초로 일본 가나가와 현 요코하마시 i-Mark Place 빌딩에 닛산이 설치한 V2B(Vehicle to Building) 설비. 빌딩 시설물에 사용하기 위해 전기차의 전기를 빼내고 있다.

저장된 전기를 가정이나 상업시설에 활용하는 일본 내 수용가가 1만 곳을 넘어섰다. 일본 전력 사정이 우리나라보다 열악한 점도 있지만, 전기차 에너지 이동성을 활용한 새로운 서비스 모델이다.

이는 전기요금이 저렴한 심야 시간 때 전기차 배터리에 충전한 뒤 전기 사용이 많은 최대 부하 때나 정전 등 비상시에 활용하는 형태다. 흔히 전기차의 전기를 쉽게 꺼내 쓸 수 있다고 알고 있지만, 이 역시도 일본이 만든 전기차 충전 규격 '차데모CHAdeMO'가 적용된 차량만 가능한 이야기다. 국내에서 주로 쓰는 국제 충전 규격인 '콤바인드 충전 시스템CCS'이나 교류AC3상 등은 아직 전기차의 전기를 꺼내 쓸 수 있는 통신·안전 표준 규격이 없다.

전기는 기간전력망을 통해 일방적으로 받아 써왔다. 하지만 일본 산업계는 전기차가 등장하면서 차량에 저장된 에너지의 이동이 가능하다는 점을 활용해 2011년 세계 최초로 양방향 전력 거래가 가능한 차데모 규격을 제정했다.

이 같은 서비스 모델을 V2XVehicle to Everything 기술이라고 부른다. V2X 구현을 위해서는 전기차 전용 충전기와 전력계량기·에너지관리시스템EMS 등으로 구성된 전용 컨버터가 필요하다.

현지 수용가는 자신의 가정용 전기로 주로 사용하지만 최근에는 복수 전기차를 이용해 상업시설이나 빌딩 등에 활용하는 사례가 늘고 있다. 또 소형 태양광 발전시설과 연계한 가정도 많다. 일본도 우리나라와 마찬가지로 국가 '전기사업법'에 따라 개인이 생산한 전기를 다른 수용가에게 판매하는 거래 자체가 불가능하다. 이것이 V2X 사용 계층이 가정이나 상업시설 등 개별 수용가에 한정된 이유다. 하지만 일본 전력 당국이 2016년부터 소매시장에 한해 전력 재판매 시장을 개방하고 있어, 향후 V2X를 활용한 다양한 사업 모델이 등장할 것으로 전망된다.

'수소전기차에 대해 어떻게 생각하느냐'는 질문도 자주 받는 질문 중 하나다. 나의 답변은 항상 똑같다. 수소전기차는 전기차보다 시장경쟁력이 떨어진다. 수소전기차를 도입하려면 도심이 아닌, 중국처럼 도심 밖의 물류나 수송 용도의 차량으로 해야 한다고 주장하는 편이다.

이렇게 대답하는 이유는 첫째 수소전기차는 충전소 구축이 쉽지 않기 때문이다. 둘째, 소비자가 선택할 수 있는 차종이 극히 적다. 그리고 셋째, 수소가스 생산과 유통 등에 따른 비용도 많이 들고, 절차가 너무 복잡하다.

우선 도심 내 수소충전소는 건설 자체가 쉽지 않다. 현재 전국에 10개 안팎으로 있는 수소충전소 대부분은 국회 같은 정부 소유의 부지나, 주거시설과 멀리 떨어진 곳에 있다. 현재까지 국내 판매된 수소전기차 수가 약 1만 대로 아직 많지 않지만, 차량이 늘면 늘수록 충전소 확대 문제는 큰 골칫덩이가 될 것이다. 수소충전소를 위험시설로 느끼거나 집값이 내려갈 것을 우려하는 사람이 많아서 그렇다.

수소전기차 차종도 극히 한정되어 있다. 현재 국내 승용 수소전기차는 현대차 '넥쏘' 한 차종뿐이다. 앞으로 차종이 많이 늘어날 가능성도 없어 보인다.

현재 글로벌 완성차 업체 중에 수소전기차를 출시한 업체는 현대차와 일본 토요타, 혼다 세 곳에 불과하다. 이 중 혼다는 일본 내에서만 수소전기차를 판매한다. 아직 해외 판매에 대한 계획이 없다. 이 외 수소전기차 출시 계획을 밝힌 완성차 업체는 아직 없다고 알려졌다. BMW와 아우디 등이 수소전기차를 개발한 상태지만, 출시 계획은 아직 없고, 벤츠는 2020년 초 수소전기차를 내놓지 않겠다고 공식 선언하기도 했다.

현대차와 토요타 등 일부를 제외하고 글로벌 완성차 업체 대다수는 미래 친환경차로 전기차에 집중하는 분위기다. 나는 지금까지 전기차 보급이 어려움을 겪는 가장 큰 이유로 '사고 싶은 차'가 없다는 것을 꼽았다. 수소전기차도 마찬가지다. 사고 싶은 차, 선택할 수 있는 차종이 다양해지지 않는 한 시장은 클 수 없을 것이다.

그리고 수소전기차의 또 하나의 단점은 수소가스 생산과 유통이 쉽지 않다는 것이다.

수소는 석유나 천연가스처럼 자연에서 그냥 채취할 수 있는 자원이 아니다. 현재 우리나라에서 수소를 생산하는 방식은 부생수소와 개질수소 두 가지다. 부생수소는 말 그대로 제철소나 석유화학공장 등에서 다른 제품을 생산할 때 부가적으로 만들어지는 것이다. 부가적으로 얻는 수소지만, 이 수소는 이미 활용처가 있는 유용한 기체다. 제철소의 경우 부생수소를 태워 전기를 생산하기도 하고 석유화학공장에서는 '황'을 제거하는 데 활용하기도 한다.

부생수소와 달리 개질수소는 천연가스나 석유가스 등을 고온·고압의 수증기로 처리해 수소를 분리하는 방식으로 생산된다. 이 때문에 부생수소와 비교해 별도의 공정과 비용이 들어갈 수밖에 없다.

이렇게 생산된 수소를 유통하는 일 또한 쉬운 일이 아니다. 수소는 화학 특성상 액화하지 못한 기체 상태로 유통이 이루어진다. 높은 압력을 가해 부피를 줄이기는 하지만, 액화하는 것에 비해 부피가 훨씬 크다. 부피가 크면 유통비용이 더 늘어난다. 압축한 수소가스는 거대한 수소탱크를 장착한 대형 트레일러 차량을 통해 전국 곳곳의 충전소로 유통된 뒤, 다시 압축을 풀어 충전소에 저장되는 과정을 거친다. 이것이 끝이 아니다. 수소전기차는 충전할 때도 복잡한 과정을 한 번 더 거친다. 기체 상태의 수소는 휘발유처럼 호스를 꽂고 탱크를 채워 넣는 식으로 충전할 수 없다. 충전소에 있는 수소탱크의 압력을 높이고, 이 탱크를 수소차의 수소탱크와 연결해서 일정한 압력 차를 통해 충전하는 방식을 쓴다. 이런 이유에서 충전소에서 수소버스를 1대 충전하고 나면 짧게는 수십 분, 길게는 1시간 이상 예열 시간이 필요하다. 결국 이런 문제가 해결되지 않는 한 수소전기차가 대중성을 갖기는 쉽지 않을 것으로 보인다.

05

⚡

정부에 바라는 열 가지 제안

"돈은 돈대로 쓰고, 욕은 욕대로 먹는 게 가장 답답합니다." 얼마 전 정부 관계자가 지나가는 말로 던진 말이다. 2012년부터 대부분의 정부 관계자와 소통을 한 나로서는 이 말의 뜻을 조금은 알 것 같았다. 다른 정부 부처 등 수많은 외부 요인으로 인해 전기차 보급 정책을 실현하는 데 주도적으로 하지 못하는 현실과, 완벽할 수 없는 정부 정책의 허점을 악용한 이들에 대한 답답함일 것이다.

책을 쓰기 위해 지난 9년간 과거부터 현재까지 많은 사건과 당시 이슈들을 떠올리며 우리나라 정책에 대한 많은 생각을 하게 되었다. 새로운 정책이 나오거나 바뀌거나 개선될 때 그 배경을 생각하고, 최종 결정된 정책이 2~3년 후에 어떤 결과를 도출하는지, 보급사업과 관련 산업계에 긍정적으로 작용했는지, 전기차에 대한 대중의 인식 개선에 어떤 영향을 미쳤는지 꼼꼼하게 들여다보았다.

애석하게도 우리나라 전기차 보급 정책은 미래를 보지 못하고 날마다 현재 상황에 휘둘려왔다. 전기차를 보급하는 가장 큰 이유 중 하나가 바로 다음 세대를 위해 깨끗한 환경을 물려주는 것인데 앞만 본 것도 아닌 옆의 눈치만 보고 달려왔다.

우리나라는 지난 8년 동안 전 세계에서 차량당 보조금을 가장 많이 쓰고도 보급사업에서 성공적인 결과를 내지 못했고, 그렇다고 다른 국가가 인정할 만큼 관련 서비스 시장 창출이나 전기차 산업화를 이끌어 낸 것도 아니다.

여전히 완성차 업체만 전기차를 만들고 있고, 정부 보조금만 타내려는 기업들만 쏟아져 나왔을 뿐 수출 기업이나 스타 기업은 거의 찾아볼 수 없고, 자동차 산업이 이렇게 급변하고 있는데도 다른 국가에 자랑할 만한 정책이나 서비스 모델을 찾아보기 힘들다. '돈은 돈대로 쓰고 욕은 욕대로 먹는다'라는 말이 괜히 나온 것이 아니다.

이러한 현실을 제대로 점검하지도 않은 채, 또 뚜렷한 목표 없이 비슷한 정책을 다시 반복하고 있다. 산업계와 국민 중에 정부가 왜 전기차를 보급하려는지 제대로 아는 사람이 있을지 의문이다. 국민을 대상으로 전기차를 보급하는 목적부터 명확하게 할 필요가 있다.

그래서 이 책을 통해 제기했던 여러 문제점 중에서 시급하면서 당장 바꿀 수 있는 정책 개선 열 가지를 정리했다.

1. 초소형 전기차, 그냥 내버려 두라

초소형 전기차는 자동차의 패러다임이 바뀌면서 비완성차 업체가 완성차 시장에 뛰어들 수 있는 가장 좋은 아이템이다. 정부는 과거부터 '저속전기차NEV: Neighborhood Electric Vehicle'나 '미니 전기차'라는 이름으로, 완성차 대기업만이 아닌 중소·중견 기업에게도 완성 전기차 시장 참여를 지원했다. 비완성차 업체 입장에서 가장 만들기 어려운 플랫폼 개발 사업도 추진했고, 전기차 보조금 지원 대상에 포함시키는 것은 물론 우리 중소기업이 만든 초소형 전기차 수만 대를 구매하는 사업도 벌였다.

하지만 대부분 실패했다. 현재는 저속전기차나 미니 전기차가 아닌 초소형 전기차라는 이름으로 차를 생산하는 적지 않은 중소·중견 기업이 국내에 있다. 하지만 최근 들어 초소형 전기차 업계는 정부의 지나친 관심(?) 때문에 최대 위기를 맞고 있다.

2014년 9월 당시 새누리당 심재철 의원은 전기차의 속도제한 구간을 지자체장이 관할 경찰서장과 협의를 통해 운행 구역으로 지정할 수 있는 '자동차관리법 일부개정안'을 국회에 제출했다. 당시 저속전기차(초소형 전기차)는 최고 속도가 60km/h로 제한되어 속도가 그 이상 되는 도로는 다닐 수 없었다. 운행이 제한된 곳은 서울에만 양재대로, 공항로, 올림픽대로, 내부순환도로 등 55개 노선 약 330km 구간이었다.

심 의원은 관할 지자체에 따라 일부 구간만이라도 저속전기차에 진입을 허용해야 전기차 이용이나 산업이 활성화될 수 있다고 주장했다.

이후 2015년 5월, 국회 국토교통위원회는 이를 받아들여 운행 구간을 일부 허용하는 내용의 자동차법 일부개정법률안을 의결했다. 결국 필요에 따라 시속 80km 이하로 달릴 수 있게 된 것이다. 도로 운행 제한 문제를 어느 정도 해결한 초소형 전기차는 이때 자동차에 준하는 자격까지 얻었다.

2018년 초 국토교통부가 자동차 분류 체계에 초소형 자동차를 신설하는 내용의 '자동차관리법 시행규칙' 일부개정안이 국회를 통과했다. 초소형 전기차가 경차의 하위 차종으로 자동차 분류 체계에 편입된 것이다. 자동차 분류 체계에 속하면서 일부 조건이 붙게 되었다. 국토부의 '자동차 및 자동차부품의 성능과 기준에 관한 규칙'에 따라 안전기준도 강화되었다.

이 기준은 총 무게 600kg(화물차는 750kg) 이하, 최고 속도 80km/h 이하, 최고 정격출력 15kW 이하를 만족해야 하는 조건이다. 또 길이와 높이는 각각 경차와 동일한 3.6m, 2.0m로 정해졌지만, 너비는 1.5m로 경차보다 0.1m 더 좁은 기준이 마련되었다. 하지만 이런 안전기준이 오히려 시장 성장을 막는 족쇄가 되고 있다.

정부의 취지는 경차 범주 안에 초소형 전기차를 포함시켜 경차와 동등한 혜택을 받을 수 있도록 한 것이다. 이에 따라 초소형 전기차 또한 세금·보험료·주차료·통행료 등에서 우대를 받게 되었다. 도로 제한이 있었던 초소형 전기차가 경차로서 자격을 얻게 된 것이다. 그러나 문제는 이렇게 계획 없이 그냥 얻은 자격 탓에 책임이 주어지면서 발생했다.

정부 규정에 따라 차량 무게 제한이 있다 보니, 초소형 전기차는 각종 차량 안전평가에서 낙제점을 면치 못했다. 정부 평가에서 일부 차량은 충돌 시 하체 부분의 위험성이 있는 것으로 나왔고, 어떤 차량은 충돌 후 충격으로 문이 열리지 않았으며, 목과 머리 부상 위험도가 높은 차량도 있었다. 정면충돌에서 최하점을 받은 차량도 있었다.

이들 대부분이 무게를 줄이면서 생겨난 문제점이다. 애초부터 정부가 속도제한을 완화한 게 출발이 되어서 일반 승용차에 준하는 안전 자격까지 부여하다 보니 본래의 능력 이상의 책임을 지게 된 것이다. 이

2018년 2월 과학기술정보통신부와 환경부는 서울 광화문우체국에서 친환경 배달차량인 초소형 전기차 보급 확산을 위한 업무협약을 맺었다. 사진은 김은경 전 환경부 장관과 유영민 전 과학기술정보통신부 장관이 전기차 시승을 준비하는 모습이다. (자료: 우정사업본부 제공)

같은 안전 논란이 제기되면서 정부 기관 등에서 초소형 전기차 구매를 망설이기 시작했다.

실제 우정사업본부는 지난 2018년 집배원의 안전사고 감축과 근로 여건 개선을 위해 초소형 전기차 1만 대 도입을 선포하고, 국가보조금을 포함한 예산 확보를 위해 과학기술정보통신부 및 환경부와 업무협약까지 맺었다. 2021년까지 우편배달용 이륜차 1만 5000대 가운데 1만 대를 초소형 전기차로 교체한다는 계획이었다.

이때 우정사업본부와 과기정통부, 환경부는 중소기업이 만든 초소형 전기차를 통해 집배원의 안전뿐 아니라 산업 진흥에도 크게 기여할 수 있다는 내용의 대대적인 홍보까지 했다.

이후 2019년 말 국회 예산결산특별위원회까지 통과했지만, 사업은

2020년 10월 현재 흐지부지되는 상황이다. 우정사업본부 측이 전국 집배원들의 실제 희망 수요가 적어 계획 물량을 60대로 줄이겠다고 선언하면서다. 이유는 간단했다. 우정사업본부는 각종 안전기준 강화로 차량 크기가 당초보다 커져서 민첩성이 떨어진 데다, 내부에 주행 성능과 충전 불편 등 반대 여론이 일면서 계획에 차질이 발생했다는 것이다. 더불어민주당 당대표실에서 사태 수습에 나선 상태지만 아직까지 결론을 내지 못하고 있다.

결국 정부가 허용한 속도제한 완화나 자동차로서의 혜택이 보다 강력한 제품 기준과 규제를 불러일으켰고, 이 과정에서 다수의 초소형 전기차 업체는 피해를 입었다. 도로 운행 제한을 풀어줄 것을 요구했던 업체들은 지금 후회하는 상황이다. 초소형 전기차는 외국에서 '마이크로 모빌리티'로 불리며 애초부터 근거리 친환경 교통수단으로 생겨난 세그먼트 차종이다.

앞으로의 해법은 간단하다. 초소형 전기차를 원래대로 돌려놓는 것이다. 초소형 전기차는 자동차가 아니라 동네 '마실용' 이동 수단에 가깝다. 인근 할인점에 장을 보러 가고, 지하철역까지 사람을 데려다주고, 아이의 등·하굣길을 돕는 이동 수단인 것이다. 실제 나는 초소형 전기차를 1대 가지고 있다. 하지만 잘 안 탄다. 그 이유는 히터나 에어컨 장치가 없어서다. 냉난방장치가 있더라도 주행거리가 60~70km 수준으로, 에어컨이나 히터를 가동하면 주행거리는 20~30km 더 떨어진다. 이런 차량을 고속의 일반 자동차로 취급해 어울리지 않는 옷을 입히는 건 바람직하지 않다. 초소형 전기차를 원래대로 돌려놓아야 중소기업이 전부인 이 시장이 발전할 수 있다. 고속도로나 전용 도로 진입을 제한하더라도 차만 좋으면 충분한 수요가 있다. 정부는 우리 중소·중견 기업이 사업을 할 수 있도록 현실적인 시장 환경을 만들어주는 것이 가장 중요하다.

2. 충전기 국가보조금 폐지하라

2020년 정부의 전기차 충전기 보급 물량이 전년 대비 3분의 1로 크게 줄어들면서 충전 서비스업계가 경영난을 겪고 있다. 예년과 비교해 전기차 수는 매년 수만 대씩 늘었는데 충전 업계가 오히려 경영난에 처했다는 건 쉽게 납득이 되지 않는 일이다.

이유는 앞서 말했듯이 충전 업계가 지금까지 충전 서비스 수익 모델 발굴이나 서비스 고도화가 아닌 정부 충전기 보급사업(보조금)에 주로 의존했기 때문이다. 10년이 다 되어가는 시간 동안 우리 기업들은 정부 보조금 규격에 일치하는 충전기 말고는 혁신적이거나 차별화된 제품을 거의 만들어본 적이 없다. 그래서 충전기 수출 기업도 극소수다. 또 20여 개 충전 서비스 사업자가 있지만 서비스 모델이 전부 비슷하다.

이에 일부 업계에서조차도 충전기 보조금 제도를 폐지해야 한다는 목소리를 내고 있다. 정부 보급사업을 통해 돈을 번 건 사실이지만, 정부 보급사업이 천년만년 계속될 수 없기 때문에 지금 당장 서비스 경쟁력, 수익 모델을 갖추지 않으면 앞으로 살아남기 힘들다는 위기의식에서 나온 이유다.

지금이 정부 보조금 의존형 사업에서 벗어나 자생적인 시장경쟁력을 갖출 수 있는 최적기다. 마침 2020년 정부 보조금이 줄자, 업계가 미래 먹거리에 대해 심각하게 고민하고 있기 때문이다. 충전 업계는 정부 보조금에 의존했던 지금의 수익 구조를 시장 논리에 따른 서비스 경쟁에서 찾아야 한다. 그렇지 않으면 모두 도태되고 만다.

지금까지는 정부가 국내 충전 시장에서 민간 기업들과 경쟁하다 보니 일반적인 시장 논리대로 요금 등 정상적인 시장 환경이 조성되지 않았다. 또 정부 보조금만 쫓다 보니 서비스를 고도화할 여유조차 없었다. 심지어 정부 보조금 지원 규정에 맞는 제품만 개발·생산하다 보니 혁신 기술 개발에 선뜻 나서지도 못했다. 우리나라에서 충전기가 대부분 획일적으로 비슷한 이유가 바로 이것이다. 여기에 충전요금에 해당하는 전기요금까지 정부가 제한하다 보니 충전 서비스로는 정상적인 수익을 낼 수 없었던 것도 사실이다.

앞으로는 충전기 보조금 제도를 제품 보급·설치에 따른 지원이 아닌, 충전 이용률에 따라 정부가 일정 부분 지원하는 서비스 인센티브 형태로 바꿔야 한다. 정부가 소비자가 쓴 충전기 사용량을 확인하고, 탄소 배출 저감에 기여했다는 데이터(충전량)를 근거로 보조금을 지원하는 것이다. 예를 들어 1kWh당 충전요금이 300원이라면 고객에게는 200원을 받고, 부족한 100원을 정부가 보조해 주는 형태다. 고객에게는 현실적인 충전요금을 제시하면서, 사업자는 사업성을 보전받을 수 있다. 이미 미국 캘리포니아주는 이 같은 지원제도를 통해 충전사업자들의 초기 투자비 부담을 덜어주면서 충전 인프라 확대를 장려하고 있다.

충전기 보조금 제도가 폐지되면 특히 지금처럼 보조금을 따내기 위해 무분별하게 충전기를 설치하는 일을 막을 수 있다. 사업자가 충전기를 설치할 때도 수익성을 먼저 고려하기 때문에 소비자 접근성이나 사업 효율성을 높일 수 있다.

충전기 제품 개발 역시 지금까지는 정부 사업이 전부다 보니 무조건 가격경쟁력에만 집중했지만, 앞으로는 사용자의 접근성과 편의성, 안정성 등에 집중할 수 있는 효과도 있다.

여기에 매년 반복되는 일부 사업자들의 나쁜 관행도 단번에 해결할 수 있다. 앞서 언급했듯이 국가보조금 선점 경쟁 과열로 발생하는 일부 업체들의 △ 환경부(환경공단) 사칭, △ 공용 충전기 사유화, △ 영업 브로커를 활용한 불공정 거래 등의 부정·불법 영업 행위를 막을 수 있을 것이다.

지금까지 충전 업계가 정부 보조금에만 전력을 쏟다 보니 서비스 발굴이나 충전기 기술 개발·다양화에 신경 쓰지 못하고 보조금 사업에만 집중해 왔다. 이대로 가다간 업계 모두가 도태되고 만다. 2020년에는 충전기 보급과 관련해 정부의 추경예산이 배정되지 않았다. 그래서 업체들도 구조 조정이나 자체적인 사업 개선에 시간을 보내고 있다. 이참에 충전기 보조금을 없애고, 다양한 서비스 모델 창출을 유도할 수 있는 지원책으로 바꿔야 할 것이다.

3. 한전의 역할을 명확히 하라

우리나라 전기차 충전 시장 측면에서 한국전력공사는 있어서도 안 되고 없어서도 안 되는 정의하기 어려운 존재다. 그래서 정부가 한전의 시장 역할을 명확하게 정해주어야 한다. 국가 전력판매 독점기업인 동시에 전기차 충전 서비스 시장에서 민간 충전사업자와 경쟁하는 사업자이기 때문이다.

한전은 국내 유일의 전력판매 사업자다. 우리나라에서는 한전 말고는 그 누구도 전기를 판매할 수 없지만 한전은 공기업이기 때문에 저렴한 가격으로 전기를 판매하고 있다. 우리나라 전기요금은 35개 경제협력개발기구OECD 회원국 가운데 세 번째로 저렴하다. 그리고 우리는 한전 덕에 1년에 정전 사고 한 번 일어나지 않는 안정적인 전력 인프라를 제공받고 있다. 이웃 나라 일본만 해도 정전 사고가 적지 않게 발생하고, 가정용 전기요금은 우리보다 2배가량 비싸다.

한전은 가끔 정부의 요청으로 계획에도 없는 요금 할인을 해주기도 한다. 2019년 여름철, 누진세 부담을 덜어주기 위해 한전은 전기요금을 할인해 주기도 했다. 전기차 충전요금도 마찬가지다. 전기차 보급 활성화를 위해 정부 요청으로 한전은 지난 2017년부터 2020년 6월까지 전기차 충전기 기본료(1kWh당 완속 2390원)를 100% 면제해 주었고, 사용요금(1kWh당 약 80~100원)을 50% 할인해 주기도 했다. 덕분에 지난 3년간 전기차 사용자뿐 아니라 충전사업자들도 전기를 저렴하게 쓸 수 있는 큰 혜택을 누렸다. 필자 역시 매달 평균 900~1000km 주행하는 데 충전요금으로 지불한 돈이 2만 원 안팎에 불과했다.

여기까지는 한전이 전기차 시장 활성화를 위해 한 긍정적인 역할이라고 볼 수 있다. 하지만 정반대의 역할도 수행 중이다.

한전은 2017년부터 역시 정부 요청에 따라 전기차 충전 인프라를 전국에 깔았다. 현재까지 한전이 구축해 운영 중인 충전기는 급속충전기 3441기를 포함해 1만 2063기나 된다. 이는 정부와 민간 업계 통틀어 국내 충전기 운영 주체 중 가장 많은 수량이다. 한전은 이러한 대규모 충전 인프라를 기반으로 회원을 모집해 B2C 사업을 벌이고 있다.

여기에 최근에는 국내 충전사업자를 상대로 운영 서버 등 클라우드 관리 솔루션까지 상품으로 만들어 영업하고 있다. 일반 소비자, 충전사업자 모두가 한전의 고객인 셈이다. 더욱이 한전의 가장 큰 경쟁력이자 강점은 우리나라 어디든 충전기가 설치되면, 이용률이 얼마나 되는지, 충전 사용량은 얼마인지 다 알 수 있다는 것이다. 단순 데이터 관리를 통한 자체 업무의 효율을 높이는 것뿐 아니라, 충전사업자이면서 경쟁 충전업체들의 중요한 정보를 다 볼 수 있는 위치다. 결국에 한전은 독점 전기 공급자이면서 유통업과 판매업까지 수행하는 '올 그라운드 플레이어All Ground Player'다. 한전이 충전사업자로 존재하는 한, 민간 시장은 절대 정상적으로 발전할 수 없다.

그래서 정부가 나서서 한전의 역할을 조율해야 한다. 내가 정부의 결정권자라면 한전의 충전사업을 제한하겠다. 전력판매 독점사업자가 일반 기업들과 경쟁하며 함께 B2C 사업을 하는 건 시장 공정성에 전혀 맞지 않기 때문이다. 한전은 전기요금 결정 주체이면서 국내 모든 전력 사용량 정보의 소유권을 가진 유일한 기관인 만큼, 일반 고객을 상대로 한 충전사업을 하면 안 된다.

특히 한전은 2017년 충전기를 전국에 보급할 때 정부 보급사업 활성화 차원에서 마중물 역할만 하고 향후 고객을 상대하는 충전사업은 하지 않겠다고 밝힌 바 있다. 당초 계획대로 한전의 직접 충전사업을 금해야 한다. 현재 한전이 운영 중인 충전기는 민간에 넘기고, B2C 사업에서 손을 떼도록 유도해야 한다. 대신에 한전이 도매 사업자로 충전 서비스 사업자를 대상으로 도매 요금의 전기를 판매하는 B2B 사업을 책임지고 수행하도록 해야 시장 질서를 바로잡을 수 있다. 가능하면 B2B용 충전요금 상품도 만들어 기업들이 다양한 충전 서비스 요금을 내놓을 수 있도록 돕는 게 오히려 공기업다운 역할일 것이다. 일반 주유소는 디젤·휘발유·고급유 등의 차별성과 주유소 위치에 따라 리터당 가격이 다르다. 하지만 충전 시장은 한전이 소매 사업자로 존재하는 한 획일적인 요금제만 존재할 것이며, 충전 서비스 분야의 도소매 시장은 앞으로도 정부나 공기업이 주도하게 될 것이다.

4. 초급속충전기 보급은 신중히 하라

가끔 정부나 국회에서 필요한 것 같지만 현실성이 없는 사업이나 정책을 꺼낼 때 가슴이 철렁 내려앉을 때가 있다. 최근에 정부는 오랜 장마 기간으로 전국 전기차 충전소에 설치된 충전기가 비 때문에 감전 사고가 우려된다며 충전소에 지붕을 설치하는 방안을 검토하겠다고 했다.

차라리 이 돈으로 충전기를 하나 더 세우는 게 효과적이다. 지금까지 비나 눈 때문에 발생한 충전기 감전 사고는 단 한 건도 없었다. 또 세계적으로도 이런 우려 때문에 충전소에 지붕을 세우는 일은 한 번도 보지 못했다. 대부분 야외에 충전기만 나란히 서 있는 게 일반적이다.

이것은 고전압의 전기를 비가 내릴 때 다룬다는 생각에서 나온 괜한 걱정이고, 전기차를 제대로 타보지 않은 사람들의 이야기일 뿐이다. 이는 비 오는 날 기차나 전철도 타지 말아야 하는 것과 똑같다. 지붕을 세우는 것보다 충전기를 더 늘리거나 유지보수 관리에 더욱 신경을 쓰는 게 시장 확대를 위해서 훨씬 더 나은 일이다.

초급속충전기도 마찬가지다. 정부가 5분 내 전기차 충전이 가능한 초급속충전기를 보급하겠다고 한다. 이 초급속충전기는 현재 320kW급 충전기를 말한다. 그러나 충전기에 대한 초기 투자 및 운영 비용과 실제 사용에 따른 현실성이 있는지 잘 따져봐야 한다.

이 충전기를 하나 설치하려면 1억 원 안팎의 충전기 비용은 물론 공사비와 별도의 변압기 등 수전 설비가 필요하다. 보통 충전소당 서너 개만 설치한다고 해도 여기에 들어가는 수전 설비만 최소 1억 원이 넘고, 공사비도 2억~3억 원이 든다. 또 매달 한전에 지불해야 하는 기본료만 82만 5600원이고, 국가 '전기사업법'에 따라 별도의 전기관리자까지 두어야 한다.

이 충전기를 정상적으로 운영한다면 충전요금은 최소 1kWh당 1000원은 넘게 받아야 타산이 맞는 구조다. 요금이 1000원이나 한다면 충전요금이 주유비보다 비싸지는 것이다. 전기차는 보통 전기 1kWh당 5~7km를 주행하기 때문에 소비자 입장에선 아무리 빠른 충전 서비스라고 해도 부담감이 커질 수밖에 없다.

이렇게 고정비가 많이 드는데 사용률이 좋을까? 그렇지 않을 것이다. 이유는 간단하다. 현재까지 나온 전기차 중에 320kW급 전기를 받아줄 전기차가 하나도 없다. 2020년 12월에 나올 포르쉐 '타이칸'이 320kW의 전기를 받을 수 있고, 2021년부터 나오는 신차 중 일부가 320kW급 충전이 가능할 테지만, 여전히 그렇지 못한 차량이 훨씬 더 많다. 현재는 충전 속도 100~150kW급이 가장 일반적이다.

여기에 현재까지 초급속 충전에 따른 배터리 상태에 대한 검증도 안된 상태다. 이론상 급속 충전은 배터리 건강 상태SoH: State of Health에 좋지 않다고 알려져 이를 권장하지 않는 게 일반적이다.

앞에서도 언급했듯이, 2018년 말 모 업체에 의뢰해 급속충전기(50~100kWh) 사용 실태를 점검한 적이 있다. 조사는 2018년 1월 1일부터 6월 30일까지 운영된 전국에 깔린 2634기의 충전기를 대상으로 사용 정보를 제공하는 환경부 충전정보 사이트 등을 기초로 분석했다.

이 기간 동안 2634기의 사용 횟수는 총 48만 7108건으로, 하루에 2691번 꼴로 사용되었다. 전체 충전기 수를 고려하면 충전기당 1.02번 사용한 셈이다. 정부가 급속충전기 사용 가이드로 제시한 최대 이용 시간 40분을 적용하면 충전기당 평균 하루 23시간 이상이 사용되지 않은 채 방치되고 있는 것이다.

또한 일평균 10회 미만 사용된 충전기는 99%(2604기), 1회 미만은 73%(1937기)로 집계되었다. 특히 이 기간 동안 단 한 번도 사용되지 않은 충전기는 386기로 나타났다. 반면 일평균 최소 10회 이상 사용된 충전기는 30기에 불과했다.

2018년 말 당시 국내 보급된 전기차 수는 3만 6385대로 지금의 3분의 1 수준이라 지금의 현실을 대변할 수 없지만, 급속충전시설에 대한 이용률이 낮은 것은 사실이다. 내 주위 전기차 이용자 중에 급속 충전을 선호하는 사람은 보지 못했다. 장거리 여행이나 먼 지방에 가거나 급할 때 어쩔 수 없이 사용하는 게 일반적이다.

초급속충전기는 잠재고객을 대상으로 홍보하기 좋은 제품으로, 100km 이상을 달리는 데 필요한 전기를 5분 안에 충전할 수 있다는 사실은 매력적일 수밖에 없다. 미국이나 유럽처럼 땅이 넓어 장거리 주행하는 차량이 많은 국가들은 초급속충전기가 요긴하게 쓰이지만, 우리나라는 이들 국가에 비해 장거리 이동층이 적다. 이러한 것들을 고려하여, 운영 손익도 따져야 하고 무엇보다 사용률이 많을지부터 신중하게 검토한 후 최소한의 시설만 운영해 본 뒤 점차 늘려가는 방안을 고려하는 게 효과적일 것이다.

5. 중국의 전기차 정책을 배우라

나는 우리나라가 중국의 전기차 보급 정책을 적극적으로 벤치마킹할 필요가 있다는 생각을 자주 한다. 중국은 내연기관 자동차 시장에서 놓친 기회를 전기차를 통해 만회하려는 의지가 매우 강하다. 그래서 중국의 전기차 보급 정책에는 단순히 전기차 보급 확대뿐 아니라, 자국 산업 보호와 선행기술을 확보하려는 의지가 뚜렷하게 녹아 있다. 예를 들면 중국은 전기차와 함께 수소전기차 보급에도 적극 나서고 있다. 그런데 우리와 달리 일찍부터 수소전기차는 버스나 대형트럭 등 상용차에 초점을 두고 도시와 도시 간 운행에 투입하겠다는 방침을 세웠다. 도심 내 수소 충전 인프라 구축이 어려운 점과 수소가스 유통 환경까지 고려한 전략이다. 그래서 중국은 도심에는 전기차, 도심 밖은 수소전기차로 나눠 차량 개발까지 선택과 집중을 하고 있다.

반면에 우리는 수소충전소가 도심에 들어서기 어렵다는 것을 알면서도, 또 소비자가 선택할 수 있는 수소전기차 차종이 한 종에 불과한데도, 승용이든 상용차든 무조건 다 하겠다는 계획이다.

부동산 경기가 난리도 아닌 우리나라 상황에서 도심에 수소충전소를 지을 수 있을지도 의문이다. 현재 서울·수도권에 들어선 수소충전소는 대부분 국가 소유 땅이다. 수소전기차는 도시와 도시를 연결하는 유통·물류·수송 차량에, 전기차는 도심형 차량으로 역할을 구분하는 중국의 정책을 우리도 한번 곱씹어 볼 필요가 있다.

중국의 전기차 보조금 정책을 보면 산업화 의지를 강하게 느낄 수 있다. 중국은 2010년대 초반부터 전기차 보조금을 주행 성능에 따라 차등 지급했고, 주행거리가 현저히 낮은 차량은 보조금 대상에서 제외했다.

그리고 매년 보조금 지급 기준을 높여 자국 전기차의 기술 고도화를 유도하고 있다. 2018년에는 주행거리 150km 미만 차량에는 보조금을 주지 않았고, 불과 1년 뒤인 2019년에는 250km 미만 차량을 대상에서 제외하면서 400km가 넘는 차량은 오히려 보조금을 더 많이 주었다. 킬로미터로 기준을 삼은 건 다소 단순해 보이지만, 매년 보조금 지급 기준을 높이며 기술 고도화를 유도했다는 점에서 중요한 의미가 있다.

2020년 중국 정부는 새로운 보조금 정책을 발표했다. 당초 계획대로라면 중국 정부가 지원하는 전기차 보조금은 2020년에 끝나야 하지만, 지원 기간을 2022년으로 2년 더 연장했다. 지원 기간을 연장한 가장 큰 이유는 자국의 전기차 경쟁력이 보조금이 없는 일반 시장에서 경쟁하기엔 아직 부족하다는 판단에서다. 중국은 처음부터 자국의 완성차 경쟁력 확보를 우선순위에 놓고 보조금을 지원했기 때문이다. 정부가 보조금을 지원하여 자국의 전기차 산업 발전을 이룬다는 목표가 명확했다.

중국은 차량당 국고보조금이 2만 2500위안(약 390만 원)인데 테슬라 등 수입 전기차의 중국 진입을 막기 위해 2020년부터 우리 돈으로 5170만 원이 넘는 차량은 보조금 대상에서 제외했다. 그러자 테슬라가 불과 1~2개월 만에 차량 가격을 500만 원 내렸다. 보조금 제한 효과를 바로 체험한 것이다. 또 배터리 교체 등 신규 서비스를 적용한 차량에 대해서는 주행 성능과 상관없이 보조금을 지급한다. 이는 오로지 자국 산업 경쟁력 강화를 바탕으로 전기차 시장을 부흥시키겠다는 중국 정부의 강력한 의지다.

이 같은 중국 정부의 정책에 힘입어 최근에 전기차 업체 니오NIO가 '전기차 배터리 자산' 회사를 설립한 일이 있었다. 전기차를 단품으로 여기고 차량을 판매하는 보통의 완성차 업체와 달리 전기차 배터리를 교환하는 자동 시스템을 구축해 배터리 교체나 더 나은 사양의 제품으로 업그레이드해 주는 서비스를 론칭한 것이다. 이는 배터리 리스 사업까지 가능한 평생 관리 개념의 서비스 모델이다.

니오 사례를 단순하게 보면 안 된다. 과거와 달리 지금의 배터리는 가격이 낮아진 반면, 에너지밀도는 크게 향상되었다. 또 금융 상품까지 발달해 다양한 소비층을 이끌어내는 데 유리하다. 그리고 니오는 교체해 준 배터리를 통해 또 다른 사업을 벌일 수 있다. 과거에는 긴 충전 시간 때문에 교체사업을 주목했지만, 지금은 더 많은 고객을 수용하고 연관 사업 주도권까지 확보할 수 있는 기회가 생긴 것이다.

이와 함께 2020년 중국 정부 보조금 지침에는 각 성(지자체)별로 추가 지원금을 지급하지 말라는 내용이 포함되었다. 차량당 지원하는 보조금 액수가 크면 기업 입장에서 가격경쟁력을 높이는 데 소홀할 수 있다는 이유에서다. 대신에 중국 정부는 지자체가 나서서 충전 인프라를 구축할 것을 독려하고 있다.

이같이 목표가 뚜렷한 정책에 힘입어 현재 중국에서는 비야디BYD 같은 큰 기업뿐 아니라 전기차 스타트업 리오토Li Auto, 니오, 샤오펑Xpeng 등이 이미 자국 시장뿐 아니라 미국 등 해외에 진출하며 성과를 내기 시작했다. 또 중국은 이미 전기차용 배터리 강대국을 실현했고, 전기차 보급 성과도 미국과 유럽을 추월한 지 오래다. 유럽에서는 이미 중국의 전기차 모델 다수가 판매량 5위권에 진입했고, 유럽 내 중국 전기버스 판매량도 매년 크게 늘고 있는 추세다. 우리나라도 이제는 전기차 보급 목표를 명확히 해야 할 때다.

6. 지금이 보조금 정책을 대수술할 때

지금이 전기차 보조금 정책을 개선할 마지막 기회다. 정부가 2022년 까지 전기차 민간 보급 43만 대, 2025년까지 113만 대를 채우겠다는 목표를 세우면서 보조금 지원제도 시한을 당초 2022년에서 2025년으로 연장했지만, 정작 따져 보면 무언가 뚜렷한 성과를 낼 수 있는 시간이 5년밖에 남지 않았기 때문이다.

지금까지는 보급 목표 달성만을 위해 일방적인 물질적 지원에만 집중한 탓에 국내 관련 분야 산업에는 큰 도움이 되지 않았다. 보급 목표 달성에도 실패했다. 그러니 지금부터라도 큰돈을 쓴 만큼, 목표량 달성만이 아니라 우리 산업에도 기여할 수 있는, 국익에 도움 되는 일을 찾아야 한다.

하다못해 미국의 루시드Lucid나 중국의 니오 같은 제대로 된 스타트 업을 탄생시키겠다거나, 113만 대 목표 달성이 어렵다면 전국의 모든 버스를 전기버스로 바꾸겠다는 등의 뚜렷한 목표가 있어야 한다.

더 이상 핑계 댈 게 없다. 그동안 전기차 보급에 걸림돌이었던 시장의 어려움은 이제 많이 해소되었다. 국내 소비자가 선택할 수 있는 차종도 현재 20여 종에서 2021년이면 30여 종으로 더 늘어나고, 충전 인프라 접근성도 크게 좋아진 데다, 대부분의 전기차 주행거리 성능도 300~400km는 기본이 되었다. 한국은 전기차를 보급하기 가장 좋은 환경까지 가지고 있다. 전기차와 관련해서 못할 게 없다는 것이다.

보급 정책을 얼마나 효과적으로 개선하느냐가 관건이다. 자국 산업 보호 수준이 아니라, 산업까지 진흥하면서 정부 보급 목표를 달성할 한 국형 정책을 충분히 내놓을 수 있다. 우선 승용 전기차에 대한 보조금과 전기버스에 대한 보조금 기준을 다시 마련하는 것을 고려해야 할 것이다.

우선 고가 차량에 대한 보조금 지급은 중단해야 한다. 세계적인 추세이기도 하지만, 값비싼 수입 전기차에 국가보조금을 지원한다는 건 국민 정서나 보급 취지에도 맞지 않을뿐더러 고가 차량의 보조금 중단은 가격 인하와 국산차 산업 보호 수단으로도 활용할 수 있다.

미국과 중국을 비롯해 독일 등 유럽 대다수 국가에서는 이미 차량 가격이 5000만~7000만 원 이상인 차량에 대해서는 국가보조금을 지원하지 않는 추세다. 고가 전기차에 대한 기준은 국산차 보호 시각에서 전략적으로 판단해야 한다.

또한 현재 주행 효율에 따라 차등으로 지급하는 보조금 상·하한선을 종전 200만 원에서 500만 원 수준으로 간격을 더 늘려야 한다. 예를 들어 주행거리와 전비(전기차 연비) 성능에 따라 국고보조금 차등 지급 범위를 최대 820만 원, 최소 320만 원 수준으로 차이를 더 두어야 한다는 것이다. 이 같은 보조금 차등지급제도 역시 기술 고도화를 유도하는 것은 물론 정부가 전비에 대한 중요성을 대중과 공감하는 계기로도 활용할 수 있다.

전비 측정 방법도 지금처럼 해서는 절대 안 된다. 전기버스의 경우 차체 중량이 수십 톤임에도 현재 환경부의 전비 측정은 정차 없이 수십 킬로미터를 주행한 데이터를 근거로 전비를 측정한다. 이런 방법은 현실성이 크게 떨어지면서 값싼 대용량의 배터리를 장착한 중국산 차량에만 유리하다. 실제 버스는 시내 주행 시 수십 번의 '가다 서다'를 반복하면서 출발할 때마다 엄청난 힘을 발휘하는데, 이때 소비되는 에너지는 환경부 측정 방법에 전혀 반영되지 않아 정확한 값을 얻을 수 없다.

또한 차량 인도가 지연되는 제작사에는 페널티를 부과하는 방안도 필요하다. 지금까지 차량 인도 지연으로 전기차 구매를 포기한 사람이 적지 않다.

그리고 지역별로 제각각인 지자체 추가 지원금도 통일할 필요가 있다. 2020년만 해도 지역별로 전기차 구매 보조금이 100만~400만 원까지 차이가 발생하다 보니 보조금을 많이 주는 지역 지인의 주소를 활용해 차량을 구매하는 사람이 여전히 많고, 전국의 제각각인 보조금 시세 차이를 악용해 싸게 산 지역에서 다른 지역으로 되파는 사례도 여전히 있다.

또한 일반 내연기관차량 구매 시 소액일지라도 탄소세를 부과하는 방안도 검토할 필요가 있다. 우리나라 보급 정책이 경제성 효과에만 초점을 맞춰서 친환경 인식이 크게 부족하기 때문이다. 탄소 배출에 대한 책임을 대중에게 공감시키는 것부터가 정책의 시작이다.

특히 놀라운 건 우리나라가 아직까지 경유차에 대한 유가보조금을 지급하고 있다는 사실이다. 현재 정부는 경유를 연료로 하는 우등형 고속버스, 경유 화물차, 경유 택시는 1리터당 345원, 일반 버스(일반형 고속버스 포함)는 1리터당 380원의 보조금을 주고 있다. 지난 2016년 한 해 화물차에 1조 7143억 원, 택시 4733억 원, 버스 3202억 원 등 전체 2조 5077억 원의 유가보조금이 지급되었다. 운수 사업자나 대중교통 산업을 지원하기 위한 정부 취지지만, 경유차에 보조금을 지급하는 건 매년 수조 원을 투입하는 전기차 보급 정책에 역행하는 일로 하루빨리 개선되어야 할 것이다.

전기버스 보조금 정책은 머리를 잘 쓰면 우리나라 산업에 유용할 수 있다. 현재 전기버스 보조금은 세계에서 가장 많은, 차량당 최대 3억 원을 지원한다. 환경부가 주는 전기버스 보조금 1억 원, 국토부와 지자체가 주는 저상버스 보조금 1억 원 그리고 지자체별로 최대 1억 원을 지원한다. 그럼에도 불구하고 전기버스는 중국산 품질 논란이나, 중국산 차량이 우리나라 보조금을 축내고 있다는 이슈가 끊이질 않는다.

그렇다면 전기버스 보조금을 후불제로 전환하는 방안을 검토할 필요가 있다. 보조금을 차량 운행거리에 따라 일정 기간을 두고 순차적으로 지원하는 방식이다. 예를 들어 환경부 보조금 1억 원을 한번에 지원하지 말고 1만 km당 1000만 원씩 지원하면 10만 km를 탔을 때 1억 원을 다 받게 되는 방식이다. 만일 10만 km를 주행하기 전에 배터리의 수명 저하 등으로 차량이 고장 나면 보조금을 못 받게 되는 것이다. 이렇게 하면 배터리 내구성이나 모터 불량 문제로 보조금 수령 후 2~3년 내 차량이 고장 나는 일을 최소화할 수 있으며 품질이 낮은 일부 중국산 차량에 대한 검증도 가능하다.

또한 업체들이 높은 점수의 주행 성능 평가를 받기 위해 필요 이상으로 배터리를 장착하는 낭비 요소도 줄일 수 있다. 실제 몇몇 전기버스 업체들은 환경부 보조금 자격 평가에서 가장 높은 점수를 받기 위해 필요 이상으로 배터리를 장착하는 일이 많다. 보조금 집행을 후불제로 전환하면 품질 좋은 국산차가 시장에서 선택받을 가능성이 높아지고, 정부가 이 같은 평가 기준을 매년 조금씩 높여간다면 국산차의 경쟁력 또한 높아질 수 있다.

또한 전기버스 보조금을 차량 출고가(수입가)와 내연기관차 간 차액 기준을 적용하는 방안도 검토할 필요가 있다. 앞서 언급했듯이 중국산 전기버스의 경우 차량 가격이 우리 정부가 지원하는 국가보조금(약 3억원)보다 낮다. 반면에 국산 전기버스 출고가는 3억 원 후반 수준이다.

그래서 중국산은 수출원장에 기재된 가격 기준, 국산차는 출고가 기준으로 보조금 최대한도를 내연기관차–전기버스 간 차액으로 제한할 필요가 있다. 애초 전기차 국가보조금 정책도 동급 내연기관차와 전기차 구매 차액 보존 방식으로 세워졌지만 지금은 1대당 정액제에 가까운 보조금제로 운영되고 있다. 이 같은 문제 해소를 위해 환경부(전기차 보조금), 국토부(저상버스 보조금), 지자체 추가 지원금으로 나뉜 현행 보조금 제도를 통합하거나 줄이는 방안을 검토해야 한다. 운수업체가 전기버스를 구매할 때 중국산은 거의 공짜로 구매하는 데 반해 국산차는 1억 원에 가까운 비용이 드는 것을 막아야 할 것이다.

7. 모든 전기차의 데이터를 개방하라

정부가 전기차 보조금을 지원할 때 예산집행 근거로 잡은 것이 바로 배터리다. 우리나라에서 정부 보조금을 받고 구매한 모든 전기차의 배터리는 정부 소유다. 차량 사고나 폐차를 할 때 배터리는 무조건 정부에 반납해야 한다. 그렇다면 이 배터리는 수거가 잘되고 있을까? 그리고 수거가 되었다면 지금 어떻게 처리되었을까?

실상은, 수거한 배터리는 몇 년째 방치되고 있다. 이를 활용할 법적 소유권 문제를 해결하기 위한 시도조차 없는 상황이다.

업계가 추정한 중고·폐배터리는 500대 미만 분량에 불과하지만, 정확한 수치도 파악되지 않고 있고 수거 이후 아무런 프로세스 없이 그냥 보관되어 있다. 어느 지자체는 해당 전기차 업체에 보관을 맡기기도 했고, 어느 지자체는 해당 지역 재활용센터에 보내 일부 물량을 폐기물로 처리했다고 한다. 정부가 당초 계획한 건 이 배터리를 후방 산업으로 연결시키는 것이지만, 수거조차도 체계적으로 이루어지지 않고 있다.

이 배터리를 재사용-Reuse 혹은 재활용-Recycle하기 위해 제주를 비롯해 경북, 전남 등에서 국가 과제로 배터리센터를 구축했지만, 아직까지 아무런 결과물을 내놓지 못하고 있고 관련 업계를 통해 수소문해도 실체를 알 수가 없다. 환경부도 전국 두세 곳에 추가로 재사용·재활용 수거센터를 마련한다고 한다.

배터리는 전국 곳곳에서 모여들고 있고 앞으로 더 많은 물량이 모여들 게 뻔한데, 어떤 기준으로 배터리를 분류하고, 이후 어떤 기준으로 재사용 혹은 재활용 용도에 맞게 세분화할지, 또 이걸 누가 사업화할지, 어디까지 사업을 해도 되는지에 대한 아무런 기준이 없다.

앞서 말했지만, 전기차 배터리는 일반 배터리나 에너지저장장치ESS용 배터리보다 에너지밀도가 높을 뿐 아니라 충·방전 성능, 장수명 성능이 뛰어나고 안전 설계도 훨씬 잘되어 있다. 그만큼 활용 가치가 크다. 그러므로 정부나 지자체 기관에서 이 배터리를 붙잡고 있지 말고 민간에 돈을 받고 넘겨야 한다. 사업화는 민간이 알아서 할 수 있다. 하루빨리 후방 산업 구조를 만들어줘야 한다는 이야기다.

정부가 바꿀 것이 또 있다. 앞으로는 전기차나 충전, 배터리에 대한 가능한 모든 데이터를 정부가 관련 산업계와 공유해야 한다. 정부 보조금을 받은 전기차의 배터리를 정부가 소유하는 것보다 모든 전기차와 충전기의 데이터를 공유하는 게 더 중요하고 활용 가치가 있다.

운행 중인 전기차 배터리에는 전류, 전압, 온도, 누적 충전량, 충·방전량 등의 데이터가 있다. 차량의 위치 정보·주행거리 등의 데이터와 충전기의 전류·전압·충전량 등의 데이터를 활용하면 실시간으로 배터리의 위험 상태뿐 아니라, 교체 시기나 전비 등 최적의 관리 방법을 도출할 수 있다. 배터리 수거 후 배터리 상태 파악에 도움이 되기 때문에 과도한 정밀 진단을 위한 비용과 시간을 크게 줄일 수 있다. 또 충전 분야에서 아직까지 우리가 시도해 보지 못한, 급속 충전이 배터리 수명 등에 미치는 영향을 분석할 수 있고, 여름과 겨울철 날씨 변화에 따른 차량의 주행거리도 보다 정확하게 예측할 수 있다. 추출할 수 있는 데이터는 무궁무진하다.

이렇게 다양한 데이터는 테슬라처럼 보험 상품 개발에도 활용할 수 있고, 중국의 니오처럼 배터리 교환·리스 상품 개발에도 쓸 수 있다. 또 향후 자율주행차 개발에도 필요한 데이터를 제공할 수 있다.

테슬라를 예로 들면, 테슬라는 10년 가까운 시간 동안 자사 차량에서 추출한 이 같은 데이터를 활용해 세계에서 유일하게 라이다LiDAR: Light Detection and Ranging 없는 자율주행차량을 만들었고, 또 배터리 업체가 아님에도 불구하고 배터리 선행기술을 리딩하는 유일한 업체가 되었다. 기존의 완성차는 배터리 업체가 개발한 신형 제품을 공급받지만, 테슬라는 반대로 배터리 사양을 업체에 제안해 제품 라인업을 테슬라가 직접 주도하기도 한다. 이렇게 탄생한 배터리가 21700 원통형 전지다. 테슬라는 수년간의 배터리 데이터를 수집해 분석하며 차량 완성도를 높였고, 지금보다 더 저렴한 보험 상품을 개발했으며, 배터리 관련 회사도 인수하며 향후에 배터리를 직접 만드는 신사업까지 추진하면서 전세계에서 가장 강한 전기차 서플라이 체인Supply Chain을 확보했다.

우리 정부도 이러한 흐름을 예의 주시하여 단순하게 배터리를 재사용·재활용하는 데만 초점을 두지 말고, 이 데이터를 활용해 민간 기업에서 새로운 서비스 시장을 창출할 수 있도록 그 환경을 제공해야 한다. 앞서 언급했지만 우리나라는 정보통신기술ICT을 활용해 이미 에너지 수요 관리, 스마트그리드(지능형 전력망), 에너지저장장치 시장을 세계 그 어떤 나라보다 빨리 경험했다. 정부는 보조금을 지원한 모든 전기차의 배터리 소유권을 확보하는 것보다 전기차 배터리·주행·충전 등의 데이터 공유를 의무화하는 방안을 고려해야 한다.

8. 전기차 정책, 경제성보다 친환경으로 접근하라

우리나라의 전기차 정책은 자금 지원이 대부분인 탓에 애초부터 소비자들은 전기차에 대한 경제성부터 가장 먼저 따지는 게 일반화되었다.

지금까지 각종 조사기관에서 시민을 대상으로 전기차를 구매하려는 이유를 물을 때, 매번 첫 번째로 나오는 답이 저렴한 유지비 등 경제성이었다. 이런 설문조사를 볼 때마다 혹시나 했지만, 한 번도 다른 결과를 보지 못했다. 아쉽게도 친환경 조성에 기여하려고 전기차를 구매한다고 답하는 응답은 매번 후순위에 있었다.

이 같은 인식은 우리나라의 전기차 정책 목표와 전기차를 보급하는 이유가 명확하지 않은 것과 관련이 깊다.

전기차 보급 주무부처가 산업통상자원부가 아닌 환경부이기 때문에 산업 진흥보다는 탄소 배출 저감 등 친환경 조성에 가깝겠다는 막연한 생각만을 해왔다. 그러나 환경부가 지금까지 발표한 보도자료나 장관 간담회 때 지원 정책들 말고는 일관성 있는 목표나 이유를 들어본 적이 없다.

반면에 유럽 전기차 시장을 보면 우리와는 전혀 다른 모습이다. 유럽은 후대를 위해 깨끗한 환경을 물려줘야 한다는 사명감에서 종전보다 비싼 전기차를 사고, 불편한 전기차를 이용한다는 인식이 크게 자리 잡았다.

2020년 세계적인 코로나19 유행으로 자동차 산업이 어려워지자, 유럽 완성차제조협회가 유럽연합EU 측에 자동차의 배출 가스 규제(2020년 주행거리 1km당 탄소 배출량 95g 이하) 적용을 연기해 달라고 공식 요청한 일이 있었다. 하지만 단칼에 거절당했다. 거절 결정을 내리는 데 불과 한 달도 걸리지 않았다.

이런 유럽연합의 단호한 결정에 다시 한번 놀랐다. 현재 유럽의 자동차 시장은 최악의 상황이기 때문이다. 2020년 3~6월 자동차 판매량이 50~60%까지 줄었고, 22개 대형 공장이 셧다운되면서 113만 명의 인력이 고용 위기에 처할 만큼 코로나19로 큰 상처를 받았다.

2020년 3월 프랑스 자동차 시장은 전년 동기 대비 72.2%나 급감하며 61년 만에 가장 낮은 판매량을 기록했고, 이탈리아와 스페인도 판매량이 각각 85.4%, 69.3% 줄어든 바 있다. 피해가 컸던 만큼 규제 계획을 조금 연기할 수도 있다고 예상했지만, 그렇지 않았다.

그렇다면 유럽의 전기차 이용 환경은 어떨까? 유럽은 우리나라보다 전기요금이 2배가량 비싸다. 전기를 생산하는 나라보다 프랑스 등 다른 국가에서 전기를 사오는 나라가 훨씬 많다. 또 전기차 보조금은 500만~800만 원 수준으로 우리의 절반에도 못 미친다. 정부가 지원하는 충전기 보조금은 아예 없고, 우리처럼 공동주택 시설이 많지 않아, 충전을 하려면 대부분 집 밖 외부 충전소를 이용해야 한다.

전기차 이용자 입장에서 경제성을 따지면 우리보다 크게 좋지 않은 환경이다. 그런데도 유럽은 2020년에 중국이나 미국보다 훨씬 높은 보급률을 기록했다. EU의 강력한 정책 의지와 함께 자동차 업체나 국민들까지 친환경차 보급에 동참한 것이다.

유럽은 코로나19 사태에도 불구하고 전기차 판매량이 오히려 늘었다. 유럽의 대표 전기차 판매량 통계 사이트인 EV세일즈에 따르면, 2020년 1분기 유럽 내 전기차 판매량이 22만 8945대로 집계되었다. 이는 2019년 1분기 전기차 판매량(12만 5848대)과 비교해 45% 늘어난 수치다. 1분기 유럽 자동차 판매량이 305만 4703대로 전년 동기 대비 26.3% 줄어든 것과 비교하면 큰 폭의 증가세다. 특히 코로나가 유럽을 강타했던 2020년 3월 자동차 판매량(85만 3077대)은 2019년 동월 대비 51.8%나 급감했지만, 전기차는 2019년 같은 기간 판매량(5만 9741대)보다 30%(8만 4349대) 늘어났다.

유럽 전기차 판매량 증가의 핵심은 배출 가스 규제라는 강력한 정책이 크게 작용했다는 점이다. 우리나라에도 자동차 배출 가스 규제가 없는 건 아니지만, 유럽에 비하면 꽤 느슨한 편이다. 오는 2030년까지 적용되는 우리나라 '자동차 평균 온실가스·연비 기준'은 현행 1km당 97g에서 70g 혹은 1L당 차량 연비 33.1km다. 이 기준은 유럽에 비해 크게 낮은 것으로, 유럽은 2030년까지 1km당 배출 가스 규제를 56g으로 정했다. 이 기준을 초과한 업체는 그해 1g당 95유로(약 12만 3000원)의 벌금을 물어야 한다.

반면에 우리나라는 유럽과 달리 이 기준을 충족하지 못했을 때는 과거 3년 동안의 초과 달성 실적을 이월해 미달성분을 상쇄하거나, 향후 3년 동안 발생하는 초과 달성 실적을 상환하여 미달성분을 해소할 수 있도록 했고, 2020년 10월 현재까지 벌금에 대한 구체적인 내용이 나온 것도 아니다. 그리고 이마저도 국내 자동차 산업계가 규제를 완화해 달라고 강하게 요구하고 있어 과거 저탄소차협력금제도처럼 연기되거나 완화될 가능성도 우려되는 상황이다.

나는 주위 사람들에게 늘 전기차를 타는 이유가 경제성 때문이 아니라, 환경 개선과 환경을 지키기 위해서라는 말을 자주 한다. 전기차 보급만큼은 반드시 규제가 동반되어야 하고, 이런 친환경 의식이 있어야 불편을 감수할 수 있다는 설명과 함께 말이다.

친환경 개선은 절대 편리함에서 지켜질 수 없다. 언제나 불편을 동반한다. 일회용 종이컵을 쓰면 편리한 것과 같은 이유다.

유럽과 달리 우리나라의 전기차 보급 정책은 경제성만을 강조해 왔다. 보조금을 얼마 주고 어떤 혜택을 받게 되는지, 정부 정책엔 이런 내용들이 전부다.

최근에 한국전력의 전기요금 할인 폭이 줄었다. 소비자 입장에서는 유지 비용이 오른 것이다. 이때 모든 언론과 시민들은 전기차를 탈 이유가 사라졌다는 목소리를 냈다. 나는 이때 다시 한번 충격을 받았다.

이런 이유에서 가장 아쉬웠던 정부 정책이 환경부가 2015년에 추진했던 '저탄소차협력금제도'다. 이것은 이산화탄소를 많이 배출하는 차량은 페널티 명목으로 일정 금액을 내고, 이 돈을 모아서 전기차 보급에 활용하는 제도다.

이미 선진국에서 도입한 제도로 자동차 회사나 일반 시민에게 친환경 의식을 북돋우는 학습 효과가 있다. 내가 타는 자동차의 배출 가스가 도심 환경에 피해를 주고, 그렇기 때문에 페널티를 지불하는 것이다. 어찌 보면 당연한 일이다. 하지만 정부는 당시 산업계 반발로 꼬리를 내렸다.

정부가 이때 낮은 기준에서라도 저탄소차협력금제도를 강행했어야 했다고 생각한다. 그랬다면 지금처럼 전기차를 타는 이유가 경제성 때문만이 아니라는 걸 인식시킬 수 있었을 것이다. 단돈 1만 원이라도 소비자의 주머니에서 돈이 나간다면 친환경 인식을 개선시키는 효과가 있을 수밖에 없다.

앞으로 정부의 전기차 보급 정책은 경제성보다 친환경 조성에 기여한다는 것을 우선으로 부각해야 한다. 그래서 익숙하지 않고 조금 불편해도 매연 차를 타지 말아야 한다는 것을 학습시켜야 할 것이다.

9. 친환경차 기준을 바꾸라

우리나라는 아직까지 하이브리드차HEV를 친환경차로 분류하고 있다. 매년 국토교통부나 자동차산업협회가 발표하는 자동차 판매량 집계 자료에는 HEV를 친환경차로 구분하고, 친환경차 보급량이 늘었다는 발표를 자주 한다.

반면에 최근 몇 년 새, 세계 그 어떤 나라의 자료를 봐도 '친환경차'나 '그린카'라는 단어를 쓰는 사례가 크게 줄고 있고, HEV를 전동화 차량이나 친환경차로 분류하는 국가도 크게 줄었다. 유럽과 미국은 주로 '플러그인 EV(전기차)'라는 표현을 쓰는데, 이는 플러그인하이브리드 PHEV와 배터리 전기차BEV를 말하는 것일 뿐 HEV는 포함하지 않는다.

중국 역시 신에너지 자동차에 PHEV와 BEV를 포함시켰지만, 몇 년 전부터 PHEV가 국가보조금 지급 대상에서 제외되면서 BEV만을 신에너지차로 분류하는 분위기다.

HEV는 엔진과 전기모터의 힘을 적절하게 조합해 차량을 구동하기 때문에 오염물질 배출이 내연기관차량에 비해 상대적으로 적은 건 사실이다. 하지만 차량에 장착되는 배터리의 용량이 1kWh에서 2kWh 수준이라, 실제 전기로 주행하는 거리는 길어야 10km 수준에 불과하다. 배터리 용량이 작기 때문에 별도의 충전이 필요 없다. 물론 주행 중 감속할 때 발생하는 회생제동을 통해 전기를 수시로 충전하기는 하지만, 이 전기는 주로 저속 주행 때만 활용되는 구조다. 매연을 뿜는 고속 주행에서는 큰 도움이 되지 않는다.

배터리 용량이 8~12kWh인 PHEV나 30~100kWh인 BEV의 전동화 주행 성능과 비교하면 HEV는 단순히 연비 좋은 내연기관차에 불과한 수준이다. 실제 HEV 모델의 연비는 높아야 1L당 20km 수준으로 내연기관 소형차보다 떨어지거나 비슷하다.

유럽과 미국·중국 모두 HEV를 친환경차로 취급하지 않는 상황에서 우리나라는 아직까지 HEV에 후한 혜택을 주고 있다. 차량 구매 시 받을 수 있는 국고보조금 제도가 2020년부터 없어지긴 했지만, 최대 260만 원 수준의 취득세 감면 등 세제 혜택과 혼잡통행료 감면, 공영주차장 50% 할인 혜택을 지원한다.

PHEV와 BEV는 반드시 전기 충전을 해야 한다. 배터리를 충전해야만 주행할 수 있다. PHEV는 HEV처럼 엔진과 모터를 둘 다 채용하지만, 배터리 충전을 통해 최소 40km에서 최대 100km까지 주행하는 PHEV 모델도 있다. 대부분의 PHEV 차량의 배터리 용량은 7kWh 안팎에서, 최근에 나오는 신차들은 12~13kWh까지 용량을 늘리는 추세다.

PHEV는 장거리 주행 시 내연기관을 활용하도록 설계되었지만, 실제 일평균 주행거리를 고려하면 휘발유를 거의 사용하지 않아도 될 만큼 충분한 전동화 성능을 갖추었다. 실제 한국교통안전공단이 2020년 초에 발표한 2019년 자동차의 일평균 주행거리는 38.5km에 불과했다.

BEV는 내연기관이 전혀 없다. 순수하게 전기모터만으로 달리는 데 필요한 전기를 100% 충전을 통해 얻는다.

전기차를 제대로 보급하기 위해서는 '친환경차'라는 단어를 정부 정책에서 수정할 필요가 있다. 이미 글로벌 완성차 업체 중에서는 전기차 시대에 발 빠르게 대응하기 위해 HEV를 생산하지 않는 업체도 크게 늘고 있다. HEV가 가솔린·디젤을 쓰는 내연기관차에 비해 친환경적인 건 사실이지만, HEV를 친환경차로 분류한다면 국민들의 인식 개선에 도움이 되지 않을뿐더러 완성차 업체의 미래 차 대응과 발전에도 기여하는 효과가 낮을 것이다.

10. 전기차 정책, 일방적 보급에서 산업화로 바꾸라

2020년 7월 기준 국내 누적으로 보급된 전기차 수는 약 11만 대로, 정부는 2022년 43만 대, 2025년까지 113만 대를 보급한다는 목표를 세웠다. 11만 대 보급까지 8년이 걸렸는데 앞으로 5년 동안 100만 대 보급이 가능할까?

단순 계산으로 당장 2021년부터 2025년까지 매년 20만 대 이상씩 보급해야 목표치를 채울 수 있다. 국내 연간 자동차 판매량이 170만 대 수준인 점을 감안하면 12%를 무조건 전기차로 채워야 한다.

이 같은 목표 달성은 지금의 정책으로는 쉽지 않을 것이다. 정부가 지금까지 보급 목표를 채운 적도 거의 없지만, 목표를 달성해야 할 이유조차 명확하게 제시하지 못했다. 또 정권이 바뀌면 보급 목표가 달라질 수도 있다는 생각 때문인지, 관련 부처조차도 목표를 달성하겠다는 강한 의지를 보인 적이 없었다.

그래서 정권이 바뀌어도 무조건 지켜야 하는 정확한 로드맵을 수립해야 하고, 단계별 목표를 정해 보조금만 지원하는 것이 아니라 구매를 유도할 동기부여형 규제 정책까지 내놓을 필요가 있다. 지금처럼 당근만 줘서는 힘들다. 유럽 등 보급 선도 국가처럼 배출가스 규제나 전기차 의무 판매 등과 같은 채찍도 써야 할 것이다.

전기차 정책의 우선순위를 단순한 차량 보급이 아닌 우리 기업의 산업경쟁력 강화에 초점을 두고 전면 재수정해야 한다. 돈만 쓰는 일방적인 보급보다는 돈이 되는 미래 산업을 우리나라가 수도적으로 만들어보자는 것이 이 책을 쓰는 가장 큰 이유다.

정부가 2021년에는 전기차 보급에만 1조 원을 투입한다고 한다. 큰돈을 썼으면 우리 산업 발전에 기여하는 성과를 내야 하는 건 당연한 일이지만 우리는 전혀 그러질 못했다. 자동차 산업과 에너지 산업의 큰패러다임 전환이 시작되었다. 이제는 국가 보급사업의 무게중심을 철저히 우리 중심의 산업화로 바꿀 필요가 있다.

내연기관차 위주였던 현대차그룹이 바뀌고 있고, 우리에겐 배터리 등 부품 산업뿐 아니라 정보통신기술 기반 산업과 든든한 제조 산업까지 있다.

그래서 전기차 보급 정책을 전기차 자체 보급에만 치중하지 말고, 미래 시장을 선점하기 위한 산업화를 우리가 주도하는 데 목적을 두어야한다. 전기차는 단품 산업이 아니라, 연관 사업이 무궁무진하다. 전기차는 미래 자동차인 자율주행차의 기반이기도 하면서 차량 공유경제, 퍼스널 모빌리티까지 할 수 있는 게 많다. 소형·경형 트럭이나 전기버스, 초소형 전기차 등, 아직 글로벌 업체들이 적극적으로 시장 진출을 하지 않은 영역에서 국산화 전략을 강화하고, 중국차 등 외산차 진입을 막기 위해 '러닝Running 보조금'으로 전환해 시장 장벽을 만들 수 있다. 러닝 보조금은 운행이나 주행 실적에 따라 보조금을 지원하는 후불형 지원책을 말한다.

특히 이들 차종에 대한 생산공장도 모듈화 및 마이크로 팩토리 형태의 맞춤형 모델로 만드는 시도도 해볼 만하다. 이런 생산 모델이 나오면 우리의 중견·중소 기업도 완성차를 만들 수 있는 것은 물론이고, 빠른 생산과 다품종소량생산에 경쟁력을 갖게 된다.

지금까지 정부 사업이나 과제는 현실성과 사업성 부족으로 상용화되기보다는 과제를 위한 과제가 대다수였다. 그래서 앞으로의 정부 사업은 자금만 빌려주고, 시장 상용화에 성공했을 때 인센티브를 추가 지원하는 방법이 훨씬 더 현실적일 것이다.

스타 기업 두세 곳을 키워 제대로 경쟁시킨 다음, 해외 진출까지 돕는 사업도 추진할 필요가 있다. 전기차 플랫폼이 필요하면 공동의 플랫폼 개발에 정부가 자금 지원을 하고, 최종 과제비 등의 개별 기업에 대한 자금 지원은 상용화, 즉 정식 시판되었을 때만 지원해야 한다.

그리고 앞으로 정부 보조금 지원 조건에 전기차의 배터리와 충전 등의 데이터를 공유하는 것을 의무화할 필요가 있다. 이 같은 데이터를 활용하면 배터리의 안전 상태나 잔존 가치와도 직결되는 배터리 수명, 효율적인 충·방전 습관을 유도할 수 있고, 향후 빅데이터나 인공지능AI 기술까지 연동시킨다면 우리가 상상하지 못했던 첨단 서비스 모델을 발굴할 수 있다. 지금까지 전기차 보조금을 지원하는 명분이 고가의 배터리 값을 정부가 지원하는 것이었지만, 앞으로는 데이터를 공유해 한국형 서비스 혹은 신사업 모델을 발굴하고 촉진하는 데 보조금이 제대로 쓰였으면 하는 생각이 간절하다.

　정부의 일방적인 보조금 지원 정책이 우리 산업계의 혁신적인 도전과 발전에 큰 도움이 되지 못했다는 것을 깊게 인식해야 한다. 앞으로의 전기차 관련 모든 정책을 상용화 기술 고도화나 새로운 서비스 창출에 따른 인센티브로 전환하는 것을 깊게 생각해 볼 필요가 있다. 그래서 전기차 보급 주무부처를 이제는 환경부에서 우리 기업 주도의 전기차 산업화 실현에 유리한 산업부로 바꾸는 방안을 검토할 필요가 있다.

참고문헌

관계부처 통합. 2010.12.7. "범정부 차원의 첫 그린카 발전 로드맵 발표". 보도자료.

_____. 2016.6.3. "정부합동, 미세먼지 관리 특별대책 확정·발표". 보도자료.

_____. 2019.10.15. "미래차 산업 신속전환을 위한 3대 전략". 보도자료.

_____. 2020.7.15. "탄소중립 사회를 향한 그린뉴딜 첫걸음". 보도자료.

_____. 2020.10.30. "미래자동차 친화적 사회시스템 및 산업생태계 구축". 보도자료.

국토교통부. 2013.8.4. "달리면서 충전, 세계 최초 무선충전 전기버스 운행". 보도자료.

_____. 2016.2.22. "아파트 주민, 전기車 충전 수월해진다". 보도자료.

_____. 2016.6.3. "미세먼지 관리 위해 경유차 감축하고 전기차 확대한다". 보도자료.

_____. 2017.7.11. "오는 9월부터 전기차·수소차 고속도로 반값 통행". 보도자료.

_____. 2017.12.15. "국토교통 연구개발로 전기차 무선 충전 상용화 기술 개발". 보도자료.

국토부 통계누리. 2020. "자동차등록대수현황". http://stat.molit.go.kr/portal/cate/partStts.do?stts=0160000 (검색일: 2020.10.12).

국표원. 2015.5.13. "전기차 충전은 표준으로 통한다". 보도자료.

산업부. 2014.9.22. "내년 예산 8조 113억 원으로 정부안 확정". 보도자료.

_____. 2015.3.5. "전기차 충전소 부족문제, 민간기업 참여로 해결한다". 보도자료.

_____. 2015.5.27. "에너지신산업인 전기차 배터리 임대(리스)사업 본격 시작". 보도자료.

_____. 2016.12.12. "내년부터 3년간 전기차 충전요금 50% 할인". 보도자료.

_____. 2016.12.28. "전기차 급속 충전방식 '콤보 1'으로 통일된다". 보도자료.

_____. 2017.3.31. "전기차 보급 매년 두 배로 늘리고 자율차 센서 핵심부품 등 R&D 집중 지원". 보도자료.

세종시. 2015.6.17. "무선충전 전기버스(Olev) 22일부터 본격 운행". 보도자료.

저공해차 통합누리집. 2020. "업체별 충전요금표". https://www.ev.or.kr/portal/scharger All?pMENUMST_ID=21733 (검색일: 2020.10.12).

지식경제부. 2010.9.9. "세계시장을 선도해 나갈 양산형 고속전기차 출시". 보도사료.

_____. 2012.7.25. "전기차 필요할 때 시간 단위로 '이용'하세요". 보도자료.

_____. 2012.12.18. "미니 고속전기차, 이렇게 생겼어요". 보도자료.

한국전력공사. 2015.4.15. "한전, 창원시와 전기차 충전인프라 구축 협약". 보도자료.

_____. 2015.7.24. "한전, 제주서 '한국전기차 충전서비스' 본점 개소". 보도자료.

_____. 2016.10.11. "한전, 아파트 등에 전기차 충전인프라 구축사업 공모". 보도자료.

_____. 2017.2.9. "한전, 대형마트 등 도심에 전기차 충전기 구축". 보도자료.

_____. 2017.6.27. "한전, 전국 전기차 충전서비스 본격 시행". 보도자료.

_____. 2019.5.9. "한전-전기차 충전사업자, 공용충전기 제공 및 이용 협약 체결". 보도자료.

_____. 2020.4.1. "한전, 전기차 충전 운영시스템 클라우드 서비스 개시". 보도자료.

_____. 2020.9.25. "주유소에 전기차 충전기 구축한다". 보도자료.

환경부. 2010.12.24. "국가 온실가스 감축목표 달성, 그린카드·저탄소카가 시동 건다". 보도자료.

_____. 2011.4.6. "서울, 영광, 제주를, 전기차 보급을 주도할 1세대 선도도시로 선정". 보도자료.

_____. 2012.4.16. "전기자동차의 시대가 열린다 … 국내 양산 첫 전기차 17일 출시". 보도자료.

_____. 2014.8.11. "전기차, 고속도로에서 달릴 수 있도록 인프라 구축". 보도자료.

_____. 2014.12.18. "전기차, 2015년부터 상용화 시대 기반 조성". 보도자료.

_____. 2015.2.5. "친환경자동차 구매 지원 대폭 확대". 보도자료.

_____. 2016.1.28. "올해 전기차 8,000대 예산 지원". 보도자료.

_____. 2016.7.7. "7월 8일부터 전기차 국고보조금 1,200만 원에서 1,400만 원으로 상향". 보도자료.

_____. 2016.12.16. "국내 전기차 보급 5년 만에 1만 대 돌파". 보도자료.

_____. 2017.1.12. "12일부터 전기차 급속충전 요금 44% 인하". 보도자료.

_____. 2017.7.18. "전기차 충전소요시간 10시간 제한 규정 폐지". 보도자료.

_____. 2018.1.15. "전기차 국고보조금, 차량에 따라 차등지급". 보도자료.

_____. 2018.2.19. "환경부-과기부 우편물류 분야 친환경 전기차 보급 본격 추진". 보도자료.

_____. 2019.1.18. "올해 전기차 사면 최대 1900만 원 지원 … 수소차는 3600만 원". 보도자료.

_____. 2020.7.22. "5년 내 전기차 113만 대·수소차 20만 대 보급한다". 보도자료.

INI산업리서치. 2019. 「전기차 vs. 수소전기차 경쟁력 분석 및 시장전망(2017~2030) 보고서」.

ACEA. 2020.7.9. "Overview—Electric vehicles: Tax benefits & purchase incentives in the European Union." https://www.acea.be/publications/article/overview-of-in

centives-for-buying-electric-vehicles (검색일: 2020.10.12).

_____. 2020.9.16. "Climate target ambition must be matched by supportive EU policies, auto makers underline." https://www.acea.be/press-releases/article/climate-target-ambition-must-be-matched-by-supportive-eu-policies-auto-make (검색일: 2020.10.11).

_____. 2020.9.17. "Passenger car registrations: -32.0% eight months into 2020; -5.7% in July and -18.9% in August." https://www.acea.be/press-releases/article/passenger-car-registrations-32.0-eight-months-into-2020-5.7-in-july-and-18 (검색일: 2020.9.21).

_____. 2020.9.29. "Higher climate targets must go hand in hand with stronger incentives and infrastructure ramp-up." https://www.acea.be/news/article/higher-climate-targets-must-go-hand-in-hand-with-stronger-incentives-and-in (검색일: 2020.9.29).

CHAdeMo. 2019. "Fast Charges Map." https://www.chademo.com (검색일: 2019.7.2).

지은이 **박태준**

≪전자신문≫에서 자동차 팀장이면서 전기차 전문기자로 일하고 있다. 15년 기자 생활 중에 9년이라는 시간을 전기차를 비롯해 이와 연관된 자동차·에너지·배터리·충전 분야를 담당했다.

한국전기차협회(2014)와 한국전기차사용자협회(2017)·한국전기차산업협회(2019) 발족에 참여했고, 전기차 산업 육성과 정책 개선, 소비자·산업계의 권익 보호를 위한 다양한 활동을 하고 있다. 전기차 보급 활성화에 기여한 공로로 환경부 장관상(2017)과 제주도지사 표창(2016)을 받았다.

해외 산업 단체나 기업, 정부 초청으로 미국·중국·일본·노르웨이·프랑스·덴마크 등 전기차 현장을 단독 취재한 경험이 있으며, 정부·지방자치단체와 완성차 업계 컨설팅 자문도 했다. 전기차 현장을 다니는 것 이외에 과학 소양과 전문성을 높이기 위해 KAIST 과학저널리즘 대학원에서 수학했다.

충전 중인 대한민국 전기차

ⓒ 박태준, 2021

지은이 박태준
펴낸이 김종수
펴낸곳 한울엠플러스(주)
편　집 이진경

초판 1쇄 인쇄 2021년 1월　4일
초판 1쇄 발행 2021년 1월 14일

주소 10881 경기도 파주시 광인사길 153 한울시소빌딩 3층
전화 031-955-0655
팩스 031-955-0656
홈페이지 www.hanulmplus.kr
등록번호 제406-2015-000143호

Printed in Korea.
ISBN 978-89-460-6961-9 03320

* 책값은 겉표지에 표시되어 있습니다.